DICIONÁRIO DA PARTE GERAL DO CÓDIGO CIVIL PORTUGUÊS

ANTÓNIO KATCHI

DICIONÁRIO DA PARTE GERAL DO CÓDIGO CIVIL PORTUGUÊS

2.ª EDIÇÃO

DICIONÁRIO DA PARTE GERAL
DO CÓDIGO CIVIL PORTUGUÊS

AUTOR
ANTÓNIO KATCHI

EDITOR
EDIÇÕES ALMEDINA, SA
Rua da Estrela, n.º 6
3000-161 Coimbra
Tel.: 239 851 904
Fax: 239 851 901
www.almedina.net
editora@almedina.net

EXECUÇÃO GRÁFICA
G.C. – GRÁFICA DE COIMBRA, LDA.
Palheira – Assafarge
3001-453 Coimbra
producao@graficadecoimbra.pt

Janeiro, 2006

DEPÓSITO LEGAL
237726/06

Os dados e as opiniões inseridos na presente publicação
são da exclusiva responsabilidade do seu autor.

A contrario (expressão latina)
Vide "argumento *a contrario*".

A contrario sensu (expressão latina)
Vide "argumento *a contrario sensu*".

A fortiori (expressão latina)
Vide "argumento *a fortiori*".

Ab-rogação Revogação da totalidade de um acto jurídico.
Contrapõe-se à derrogação (1).

Abstracção Aplicabilidade a um conjunto indeterminado de casos.
É uma das características essenciais das normas jurídicas.
Exemplo: a proposição "toda a pessoa tem direito a usar o seu nome, completo ou abreviado" (artigo 72.º/ /1 do Código Civil) é abstracta, porque se aplica a um conjunto indeterminado de casos; ao invés, uma decisão do Supremo Tribunal de Justiça que, dando provimento a um pedido de *habeas corpus* motivado pela detenção ilegal de uma pessoa, ordene a sua libertação (artigo 223.º/4, d) do Código do Processo Penal) tem um carácter concreto, pois que produz efeitos para um único caso.

Abuso do direito Exercício de um direito em termos que excedem manifestamente os limites impostos pela boa fé, pelos bons costumes ou pelo fim social ou económico desse direito.[1]

Exemplo: uma pessoa convence outra a comprar-lhe uma casa por simples contrato verbal, mesmo sabendo que esse contrato, para ser legalmente válido, teria de ser celebrado por escrito; mais tarde, vem requerer judicialmente a anulação do contrato, invocando a sua invalidade formal. Em princípio, o vendedor tem o direito de requerer a anulação do contrato que celebrou com o comprador. Mas, neste caso, o pedido de anulação é um acto de má fé, constituindo, portanto, um abuso do direito de impugnação. Consequentemente, é ilegítimo.

[1] Código Civil, artigo 334.º.

Acção directa Recurso à força com o fim de realizar ou assegurar o próprio direito.[2]
É uma das formas lícitas de tutela privada dos direitos, mas só é lícita se o agente não exceder o que for necessário para evitar o prejuízo.

Pode consistir na apropriação, destruição ou deterioração de uma coisa, na eliminação da resistência irregularmente oposta ao exercício do direito, ou noutro acto análogo.[3]

Exemplo: os moradores de um prédio, tomando conhecimento de que uma fábrica instalada ao lado está a emitir fumos tóxicos, e não conseguindo uma intervenção atempada das autoridades públicas, resolvem cortar os fios eléctricos que fornecem energia à fábrica, de modo a interromperem o funcionamento desta e, assim, evitarem o dano que da continuação da emissão dos fumos resultaria para a sua saúde.

[2] Código Civil, artigo 336.º/1.
[3] Código Civil, artigo 336.º/2.

Acordo simulatório Acordo entre duas ou mais pessoas no sentido de uma, ambas, algumas ou todas elas emitirem uma declaração de vontade não correspondente à sua vontade real, no intuito de enganarem terceiros.

O acto jurídico realizado com base nesse acordo, e corporizado nas ditas declarações, diz-se simulado. A realização desse acto designa-se por simulação.

O acordo simulatório também se designa pela expressão latina *pactum simulationis*.

Figura próxima do acordo simulatório é o *pactum fiduciae*, que se distingue daquele por não ser determinado por qualquer intenção de prejudicar terceiros.

Acto dissimulado Acto jurídico que os simuladores realmente desejam realizar.

Não se confunde com o acto simulado, que é o acto jurídico realizado por simulação.

Exemplo: duas pessoas simulam um contrato de doação, mas na realidade desejam celebrar um contrato de compra e venda. Neste caso, o acto simulado é o contrato de doação e o acto dissimulado é o contrato de compra e venda.

Acto gratuito Acto jurídico pelo qual uma pessoa, por espírito de liberalidade, proporciona a outra uma vantagem patrimonial sem qualquer contrapartida para si própria.

Exemplos: testamento (negócio jurídico unilateral gratuito); doação (contrato gratuito).

Acto inaprazável Acto jurídico que a lei não permite submeter a qualquer termo.

Exemplos: o casamento (artigo 1618.º/2 do Código Civil); a perfilhação (artigo 1852.º/1 do Código Civil); a aceitação da herança (artigo 2054.º//1 do Código Civil); o repúdio da herança (artigo 2064.º/1 do Código Civil).

Dicionário da Parte Geral do Código Civil Português

Acto incondicionável Acto jurídico que a lei não permite submeter a qualquer condição.

Exemplos: o casamento (artigo 1618.º/2 do Código Civil); a perfilhação (artigo 1852.º/1 do Código Civil); a aceitação da herança (artigo 2054.º/ /1 do Código Civil); o repúdio da herança (artigo 2064.º/1 do Código Civil).

Acto jurídico Manifestação da vontade de uma ou mais pessoas à qual o direito associa determinados efeitos, seja atribuindo-lhos directamente, através das suas próprias normas, seja reconhecendo aqueles que lhe sejam atribuídos por aquela mesma manifestação de vontade, seja ainda reconhecendo aqueles que lhe sejam atribuídos por uma outra manifestação de vontade.

Exemplo: uma pessoa doa uma casa a outra. A esta doação (que representa uma manifestação da vontade do doador) atribui a lei, directamente, dois efeitos: a transmissão do direito de propriedade sobre a coisa do doador para o donatário e a obrigação daquele de entregar a coisa a este (artigo 954.º, a) e b) do Código Civil). A doação é, portanto, um acto jurídico (mais precisamente um negócio jurídico e, mais exactamente ainda, um contrato).

Outro exemplo: uma pessoa doa a outra uma casa, impondo-lhe como contrapartida a obrigação de nela manter, como animal de estimação, uma tartaruga. Neste caso, além dos dois efeitos atribuídos directamente pela lei, e mencionados no exemplo anterior, a doação ainda origina a obrigação do donatário de manter na casa, como animal de estimação, uma tartaruga. Esta obrigação, embora só esteja estipulada no contrato de doação, e não na lei, é reconhecida por esta. Este reconhecimento resulta, desde logo, da combinação entre dois princípios gerais do direito civil – o princípio da liberdade contratual (artigo 405.º do Código Civil) e o princípio de que quem celebra um contrato o deve cumprir (artigo 406.º/1 do Código Civil). Além disso, também se pode encontrar numa disposição legal específica sobre os efeitos essenciais do contrato de doação: o artigo 954.º, c) do Código Civil. Vê-se, assim, que o acto jurídico pode produzir efeitos previstos nele próprio. Basta que a lei, de modo genérico ou específico, os reconheça.

Outro exemplo ainda: duas pessoas, planeando casar-se e querendo estipular um regime de bens para o seu casamento, celebram uma convenção antenupcial. Depois, contraem matrimónio. Este acto jurídico – o casamento – produzirá efeitos oriundos de duas fontes: a lei (que fixa os efeitos pessoais e alguns dos efeitos patrimoniais, como o regime da responsabilidade por dívidas e o regime da administração dos bens) e a convenção antenupcial (que fixa, fundamentalmente, o regime de propriedade dos bens dos cônjuges). Os efeitos fixados na convenção antenupcial são reconhecidos pela lei (artigo 1698.º do Código Civil). Eis, portanto, um caso em que um acto jurídico produz efeitos estatuídos num outro acto jurídico, ao abrigo de um reconhecimento legal.

Um acto jurídico é um facto jurídico; mas é um facto jurídico praticado por pessoas, nisto se distinguindo do facto jurídico *stricto sensu*, que é um evento independente de qualquer comportamento humano.

Exemplo: uma pessoa tem um pássaro e um cão e o pássaro desaparece. Por consequência, o direito de propriedade que aquela pessoa tinha sobre o pássaro extingue-se. Se o pássaro tiver fugido porque o cão abriu a gaiola à dentada, com o intuito de devorar o pássaro, o facto extintivo do direito de propriedade da pessoa sobre o pássaro é um facto jurídico *stricto sensu*: a perda do pássaro. Se, ao invés, foi a própria pessoa que, querendo ver-se livre do pássaro, o retirou da gaiola e o atirou pela janela fora, então o facto extintivo do seu direito de propriedade sobre o pássaro é um acto jurídico (mais precisamente um acto jurídico material): o abandono.

A manifestação de vontade em que o acto jurídico se traduz consiste normalmente numa acção, mas também pode consistir numa omissão.

Exemplo: uma pessoa, querendo vender a outra um porco, entrega-lho provisoriamente por um período de dez dias, para a segunda poder ver se o animal lhe agrada ou não. Configura-se aqui um contrato de venda a contento. Se a pessoa que levou o porco para casa quiser concluir o contrato, aceitando a proposta do vendedor, pode manifestar essa sua vontade de dois modos: comunicando ao vendedor a sua aceitação (artigo 217.º do Código Civil) ou não dizendo nada (artigo 923.º/2 do Código Civil). A aceitação é um acto jurídico. No primeiro caso, ela é feita por acção; no segundo, por omissão, através do silêncio.

O conceito de acto jurídico comporta os seguintes desdobramentos:
 – acto jurídico de direito público
 – acto jurídico de direito privado
  – acto jurídico *stricto sensu*
   – acto jurídico quase negocial
   – acto (jurídico) material
  – negócio jurídico
   – negócio jurídico unilateral
   – contrato

Um acto jurídico de direito público é regido pelo direito público, ao passo que um acto jurídico de direito privado é regido pelo direito privado.

Exemplo: uma lei é um acto jurídico de direito público; um testamento é um acto jurídico de direito privado.

Um acto jurídico *stricto sensu* (também denominado de "simples acto jurídico"[4]) é aquele cujos efeitos não podem ser fixados nele mesmo, ao passo que um negócio jurídico é um acto jurídico cujos efeitos podem ser fixados nele próprio. Ou seja, tratando-se de um acto jurídico *stricto sensu*, o autor só pode escolher entre praticá-lo e não o praticar; se o praticar, os efeitos desse acto serão, por força da lei, os previstos em normas legais ou em outro acto jurídico, normalmente anterior. Tratando-se de um negócio jurídico, pelo contrário, o respectivo autor, além de poder escolher entre celebrá-lo e não o celebrar, pode ainda escolher, e no próprio momento em que o celebra, os seu efeitos.

Exemplo: uma proposta contratual é um negócio jurídico, porque o proponente pode definir o conteúdo da proposta, bem como o prazo para a sua aceitação, e, desse modo, determinar os respectivos efeitos; a aceitação, pelo contrário, é um acto jurídico *stricto sensu*, porque se ela, em vez de consistir na pura e simples concordância com a proposta que lhe foi dirigida, contiver aditamentos, limitações ou outras modificações, é tida como rejeição (artigo 233.º, 1.ª parte, do Código Civil), ou então como nova proposta, caso a modificação sugerida seja suficientemente precisa (artigo 233.º, 2.ª parte, do Código Civil); essa nova proposta (contraproposta) é, tal como a proposta inicial, um negócio jurídico;

o contrato que vier a resultar da confluência entre a última proposta contratual e a aceitação pela contraparte também será um negócio jurídico, porquanto ambas as partes terão tido, no decurso do processo negocial, a oportunidade de apresentarem propostas e contrapropostas e de, por essa via, determinarem os efeitos do contrato.

[4] Carlos Alberto da Mota Pinto, *Teoria Geral do Direito Civil*, 3.ª edição, Coimbra Editora, 1993, página 354.

Sobre cada uma das modalidades de actos jurídicos *stricto sensu* e de negócios jurídicos, *vide* as respectivas entradas.

Acto jurídico de execução continuada Acto jurídico cuja execução se concretiza de modo continuado ao longo de certo tempo.

Os actos normativos são, em regra, de execução continuada, embora também possam ser de execução sucessiva.

Quanto aos actos não normativos, também há alguns tipos que são de execução continuada. Há, nomeadamente, diversos tipos de contratos de execução continuada.

Exemplos: contrato de trabalho; contrato de locação; contrato de mandato; contrato de empreitada; contrato de fornecimento de energia eléctrica; casamento.

O acto jurídico de execução continuada contrapõe-se ao acto jurídico de execução instantânea.

Dicionário da Parte Geral do Código Civil Português

Acto jurídico de execução instantânea Acto jurídico cuja execução se concretiza num único momento.

Exemplo: um contrato de doação.

Ao acto jurídico de execução instantânea contrapõem-se o de execução continuada e o de execução sucessiva.

Acto jurídico de execução periódica Acto jurídico cuja execução se concretiza em momentos sucessivos, segundo uma periodicidade nele fixada.

Exemplo: um contrato de fornecimento semanal de azeite celebrado entre uma empresa de importação desse produto e um restaurante.

É um subtipo dos actos jurídicos de execução sucessiva.

Acto jurídico de execução permanente O mesmo que "acto jurídico de execução continuada".

Acto jurídico de execução sucessiva Acto jurídico cuja execução se concretiza em momentos sucessivos.

Exemplo: um contrato de fornecimento mensal de açúcar celebrado entre uma empresa de importação de açúcar e um supermercado.

Esses momentos sucessivos podem ser fixados no próprio acto ou subordinados a determinada ocorrência.

Exemplo: no contrato referido no exemplo anterior, os momentos em que os sucessivos fornecimentos de açúcar deverão ser feitos são fixados nele próprio, através da determinação de uma periodicidade mensal; mas nesse mesmo contrato poder-se-ia, em vez disso, estipular que o fornecimento de açúcar fosse feito sempre que o director do supermercado pedisse à empresa importadora uma nova remessa.

Se os momentos sucessivos forem fixados no próprio acto e segundo uma certa periodicidade, o acto em causa diz-se de execução periódica. O acto jurídico de execução periódica é um subtipo dos actos jurídicos de execução sucessiva.

Exemplo: o contrato de fornecimento mencionado no primeiro exemplo é um acto jurídico de execução periódica (mais precisamente, um contrato de execução periódica); um contrato de fornecimento com o conteúdo descrito na segunda parte do exemplo anterior, pelo contrário, não o seria.

O acto jurídico de execução sucessiva contrapõe-se ao acto jurídico de execução instantânea.

Acto jurídico material Acto jurídico *stricto sensu* traduzido numa modificação da realidade extrajurídica.

O efeito de um acto jurídico material não se cinge, pois, à constituição, modificação, transmissão, suspensão ou extinção de uma situação jurídica.

Exemplo: a criação de uma obra de arte. É um acto jurídico, na medida em que origina um direito de autor, e é um acto material, porque se corporiza numa obra de arte.

O acto jurídico material é normalmente designado como "acto material" ou "operação material".

O acto jurídico material contrapõe-se ao acto jurídico quase negocial.

Acto jurídico quase negocial Acto jurídico *stricto sensu* traduzido numa mera declaração de vontade do seu autor, sem qualquer consequência extrajurídica necessária.

O único efeito necessário de um acto jurídico quase negocial é, portanto, a constituição, modificação, transmissão, suspensão ou extinção de uma situação jurídica.

Exemplo: a interpelação do devedor pelo credor é um acto jurídico quase negocial, pois consiste apenas numa declaração de vontade, cujo único efeito necessário é a constituição das situações jurídicas que a lei prevê para esse caso. É claro que também pode produzir efeitos extrajurídicos (por exemplo, deixar o devedor nervoso ou mesmo provocar-lhe um ataque cardíaco), mas tais efeitos não são consequências necessárias da interpelação.

Ao acto jurídico quase negocial também se dá a designação de "quase-negócio jurídico".[5]

O acto jurídico quase negocial contrapõe-se ao acto jurídico material.

[5] Carlos Alberto da Mota Pinto, *Teoria Geral do Direito Civil*, 3.ª edição, Coimbra Editora, 1993, página 356.

Acto legislativo
Vide "lei", 3, último parágrafo.

Acto oneroso Acto jurídico pelo qual uma pessoa proporciona a outra uma vantagem patrimonial, obtendo, em contrapartida, um benefício patrimonial para si mesma.

Exemplo: contrato de compra e venda. O vendedor entrega ao comprador a coisa vendida e recebe, em contrapartida, o pagamento do preço.

Acto simulado Acto jurídico realizado por simulação.

Não se confunde com o acto dissimulado, que é o acto jurídico que os simuladores realmente desejam realizar.

Exemplo: duas pessoas simulam um contrato de doação, mas na realidade desejam celebrar um contrato de compra e venda. Neste caso, o acto simulado é o contrato de doação e o acto dissimulado é o contrato de compra e venda.

Acto usurário Acto jurídico viciado por usura.

Administração legal de bens Administração dos bens, ou de parte dos bens, do menor ou interdito por outra pessoa que não os respectivos pais ou tutor.

Exemplo: os pais de uma criança, jogadores inveterados e assíduos frequentadores dos casinos, começam a dilapidar os bens do filho para sustentarem o seu vício. O tribunal decide então inibir os pais da administração dos bens do filho, ao abrigo do artigo 1915.º/2 do Código Civil, e confiá-la a um tio dele, ao abrigo do artigo 1922.º, a) do mesmo Código. Diz-se, neste caso, que é instituído o regime da administração legal de bens.

Administrador legal de bens Pessoa incumbida de exercer a administração legal de bens.

Águas Curso de água.
Com efeito, quando a lei usa a palavra "águas" (em vez de "água"), está-se referir a um curso de água na sua globalidade, com toda a água que ele contém, e não a uma determinada porção de água.
As águas entendidas como um curso de água são classificadas pela lei como uma coisa imóvel. Uma porção de água retirada de um curso de água, pelo conrário, é uma coisa móvel.

Analogia Existência de uma tal similitude entre um facto ou matéria omissos e um facto ou matéria juridicamente regulados que as razões que justificam a sujeição dos segundos a certa estatuição justificam igualmente a sujeição a ela dos primeiros.

Exemplo: quando surgiu a navegação aérea, ela carecia de regulamentação, mas a analogia entre a navegação aérea e a navegação marítima levou a que se aplicassem àquela as normas jurídicas relativas a esta.[6]

[6] João Castro Mendes, *Introdução ao Estudo do Direito*, Livraria Petrony, Lisboa, 1984, página 260.

Analogia *juris* Criação pelo intérprete, dentro do espírito do sistema jurídico em que actua, de uma norma jurídica *ad hoc* para resolver um caso omisso.
A analogia *juris* é subsidiária em relação à analogia *legis*, ou seja, o intérprete só deve recorrer a ela se não conseguir encontrar nenhuma norma jurídica susceptível de aplicação analógica ao caso omisso.

Analogia *legis* Aplicação a um caso omisso de uma norma jurídica reguladora de um caso análogo.

O recurso a este expediente depende da verificação dos seguintes pressupostos: a existência de uma lacuna e, portanto, de um caso omisso; e a existência de analogia entre o caso omisso e um caso regulado por uma norma jurídica.

A analogia *legis* é a principal forma de integração de lacunas previstas no Código Civil.

Anulabilidade Modalidade típica menos grave de invalidade.

A anulabilidade de um acto jurídico ou de uma proposição jurídica nele contida não impede a sua produção de efeitos jurídicos, mas apenas os sujeita a serem destruídos por meio da anulação desse acto ou proposição. Distingue-se, assim, da nulidade, que impede *ab initio* a produção de quaisquer efeitos.

Exemplo: duas pessoas celebram um contrato de compra e venda inválido. Se o contrato for anulável, o comprador adquire o direito de propriedade sobre a coisa vendida e conserva-o enquanto o contrato não for anulado. Se o contrato for nulo, o comprador não chega a adquirir o direito de propriedade sobre a coisa vendida. Uma das consequências desta distinção é a seguinte: se o comprador revender a coisa por ele comprada, esse acto constituirá, no primeiro caso, uma venda de coisa própria, ou seja, um contrato de compra e venda normal (e, por isso, válido),

ao passo que no segundo caso será uma venda de coisa alheia (e, por isso, um contrato nulo).

Há no direito português diversos regimes de anulabilidade. Para os actos jurídicos de direito privado há um regime geral, cujas regras principais estão concentradas no artigo 287.º do Código Civil, e diversos regimes especiais. Para os actos administrativos, há um conjunto de regras gerais estabelecidas no Código de Processo nos Tribunais Administrativos, nomeadamente nos seus artigos 51.º a 60.º.

Embora haja diversos regimes de anulabilidade, há quatro elementos que lhes são comuns: a necessidade da anulação judicial para que o acto ou a proposição anuláveis deixem de produzir efeitos (o que significa que não é legítimo deixar de cumprir o disposto num acto jurídico ou numa proposição jurídica nele contida com fundamento na sua anulabilidade, mas apenas com fundamento no facto de ele ou ela já terem sido anulados judicialmente); a existência de um prazo para a arguição da anulabilidade (findo este prazo, o acto ou a proposição ficam sanados); a limitação do âmbito de pessoas ou entidades com legitimidade para fazerem essa arguição; e a necessidade da arguição por uma dessas pessoas para que o tribunal possa co-

Dicionário da Parte Geral do Código Civil Português

nhecer da anulabilidade (ou seja, o tribunal não fazer a anulação oficiosamente).

As diferenças entre os diversos regimes prendem-se com a amplitude dos prazos e com o âmbito de pessoas ou entidades com legitimidade para requerem a anulação do acto.

Exemplo: no regime geral relativo à anulabilidade dos actos jurídicos de direito privado, o prazo para a arguição da anulabilidade é de um ano a contar da cessação do vício que lhe serve de fundamento (artigo 287.°/1 do Código Civil); no regime especial relativo à anulabilidade do casamento contraído com falta de vontade, o prazo para a arguição da anulabilidade é de 3 anos a contar da celebração do casamento ou, se este era ignorado do requerente da anulação, de 6 meses a contar do momento em que ele dele teve conhecimento (artigo 1644.° do Código Civil). Em ambos os casos fixam-se prazos, só que eles são diferentes.

Outro exemplo: no regime geral relativo à anulabilidade dos actos jurídicos de direito privado, a legitimidade para arguir a anulabilidade cabe às pessoas em cujo interesse a lei a estabelece (artigo 287.°/1); no regime especial relativo à anulabilidade do casamento fundada na falta de testemunhas, a legitimidade cabe em exclusivo ao Ministério Público (artigo 1642.° do Código Civil). Em ambos os casos se limita o âmbito de pessoas ou entidades com legitimidade para requerem a anulação, só que esse âmbito difere.

Quando, num certo regime especial de anulabilidade, se contenha um elemento típico dos regimes de nulidade, aquela sanção é uma anulabilidade mista, que é um tipo de invalidade mista.

Antes da vigência do Código Civil actual, a anulabilidade tinha a designação de "nulidade relativa".

O acto jurisdicional pelo qual é invalidado um acto anulável denomina-se "anulação".

Anulabilidade mista Anulabilidade sujeita a um regime especial que contém alguns elementos típicos dos regimes da nulidade.

Exemplo: a anulabilidade do casamento simulado. Segundo o artigo 1640.°/1 do Código Civil, "a anulação por simulação pode ser requerida pelos próprios cônjuges ou por quaisquer pessoas prejudicadas com o casamento". Esta disposição está mais próxima da regra geral sobre a legitimidade para arguir a nulidade (o artigo 286.° do Código Civil, na parte em que diz que a nulidade é invocável por qualquer interessado) do que da regra homóloga concernente à anulabilidade (o artigo 287.°/1 do Código Civil, na parte em que diz que "só têm legitimidade para arguir a anulabilidade as pessoas em cujo interesse a lei a estabelece").

Anulação Acto jurisdicional que extingue um acto jurídico com fundamento na sua anulabilidade, ou um precedente acto jurisdicional com fundamento na sua nulidade.

A anulação distingue-se da revogação pelos seguintes aspectos: é feita pelo tribunal, e não pelo próprio autor do acto nem por qualquer órgão de supervisão; tem de se fundamentar sempre na invalidade do acto, e nunca na simples vontade do anulador ou, sequer, no demérito do acto; é um acto vinculado, e não um acto discricionário, porque, ao concluir pela invalidade do acto impugnado, o tribunal não pode deixar de o anular. Além destas três diferenças essenciais, que identificam os próprios conceitos de anulação e de revogação, há ainda a salientar uma diferença de regime: a anulação tem normalmente efeitos retroactivos, destruindo, portanto, os efeitos já produzidos pelo acto anulado, ao passo que a revogação tem, em regra, efeitos *ex nunc*, não prejudicando, portanto, os efeitos já produzidos pelo acto revogado.

Os três elementos acima identificados no conceito de anulação (natureza jurisdicional, fundamentação na invalidade e carácter vinculativo) também a distinguem da resolução. Quanto ao respectivo regime, as duas figuras têm em comum a produção de efeitos retroactivos.

Aplicabilidade (de uma norma jurídica) Susceptibilidade que tem uma norma jurídica de ser aplicada a um determinado caso concreto.

Vide "lei competente".

Aplicação (de uma norma jurídica) Utilização de uma norma jurídica para solucionar um caso concreto.

Aplicação analógica (de uma norma jurídica)
Vide "analogia *legis*".

Aplicação subsidiária (de uma norma jurídica) Aplicação de uma norma jurídica a um certo caso só após a constatação da inexistência de normas jurídicas mais estreitamente relacionadas com ele.

Exemplo: a aplicação das normas do Código Civil às relações jurídicas comerciais é uma aplicação subsidiária, pois só tem lugar após a constatação de que não há nenhuma norma de direito comercial aplicável ao caso em apreço.

Argumento *a contrario* O mesmo que "argumento *a contrario sensu*".

Argumento *a contrario sensu* Raciocínio lógico-jurídico pelo qual de uma norma excepcional se infere que os factos especificamente subtraídos ao âmbito da sua previsão ficam sujeitos a uma estatuição de sentido exactamente oposto ao daquela.

Dicionário da Parte Geral do Código Civil Português 16

É um dos elementos lógicos utilizados na interpretação enunciativa de normas jurídicas.

Exemplo: o artigo 875.º do Código Civil afirma que "o contrato de compra e venda de bens imóveis só é válido se for celebrado por escritura pública". Ao referir especificamente os bens imóveis, esta norma está a subtrair especificamente do âmbito da sua previsão os bens móveis. Assim, através do argumento *a contrario sensu*, o intérprete pode inferir dessa norma que, quando versar sobre bens móveis, o contrato de compra e venda será formalmente válido independentemente de ser celebrado por escritura pública. É claro, no entanto, que esta inferência cederá perante qualquer norma que, atendendo a circunstâncias especiais ou excepcionais ou a determinada categoria especial de bens móveis, exija a observância daquela forma.

O argumento *a contrario sensu* também pode ser designado simplesmente como "argumento *a contrario*".

Argumento *a fortiori* Raciocínio lógico-jurídico respeitante à relação entre mais e menos.
É um dos elementos lógicos utilizados na interpretação enunciativa de normas jurídicas.
Há dois tipos de argumentos *a fortiori* empregues nesse domínio: o argumento *a majori ad minus* e o argumento *a minori ad majus*.

Os argumentos *a fortiori* também se designam por "argumentos de maioria de razão".

Argumento *a majori ad minus* Raciocínio lógico-jurídico segundo o qual uma norma que permite uma conduta de consequências mais amplas também permite uma conduta de consequências mais restritas.
É um dos elementos lógicos utilizados na interpretação enunciativa de normas jurídicas.

Exemplo: uma norma que permite alienar um certo tipo de bens também permite, em princípio, onerá-los. A letra da norma pode mencionar apenas a alienação, mas, fazendo dela uma interpretação enunciativa com recurso ao argumento *a majori ad minus*, o intérprete concluirá que ela também permite a oneração, pois esta é um modo de disposição de alcance inferior ao da alienação. É certo, porém, que esta conclusão poderá ser bloqueada por algum elemento de interpretação que ateste que a norma pretende mesmo afastar a oneração.

O argumento *a majori ad minus* é um dos dois tipos de argumentos *a fortiori* – o outro é o argumento *a minori ad majus*.

Argumento *a minori ad majus* Raciocínio lógico-jurídico segundo o qual uma norma que proíbe uma conduta de consequências mais restritas também proíbe uma conduta de consequências mais amplas.

É um dos elementos lógicos utilizados na interpretação enunciativa de normas jurídicas.

Exemplo: uma norma que proíbe a oneração de um certo tipo de bens também proíbe, em princípio, a sua alienação. A letra da norma pode mencionar apenas a oneração, mas, fazendo dela uma interpretação enunciativa com recurso ao argumento *a minori ad majus*, o intérprete concluirá que ela também proíbe a alienação, pois esta é um modo de disposição de alcance superior ao da oneração. É certo, todavia, que esta conclusão poderá ser afastada por algum elemento de interpretação que demonstre que a norma pretende permitir a alienação e proibir apenas a oneração.

O argumento *a minori ad majus* é um dos dois tipos de argumentos *a fortiori* – o outro é o argumento *a majori ad majus*.

Argumento de maioria de razão O mesmo que "argumento *a fortiori*".

Associação Entidade colectiva de substrato pessoal que não tem por fim o lucro económico dos associados.[7]

Exemplos: um sindicato, um partido político, uma associação de defesa dos direitos do homem, uma associação de defesa dos animais, etc.

[7] Diz-se aqui "entidade colectiva" em vez de "pessoa colectiva", porque o Código Civil também prevê a existência de associações sem personalidade jurídica (artigos 195.° a 198.°).

Uma associação pode ter ou não personalidade jurídica. Para a ter, basta observar as normas legais respeitantes à constituição de associações.

A associação com personalidade jurídica constitui um dos três tipos de pessoas colectivas privadas previstos na lei. Os outros dois tipos são a fundação e a sociedade.

A associação distingue-se da fundação pelo seu substrato: o daquela é pessoal, o desta é patrimonial.

Da sociedade a associação distingue-se pelo seu fim: o desta não é lucrativo, o daquela é.

Atribuição Fim que uma entidade colectiva está incumbida de prosseguir, por força de um acto jurídico.

Exemplo: uma das várias atribuições das freguesias é o ordenamento do respectivo território, por determinação do artigo 2.°, i), da Lei n.° 23//97, de 2 de Julho.

Ausência (direito civil) Desaparecimento de uma pessoa sem que dela se saiba parte.[8]

[8] Código Civil, artigo 89.°/1.

Ausente Pessoa que desapareceu sem que dela se saiba parte.[9]

[9] Código Civil, artigo 89.°/1.

Dicionário da Parte Geral do Código Civil Português

Benfeitoria (acção) Acto material realizado numa coisa com o fim de a conservar ou melhorar.

Exemplo: pintura de um prédio.

As benfeitorias classificam-se em necessárias, úteis e voluptuárias.

Benfeitoria (despesa) Despesa feita para conservar ou melhorar uma coisa.[10]

Exemplo: despesa com a pintura de um prédio.

[10] Código Civil, artigo 216.º/1.

Benfeitoria necessária Benfeitoria que tem por fim evitar a perda, destruição ou deterioração de uma coisa.[11]

[11] Código Civil, artigo 216.º/3, 1.ª parte.

Benfeitoria útil Benfeitoria que, não sendo indispensável para a conservação de uma coisa, lhe aumenta, todavia, o valor.[12]

[12] Código Civil, artigo 216.º/3, 2.ª parte.

Benfeitoria voluptuária Benfeitoria que, não sendo indispensável para a conservação da coisa nem lhe aumentando o valor, serve apenas para recreio do benfeitorizante.[13]

[13] Código Civil, artigo 216.º/3, 3.ª parte.

Benfeitorizante
1. Pessoa que realiza uma benfeitoria numa coisa.
2. Pessoa a cujas expensas é realizada uma benfeitoria numa coisa.

Caducidade
1. Cessação dos efeitos de um acto jurídico ou de uma proposição jurídica em consequência de um facto jurídico *stricto sensu*, ou de um acto jurídico que não se consubstancie numa declaração de vontade destinada a fazer cessar aqueles efeitos, a que uma proposição jurídica constante do próprio acto extinto ou de um outro acto jurídico ou um princípio geral de direito atribuam esse efeito extintivo.

Exemplo: uma pessoa aluga um automóvel por 10 dias. Decorridos esses 10 dias, o contrato de aluguer caduca. Esta caducidade é provocada, precisamente, pelo decurso daquele prazo. O decurso de um prazo é um facto jurídico *stricto sensu*, e é um facto ao qual uma norma jurídica do Código Civil – o artigo 1051.º/1, a) – atribui o efeito de extinção da locação.

Outro exemplo: o proprietário de uma fracção autónoma empresta-a a um amigo seu, dizendo-lhe: "Podes ficar aqui até comprares uma casa". Trata-se de um contrato de comodato sujeito a uma condição resolutiva, que é a de o comodatário celebrar um contrato de compra e venda pelo qual adquira um imóvel destinado à sua habitação. A celebração deste contrato de compra e venda provocará a caducidade do comodato. Esse contrato de compra e venda não é, obviamente, um facto jurídico *stricto sensu*, mas um acto jurídico. Só que este acto jurídico não consiste numa declaração de vontade destinada a extinguir o comodato; ele só produz tal efeito extintivo porque este lhe foi previamente atribuído pelo próprio contrato de comodato.

A caducidade distingue-se da revogação por dois aspectos. Em primeiro lugar, a revogação resulta sempre de um acto jurídico, e nunca de um facto jurídico *stricto sensu*, ao passo que a caducidade pode resultar, quer de um acto jurídico, quer de um facto jurídico *stricto sensu*. Em segundo lugar, a revogação resulta de um acto jurídico no qual se contém uma declaração de vontade destinada, expressa ou tacitamente, a extinguir o acto ou proposição revogandos, enquanto que a caducidade, quando resulte de um acto jurídico, resulta de um acto jurídico que não se destina a tal extinção, mas cujo efeito extintivo lhe é atribuído pelo próprio acto caducante ou por um terceiro acto jurídico (normalmente uma lei). Em suma, a revogação é uma extinção operada directamente por um acto jurídico, enquanto que a caducidade é operada pela combinação sucessiva de dois factos jurídicos *lato sensu*.

Estes dois factos jurídicos *lato sensu* são: primeiro, um acto jurídico no qual se prevê a ocorrência futura de um facto jurídico *stricto sensu* ou a prática futura de um outro acto jurídico; depois, o próprio facto jurídico *stricto sensu* ou acto jurídico previstos.

2. Extinção de uma situação jurídica em virtude do decurso do prazo fixado ao respectivo titular, pela lei ou por outro acto jurídico, para que aja em conformidade com ela, ou em virtude da ocorrência de outro facto ao qual seja atribuído, pela lei ou por outro acto jurídico, tal efeito extintivo.

Exemplo: segundo o artigo 1786.º/ /1 do Código Civil, relativo ao divórcio litigioso, "o direito ao divórcio caduca no prazo de dois anos, a contar da data em que o cônjuge ofendido ou o seu representante legal teve conhecimento do facto susceptível de fundamentar o pedido". A situação jurídica cuja extinção é referida nesta norma é o direito ao divórcio, o qual, na falta de consentimento do outro cônjuge, só pode ser exercido por meio de acção judicial. O titular dessa situação jurídica é o cônjuge ofendido ou o seu representante legal. Agir em conformidade com essa situação jurídica significa exercer o direito ao divórcio, propondo a competente acção judicial.

A caducidade de uma situação jurídica é diferente da sua prescrição. Ao caducar, uma situação jurídica extingue-se; ao prescrever, uma situação jurídica não se extingue, mas deixa de poder ser feita valer em juízo, ou seja, a sua materialização deixa de ser judicialmente exigível. Por isso, o direito de acção e os direitos potestativos que só possam ser exercidos por via judicial não prescrevem, mas caducam, pois a impossibilidade do seu exercício judicial significa, logicamente, a sua extinção.

Exemplo: o direito ao divórcio, quando não haja mútuo consentimento dos cônjuges, só pode ser exercido por meio de acção judicial; no momento em que esse divórcio já não puder ser exigido judicialmente, o exercício desse direito tornar-se-á impossível, não podendo, portanto, deixar de se extinguir; consequentemente, esse direito não prescreverá, mas caducará.

Capacidade
Vide "capacidade jurídica".

Capacidade de exercício
Possibilidade que o direito reconhece a uma pessoa de praticar, pessoal e livremente, actos jurídicos.

Esta possibilidade pode referir-se à prática de actos jurídicos de certo tipo ou conteúdo (capacidade de exercício específica) ou, pelo contrário, abranger a prática de qualquer acto jurídico não excepcionado por lei (capacidade de exercício genérica).

Exemplo: quando se diz que as pessoas maiores de idade têm capacidade de exercício, está-se a referir uma capacidade de exercício genérica; se se disser que um menor que trabalhe pode, pessoal e livremente, denunciar o respectivo contrato de trabalho, está-se a aludir a uma capacidade de exercício específica.

Uma pessoa que não disponha de capacidade de exercício só pode praticar os actos jurídicos abrangidos pela incapacidade por intermédio de um representante legal.

Exemplo: uma pessoa de 18 anos que pretenda adquirir um prédio pode, pessoal e livremente, celebrar um contrato de compra e venda com esse objectivo; uma pessoa de 17 anos, pelo contrário, não o pode fazer, pelo que necessitará de pedir aos seus pais que celebrem aquele contrato como seus representantes.

Capacidade de gozo
1. Âmbito de situações jurídicas de que uma pessoa pode ser sujeito, segundo o direito.

Exemplo: o artigo 160.º/1 do Código Civil diz: "A capacidade das pessoas colectivas abrange todos os direitos e obrigações necessários ou convenientes à prossecução dos seus fins". Esta disposição define a capacidade de gozo das pessoas colectivas, ou seja, o âmbito de situações jurídicas de que uma pessoa colectiva pode ser sujeito.

A capacidade de gozo das pessoas singulares é geral: elas podem ser sujeitos de quaisquer situações jurídicas, salvo disposição legal em contrário.

A capacidade de gozo das pessoas colectivas, pelo contrário, está sujeita ao princípio da especialidade.

Vide "especialidade (princípio)".

2. Possibilidade que o direito reconhece a uma pessoa de ser sujeito de situações jurídicas com determinado conteúdo.

Exemplo: o artigo 1600.° do Código Civil diz: "Têm capacidade para contrair casamento todos aqueles em quem se não verifique algum dos impedimentos matrimoniais previstos na lei." A expressão "capacidade para contrair casamento" significa a susceptibilidade de ser sujeito de relações jurídicas matrimoniais. Designa, portanto, uma capacidade de gozo referente a situações jurídicas de conteúdo matrimonial.

Capacidade jurídica

1. Sentido amplo: capacidade de uma pessoa no domínio do Direito, contraposta às capacidades extrajurídicas (capacidade física, capacidade económica, capacidade intelectual, etc.). Abrange a capacidade de gozo e a capacidade de exercício. Normalmente é referida na lei sem o adjectivo "jurídica".

Exemplo: o artigo 25.° do Código Civil diz: "O estado dos indivíduos, a capacidade das pessoas, as relações de família e as sucessões por morte são regulados pela lei pessoal dos respectivos sujeitos, salvas as restrições estabelecidas na presente secção." Neste preceito, o substantivo "capacidade", apesar de não estar qualificado pelo adjectivo "jurídica", designa efectivamente a capacidade jurídica, e não a capacidade física ou qualquer outra capacidade extrajurídica; e designa a capacidade jurídica em sentido amplo, compreendendo a capacidade de gozo e a capacidade de exercício.

A capacidade jurídica, ao contrário da personalidade jurídica, é mensurável. Isto significa que a capacidade jurídica pode ser limitada, e que a capacidade jurídica de uma pessoa pode ser maior que a de outra.

Exemplo: a capacidade jurídica de uma pessoa de 18 anos, e que esteja no pleno gozo das suas faculdades mentais, é maior que a de uma pessoa de 15, já que a primeira possui plena capacidade de gozo e plena capacidade de exercício, ao passo que a segunda está sujeita a limitações na sua capacidade de gozo (não se pode casar, não pode adoptar, não pode perfilhar, não pode testar, não pode votar nem ser eleita para os órgãos políticos, etc.) e não dispõe, em geral, de capacidade de exercício.

2. Sentido restrito: capacidade de gozo.

Exemplo: o artigo 67.º do Código Civil diz: "As pessoas podem ser sujeitos de quaisquer relações jurídicas, salvo disposição em contrário: nisto consiste a sua capacidade jurídica." Esta definição de capacidade jurídica corresponde ao conceito de capacidade de gozo.

Caso análogo Caso juridicamente regulado que tem com um caso omisso uma relação de analogia.

A norma jurídica que regula o caso análogo pode ser aplicada ao caso omisso: é o que se chama aplicação analógica de uma norma jurídica, ou analogia *legis*.

Caso omisso Caso em relação ao qual existe uma lacuna.

Cláusula contratual geral Cláusula contratual previamente formulada para valer num número indeterminado de contratos e que, para a celebração de cada um desses contratos, uma das partes apresenta à outra, que se limita a aceitar.

Exemplo: as cláusulas contidas nos contratos de transporte rodoviário celebrados entre os passageiros e as companhias de autocarros. Estas cláusulas são fixadas pelas companhias de autocarros para serem aplicadas a todos os passageiros Estes, por sua vez, cada vez que entram num autocarro, concluem com a respectiva companhia um contrato de transporte, mas não negoceiam com ela quaisquer cláusulas contratuais (nomeadamente o preço): limitam-se a aceitar as que são impostas pela companhia de transporte.

Os contratos integralmente compostos por cláusulas contratuais gerais chamam-se "contratos de adesão", pois uma das partes limita-se a aderir às condições apresentadas pela outra, não havendo lugar a contrapropostas.

Cláusula modal O mesmo que "modo".

Coacção física Pressão duma acção humana que leva uma pessoa, independentemente da sua vontade, a assumir certo comportamento objectivamente declarativo.[14]

Exemplo: uma pessoa redige um contrato de doação de um prédio alheio em seu próprio benefício e, manipulando a mão do proprietário desse prédio, compele-o a apor a sua assinatura no dito documento.

[14] João de Castro Mendes, *Teoria Geral do Direito Civil*, volume II, Associação Académica da Faculdade de Direito de Lisboa, Lisboa, 1985, página 132. Este autor utiliza a palavra "força" em vez de "acção humana". Essa força, segundo afirma o autor, "pode ser meramente natural ou física (...) como pode ser humana" (*ibidem*). Optamos, todavia, por uma noção mais restrita de coacção física, cingindo-a à acção humana e propondo para a pressão não-humana a designação de "compulsão

natural". Note-se, a título de curiosidade, que o Código Civil de Macau, de 1999, prevê um tipo de falta de vontade denominado "falta de vontade de acção". Este tipo abrange, precisamente, os casos em que o comportamento objectivamente declarativo é determinado pela pressão de um facto natural. Assim sendo, a coacção física abrange aí unicamente os casos em que a pressão resulta de uma acção humana, o que, aliás, se adequa mais à palavra "coacção".

A força coactora pode ser física ou psíquica.

Exemplo: no caso apresentado no exemplo anterior, a força coactora é a manipulação por parte de uma pessoa. É, portanto, uma força física.

Outro exemplo: se a pessoa interessada na doação, em vez de recorrer à manipulação da mão do proprietário do prédio, tivesse optado por hipnotizá-lo, guiando depois a sua mente até à decisão de assinar o contrato de doação, estaríamos igualmente perante um caso de coacção física, só que a força coactora já não seria física, mas psíquica.

A coacção física difere da coacção moral. Em ambos os casos a força coactora é uma acção humana, só que na coacção moral a pessoa coactora não usa de uma força irresistível, mas apenas da ameaça de um mal, e o declarante só emite a declaração porque sente receio de que o mal com que é ameaçado se venha a consumar. Na coacção moral não há, pois, falta de vontade, mas um vício da vontade.

Exemplo: se a pessoa interessada na doação, em vez de recorrer aos meios referidos nos exemplos anteriores, tivesse apontado uma pistola ao proprietário do prédio e ameaçado de disparar sobre ele no caso de este não assinar o contrato, já não estaríamos perante uma situação de coacção física, mas de coacção moral.

Sendo uma forma não intencional de falta de vontade, a coacção física aproxima-se da falta de consciência da declaração, dela se distinguindo pelo seguinte: na coacção física, o declarante não só não tem vontade de emitir uma declaração de vontade, como nem sequer tem vontade de adoptar o comportamento do qual aquela declaração resulta; na falta de consciência da declaração, o declarante tem vontade de adoptar aquele comportamento, mas não de emitir a declaração de vontade que dele resulta.

Exemplo: se a pessoa interessada na doação, em vez de recorrer aos meios referidos nos exemplos anteriores, tivesse dado ao proprietário do prédio uma folha de papel em branco e lhe tivesse pedido para nela fazer a sua assinatura, justificando esse pedido com a sua curiosidade em vê-la, e tivesse depois inscrito naquela folha uma declaração de doação do prédio a seu favor, já não estaríamos perante uma situação de coacção física, mas de falta de consciência da declaração.

Dicionário da Parte Geral do Código Civil Português

A coacção física também é designada pelas expressões latinas *vis ablativa* e *vis absoluta corpori illata*.[15]

[15] João de Castro Mendes, *Teoria Geral do Direito Civil*, volume II, Associação Académica da Faculdade de Direito de Lisboa, Lisboa, 1985, página 132.

Coacção moral Pressão da ameaça de um mal que leva uma pessoa, por medo da sua consumação, a emitir a declaração de vontade pretendida pelo autor da ameaça.

Exemplo: uma pessoa, devendo 1000 euros a outra e querendo que esta lhe perdoe a dívida, aponta-lhe uma pistola e ameaça matá-la, se ela não assinar uma declaração de remissão da dívida. Apavorado, o credor assina a declaração. Esta declaração está viciada por coacção moral.

A coacção moral constitui um vício da vontade e contém os seguintes elementos: a ameaça de um mal, a ilicitude da ameaça e a intencionalidade da ameaça.

A ameaça tanto pode respeitar ao próprio declarante como a um terceiro, e tanto pode ter por objecto valores pessoais como patrimoniais.[16]

Além disso, ela tanto pode referir-se ao desencadeamento de uma acção ainda não iniciada como à continuação de uma acção já iniciada.

Exemplo: se uma pessoa assinar um contrato sob ameaça de sequestro, esse contrato estará viciado por coacção moral, quer a pessoa ainda não estivesse sequestrada no momento em que foi ameaçada e assinou o contrato, quer já o estivesse. No primeiro caso, o declarante terá sido ameaçado de ser sequestrado, enquanto que no segundo terá sido ameaçado de não ser libertado.

[16] Código Civil, artigo 255.º/2.

A ilicitude da ameaça pode resultar da ilicitude da acção de que o declarante é ameaçado ou da ilicitude da acção visada pela ameaça.

Exemplo: um credor ameaça esfaquear o seu devedor se ele não assinar imediatamente um cheque à sua ordem, no montante em dívida. Esta ameaça é ilícita, porque, embora seja lícito o seu objectivo (o pagamento da dívida), é ilícita – e punível como crime – a acção em que se traduziria a sua consumação.

Outro exemplo: uma mulher ameaça o marido de intentar contra ele uma acção de divórcio, caso ele não venda a casa de que ele é arrendatário. Esta ameaça é ilícita, porque, embora seja lícita a acção em que se traduziria a sua consumação (a instauração de uma acção de divórcio), é ilícita a acção visada pela ameaça (a venda de uma coisa alheia).

A ameaça já não será ilícita, se o seu autor simplesmente ameaçar o declarante de exercer, com normalidade e sem abuso, um direito.[17]

O terceiro elemento da coacção moral – a intencionalidade da ameaça – significa que o autor da ameaça, ao proferi-la, visa obter da pessoa ameaçada uma certa e determinada declaração de vontade. Se a declaração feita pela pessoa ameaçada for diferente daquela que era exigida pelo autor da ameaça, ela não estará viciada de coacção moral.

Exemplo: se, na situação descrita no primeiro exemplo, o credor, em vez de assinar a declaração de remissão da dívida, conforme lhe é exigido pelo devedor, passar à ordem deste um cheque no valor de 5000 euros, a declaração de vontade corporizada nesse cheque não poderá ser impugnada com fundamento em coacção moral.

[17] Código Civil, artigo 255.°/3.

A coacção moral é diferente da coacção física. A coacção física é a pressão duma força que leva uma pessoa, independentemente da sua vontade, a assumir certo comportamento objectivamente declarativo. Constitui, portanto, uma forma de falta de vontade. Na coacção moral, a pessoa coactora não usa de uma força irresistível, mas apenas da ameaça de um mal, e o declarante só emite a declaração porque sente receio de que o mal com que é ameaçado se venha a consumar. Aqui não há, pois,

falta de vontade, mas um vício da vontade.

Exemplo: se, na situação apresentada no primeiro exemplo, o devedor, em vez de se limitar a apontar uma arma ao credor, tivesse pegado na mão deste e a tivesse manipulado no sentido de compelir o credor a apor a sua assinatura na declaração, já teria havido um caso de coacção física, e não de mera coacção moral.

A coacção moral também é designada pelas expressões latinas *vis compulsiva* e *vis relativa*.

Código civil Diploma legal que contém as normas e os princípios de direito civil vigentes em determinado ordenamento jurídico, sistematizados de modo sintético e científico.

O diploma mais antigo a que a generalidade dos historiadores do direito reconhecem esta categoria é o Código Civil francês (*Code Civil*) de 1804, conhecido como Código Napoleão (*Code Napoléon*).

No entanto, como nota Franz Wieacker, um reputado historiador alemão do direito privado, há um diploma mais antigo que também possui a natureza de código e cujo conteúdo é, em grande parte, de direito civil: trata-se do Código do Direito Geral Territorial prussiano (*Allgemeines Landrecht*), de 1794, conhecido pela sigla ALR.[18]

Ambos os códigos acabados de mencionar inserem-se na corrente jurídica do jusracionalismo.

Na mesma corrente inserem-se o Código Civil austríaco (*Allgemeines Bürgerliches Gesetzbuch*, conhecido pela sigla ABGB), de 1811, e os códigos civis inspirados no homólogo francês, nomeadamente o primeiro código civil italiano (de 1865), o primeiro código civil português (conhecido como Código de Seabra e datado de 1867) e o Código Civil espanhol (1889).

No quadro de uma nova corrente jurídica – a pandectística – surgiu, em 1896, o Código Civil alemão (*Bürgerliches Gesetzbuch*, conhecido pela sigla BGB).

O Código Civil alemão viria a servir de modelo ao Código Civil japonês de 1898 e à generalidade dos códigos civis do século XX, nomeadamente aos códigos civis da Suíça (de 1907), do Brasil (de 1916), da Tailândia (de 1925), do México (de 1928), da República da China (de 1929), do Líbano (de 1933), do Peru (de 1936), da Grécia (de 1940), do segundo código civil da Itália (de 1942), do segundo código civil de Portugal (de 1966) e ainda, por intermédio deste último, do Código Civil de Macau (de 1999).

O Código Civil português, à semelhança do seu homólogo alemão, está dividido em cinco livros:
Livro I – Parte Geral
Livro II – Direito das Obrigações

Livro III – Direito das Coisas
Livro IV – Direito da Família
Livro V – Direito das Sucessões
Este código contém mais de dois mil artigos, sendo, de longe, o mais extenso de todos os diplomas legais vigentes em Portugal.

[18] Franz Wieacker, *Privatrechtsgeschichte der Neuzeit unter besonderer Berücksichtigung der deutschen Entwicklung*, tradução portuguesa *História do Direito Privado Moderno*, 2.ª edição, Fundação Calouste Gulbenkian, Lisboa, páginas 369 a 383.

Coisa Realidade autónoma, externa à pessoa, dotada de utilidade e susceptível de ser objecto de situações jurídicas a título de domínio.[19]

De acordo com esta noção, o primeiro elemento definidor da coisa é a autonomia. Uma parte de uma coisa, enquanto estiver fixamente integrada nela, não é, ela própria, uma coisa.

Exemplo: um porco é uma coisa, mas os seus rins, enquanto se encontrarem dentro dele, não são coisas, pois não têm autonomia em relação ao porco; se, porém, o porco for abatido e os seus rins forem extraídos, estes tornar-se-ão coisas, porque ganharão autonomia em relação aos restantes elementos do corpo do porco.

[19] Definição inspirada na de Orlando de Carvalho, segundo a qual coisa é "todo o bem do mundo externo, sensível ou insensível, com a suficiente individualidade e economicidade para ter o estatuto permanente de objecto de direitos" (*Teoria*

Geral do Direito Civil, Centelha, Coimbra, 1981, páginas 117-118).

O segundo elemento definidor da coisa é a exterioridade em relação aos seres humanos. Nem os seres humanos, nem os seus órgãos, são coisas.

Exemplo: retomando o exemplo anterior, se um dos rins extraídos do porco for transplantado para uma pessoa, ficará novamente privado da sua qualidade de coisa, pois passará a ser um órgão de uma pessoa.

O terceiro elemento é a utilidade. Trata-se da utilidade socialmente reconhecida a uma coisa. Essa utilidade pode ser expressa em valor pecuniário.

Exemplo: um saco de arroz é uma coisa, mas um grão de arroz não, pois carece de utilidade.

O quarto e último elemento é a susceptibilidade de ser objecto de situações jurídicas a título de domínio. É, portanto, a susceptibilidade de integrar o domínio privado de uma pessoa singular, de uma pessoa colectiva privada ou de uma pessoa colectiva pública ou o domínio público de uma pessoa colectiva pública. Essa susceptibilidade funda-se na capacidade humana para exercer um domínio efectivo sobre certa realidade. Isto significa que uma realidade sobre a qual a humanidade não tenha, de momento, capacidade para exercer um domínio efectivo não é uma coisa.

Exemplo: a humanidade ainda não tem capacidade científica e tecnológica para dominar as estrelas; por isso, as estrelas não podem ser objecto de situações jurídicas a título de domínio; logo, as estrelas não são coisas.

As coisas classificam-se, nomeadamente, em coisas corpóreas e incorpóreas, móveis e imóveis, fungíveis e infungíveis, consumíveis e não consumíveis, divisíveis e indivisíveis, principais e acessórias, e presentes e futuras.

Coisa absolutamente futura Coisa que ainda não existe ao tempo da declaração negocial.

Exemplo: uma companhia de aviação civil assina com uma empresa de construção aeronáutica um contrato de compra e venda de um avião, no qual se estipula que o avião deverá ser entregue à primeira no prazo de um ano. Se, à data da celebração do contrato, o avião ainda não estiver construído, ele representa, nesse contrato, uma coisa absolutamente futura.

Entre as coisas futuras, as coisas absolutamente futuras contrapõem-se às coisas relativamente futuras. Umas e outras contrapõem-se às coisas presentes.

Coisa acessória Coisa móvel que, não constituindo parte com-

Dicionário da Parte Geral do Código Civil Português

ponente ou integrante, está afectada por forma duradoura ao serviço ou ornamentação de uma outra coisa.[20]

Exemplo: um quadro pendurado junto à entrada de um escritório é uma coisa acessória em relação ao prédio em que esse escritório se encontra instalado.

[20] Código Civil, artigo 210.º/1.

A coisa acessória também tem a designação de "pertença".

Coisa consumível Coisa cujo uso normal importa a sua destruição ou alienação.[21]

Exemplo: um produto alimentar. O seu uso normal, que é a ingestão, importa a sua destruição. Portanto, esse produto é uma coisa consumível.

Outro exemplo: um livro. Para um livreiro, o seu uso normal, que é a venda, importa a sua alienação. Por isso, para ele o livro é uma coisa consumível. Para quem o compra, pelo contrário, o livro é uma coisa não consumível, pois o seu uso normal é a leitura.

[21] Definição semelhante à do artigo 208.º do Código Civil, mas com a substituição do adjectivo "regular" pelo adjectivo "normal". A substituição deve-se ao facto de que a expressão "uso regular" tem dois sentidos: uso normal e uso habitual. Visa-se, pois, eliminar esta ambiguidade.

A expressão antónima é "coisa não consumível".

Coisa controvertida Coisa cuja titularidade é objecto de disputa, judicial ou extrajudicial.

Coisa corpórea Coisa formada por uma porção de matéria ou por uma quantidade de energia.

Exemplo: um edifício; um navio; um bolo; um lago; uma certa quantidade de energia eléctrica.

Coisa defeituosa Coisa que sofre de um vício que a desvaloriza ou impede a realização do fim a que é destinada, ou que não tem as qualidades necessárias para a realização daquele fim.[22]

Exemplo: um pacote de leite estragado.

[22] Definição elaborada a partir da noção de "venda de coisa defeituosa" contida no artigo 913.º/1 do Código Civil. Omite-se aqui a expressão "(qualidades) asseguradas pelo vendedor", porque a falta dessas qualidades não é suficiente para dizer que uma coisa é intrinsecamente defeituosa; essa coisa só será defeituosa no quadro de uma determinada relação jurídica de compra e venda. A essa situação particular refere-se o segundo parágrafo da definição.

Havendo um contrato pelo qual se disponha de certa coisa, esta também é considerada defeituosa se não tiver as qualidades asseguradas pelo disponente.[23]

Exemplo: uma pessoa vende a outra um papagaio, asseverando-lhe

Dicionário da Parte Geral do Código Civil Português

que ele sabe recitar a letra da "Internacional" em chinês, mas, afinal, ele não sabe. Como objecto daquele contrato de compra e venda, este papagaio é uma coisa defeituosa.

[23] Indução feita a partir da terceira parte do n.º 1 do artigo 913.º do Código Civil. Substituindo-se "vendedor" por "disponente", ficam abrangidos, além da venda, os casos de doação e de constituição de direitos reais menores ou de direitos pessoais de gozo.

Coisa deteriorável Coisa sujeita a destruição gradual pela passagem do tempo.

Exemplo: um ovo.

Coisa determinada Coisa já individualizada, não carecendo, por isso, de ser escolhida entre várias.

Exemplo: uma pessoa quer comprar um livro. Se ela for pessoalmente a uma livraria, pegar no livro que quer e pagar o seu preço na caixa, estará a comprar uma coisa determinada. Se, pelo contrário, celebrar o contrato de compra e venda do livro através da Internet, estará a comprar uma coisa genérica, embora determinável.

Coisa determinável Coisa que, não estando embora ainda individualizada, é susceptível de identificação, por estarem enunciados os respectivos critérios e/ou indicados os sujeitos que a hão-de operar.[24]

Exemplo: uma pessoa compra pelo telefone 10 bolos de chocolate, dizendo ao vendedor que vai enviar outra pessoa para ir à loja escolher esses bolos. Neste caso, o objecto do contrato de compra e venda é uma coisa determinável.

[24] Ana Prata, *Dicionário Jurídico*, 3.ª edição, Livraria Almedina, Coimbra, 1995, página 219.

Coisa divisível Coisa que pode ser fraccionada sem alteração da sua substância, diminuição de valor ou prejuízo para o uso a que se destina.[25]

Exemplo: um bolo.

[25] Código Civil, artigo 209.º.

A expressão antónima é "coisa indivisível".

Coisa em trânsito Coisa que, estando a ser transportada para um determinado destino, se encontra num território que não é nem o da origem nem o do destino.

Exemplo: um contentor carregado de computadores, trazido do Japão por via aérea, é desembarcado no aeroporto de Lisboa e transportado de camião para o porto de Leixões, para aí ser reembarcado num navio com destino a Cabo Verde. Enquanto estiver em Portugal, esses computadores consideram-se coisas em trânsito.

Coisa fora do comércio Coisa que não pode ser objecto de propriedade privada, seja por ser naturalmente insusceptível de apropriação individual, seja por a lei a ter integrado no domínio público.

Exemplo: as nascentes de águas mineromedicinais. Elas são coisas do domínio público, por força do artigo 84.°/1, c) da Constituição; por consequência, são coisas fora do comércio, nos termos do artigo 202.°/2 do Código Civil.

O artigo 202.°/2 do Código Civil diz que se consideram fora do comércio "todas as coisas que não podem ser objecto de direitos privados". Porém, as coisas do domínio público, que são coisas fora do comércio, podem ser objecto de concessão a entidades privadas. Ora, da concessão resultam direitos para o concessionário, e esses direitos são privados. O que há de especial nesta situação é que esses direitos são sempre inferiores à propriedade.

Exemplo: os terrenos do domínio público em Portugal podem ser concessionados a entidades privadas mediante arrendamento. Neste caso, o concessionário passa a dispor do direito de gozo que cabe normalmente a um arrendatário, e que alguns autores qualificam de direito real de gozo e outros de direito pessoal de gozo.

Coisa frugífera Coisa que pode produzir frutos, naturais ou civis.

Exemplo: uma vaca é uma coisa frugífera, porque pode produzir vitelos (frutos naturais); um prédio também é uma coisa frugífera, porque pode gerar rendas (frutos civis).

Coisa fungível Coisa que se determina pelo seu género, qualidade e quantidade, quando constitua objecto de uma relação jurídica.[26]

Assim, uma coisa fungível pode, no quadro de uma determinada relação jurídica, ser substituída por outra que seja do mesmo género, qualidade e quantidade.

Exemplo: moeda.

[26] Código Civil, artigo 207.°.

Tendencialmente, as coisas produzidas em série são fungíveis. Também tendencialmente, as coisas imóveis são infungíveis. Mas, como se acabou de dizer, estas correspondências são meramente tendenciais. Uma coisa de certo tipo pode ser fungível no quadro de uma relação jurídica e infungível noutra. A coisa é fungível se tiver sido identificada nas declarações de vontade das partes apenas através da designação dos respectivos género, qualidade e quantidade, tendo ficado subentendido que ela poderá ser qualquer coisa concreta que se encontre dentro desses parâmetros. É infungível, se tiver sido identificada como uma coisa certa e determinada, que não deva ser substituída.

Exemplo: uma pessoa promete a um amigo seu emprestar-lhe, na semana seguinte, um exemplar do Código Civil editado pela Almedina. Constitui-se, assim, uma relação jurídica emergente de uma promessa unilateral de comodato. Se o promitente disser algo como "prometo-te que na próxima semana te emprestarei um exemplar do Código Civil editado pela Almedina", o livro objecto da relação jurídica é uma coisa fungível, pois o exemplar a emprestar pode ser qualquer um, desde que seja da obra mencionada na promessa. Se, diferentemente, ele disser algo como "já que queres ver as anotações que eu fiz neste meu exemplar do Código Civil, eu prometo-te emprestar-to na próxima semana", o livro objecto da relação jurídica é uma coisa infungível, pois o exemplar a emprestar só pode ser um, que é aquele que foi especificado na promessa.

Coisa futura Coisa que, no momento de uma declaração negocial, não existe ou não está em poder do disponente, ou a que este não tem direito.

A expressão antónima é "coisa presente".

Coisa genérica Coisa identificada pela mera indicação do seu género e, eventualmente, da sua qualidade e quantidade.

Exemplo: num contrato de compra e venda celebrado pelo telefone estipula-se a venda de bolos. Se o objecto do contrato for identificado por meio de expressões como "bolos", "bolos de chocolate" ou "10 bolos de chocolate", esse objecto é, em qualquer caso, uma coisa genérica. No primeiro caso, apenas se identifica o género; no segundo, identifica-se também a qualidade; no terceiro, especifica-se ainda a quantidade; mas em nenhum destes casos se individualizam os bolos.

A expressão antónima é "coisa determinada".

Coisa imóvel Coisa pertencente ao elenco legal de coisas imóveis.

O Código Civil não apresenta uma noção de coisa imóvel nem estabelece um critério genérico para distinguir as coisas imóveis e as coisas móveis. Em vez disso, enumera as coisas que considera imóveis e depois diz que são móveis todas as outras.

Assim, são classificadas como coisas imóveis (artigo 204.°/1): os prédios, tanto rústicos como urbanos; as águas (entendidas como cursos de água); as árvores, os arbustos e os frutos naturais, enquanto estiverem ligados ao solo; e as partes integrantes dos prédios, rústicos ou urbanos.

Nesta classificação é possível entrever um critério naturalista: o critério da ligação física ao solo. As coisas classificadas como imóveis são, todas elas, partes do solo ou coisas fisicamente ligadas ao solo. Essa ligação física ao solo pode ser directa, mas também pode ser indirecta, por via de uma ligação física directa a outras coisas que, por sua vez, estejam fisicamente ligadas ao solo.

Exemplo: uma banana, enquanto estiver pegada à bananeira, é uma coisa imóvel, pois o artigo 204.º/1, c) do Código Civil diz que os frutos naturais, enquanto estiverem ligados ao solo, são coisas imóveis. Efectivamente, a banana está ligada ao solo: não directamente, é certo, mas por intermédio da bananeira, que, por sua vez, está directamente ligada ao solo. Depois de arrancada, a banana passa a ser uma coisa móvel.

Coisa incorpórea Coisa que não é formada nem por uma porção de matéria nem por uma quantidade de energia.

O único tipo de coisas incorpóreas reconhecido unanimemente pela doutrina são as obras intelectuais.

Exemplo: uma canção.

Alguns autores incluem também entre as coisas incorpóreas os direitos. Esta concepção remonta ao jurista romano Caio, que, contrapondo as coisas corpóreas (*res corporales*) às coisas incorpóreas (*res incorporales*), dizia que as segundas eram os direitos (*jura*).[27]

Uma coisa incorpórea pode ser representada em uma ou várias coisas corpóreas.

Exemplo: uma canção pode ser gravada num ou vários discos. A canção em si é uma coisa incorpórea, mas o disco ou discos são coisas corpóreas.

[27] José de Oliveira Ascensão, *Teoria Geral do Direito Civil*, volume II, Lisboa, 1983/84, página 26.

Coisa indivisível Coisa que não pode ser fraccionada ou que, se o for, sofrerá inevitavelmente alteração da sua substância, diminuição de valor ou prejuízo para o uso a que se destina.

Exemplo: uma pedra é uma coisa indivisível, porque normalmente ninguém a consegue fraccionar; um carneiro vivo também é uma coisa indivisível, porque, se lhe for retirada alguma parte, ele ou morrerá, deixando de ser um animal vivo e passando a ser um monte de carne (alterando-se, portanto, a sua substância), ou ficará estropiado, diminuindo de valor; um par de pauzinhos para comer também é, do ponto de vista jurídico, uma coisa indivisível, pois, embora fisicamente os dois paus possam ser separados, a verdade é que, se o forem, deixarão de poder ser usados para o fim a que se destinam.

A expressão antónima é "coisa divisível".

Coisa infungível Coisa individualizada como objecto insubstituível de uma determinada relação jurídica.

Exemplo: num contrato de compra e venda estipula-se a venda de uma certa fracção autónoma, expressamente identificada com a indicação do nome da rua, do número do prédio, do número do andar e da letra da fracção. A fracção objecto deste contrato é uma coisa infungível. Isto significa, nomeadamente, que o vendedor não poderá entregar ao comprador as chaves de outra fracção, ainda que semelhante àquela.

A expressão antónima é "coisa fungível".

Coisa litigiosa Coisa cuja titularidade é objecto de disputa judicial.

Coisa móvel Coisa não pertencente ao elenco legal de coisas imóveis.

O Código Civil não apresenta uma noção de coisa móvel nem estabelece um critério genérico para distinguir as coisas móveis e as coisas imóveis. Em vez disso, enumera as coisas que considera imóveis e depois diz que são móveis todas as outras (*vide*, por isso, "coisa imóvel").

No entanto, é possível entrever nessa classificação um critério naturalista bastante simples: o critério da ligação física ao solo. As coisas classificadas como imóveis são, todas elas, partes do solo ou coisas fisicamente ligadas ao solo. Essa ligação física ao solo pode ser directa, mas também pode ser indirecta, por via de uma ligação física directa a outras coisas que, por sua vez, estejam fisicamente ligadas ao solo.

Exemplo: uma ameixa, enquanto estiver pegada à ameixoeira, é uma coisa imóvel, pois o artigo 204.º/1, c) do Código Civil diz que os frutos naturais, enquanto estiverem ligados ao solo, são coisas imóveis. Ora, a ameixa está ligada ao solo: não directamente, é certo, mas por intermédio da ameixoeira, que, por sua vez, está directamente ligada ao solo. Depois de arrancada, a ameixa passa a ser uma coisa móvel.

Coisa móvel por natureza Coisa que, de acordo com as suas características naturais, se pode deslocar por si própria ou ser deslocada de um lado para outro.

As coisas móveis por natureza são também, normalmente, coisas móveis em sentido jurídico. Neste caso, porém, as coisas móveis por natureza são simplesmente designadas por "coisas móveis". Por isso, a expressão "coisas móveis por natureza" é habitualmente utilizada no caso contrário, isto é, no caso em que uma coisa, embora podendo deslocar-se ou ser deslocada, é juridicamente classificada como uma coisa imóvel.

Exemplo: as partes integrantes de um prédio são coisas móveis por natureza (artigo 204.º/3 do Código Civil), mas são consideradas pela lei como coisas imóveis (alínea e) do n.º 1 do mesmo artigo).

Coisa não consumível Coisa cujo uso normal não importa a sua destruição nem a sua alienação.

Exemplo: um frigorífico. Quem tem um frigorífico em casa usa-o, em regra, para a refrigeração dos alimentos. A refrigeração dos alimentos não implica a destruição nem a alienação do frigorífico. Por isso, para essa pessoa, o frigorífico é uma coisa não consumível. Para os vendedores de frigoríficos, porém, a situação é diferente: o uso normal que eles fazem desses objectos é a venda. A venda importa, obviamente, a alienação. Assim sendo, os frigoríficos são, para eles, coisas consumíveis.

A expressão antónima é "coisa consumível".

Coisa no comércio Coisa não considerada por lei fora do comércio.
A expressão antónima é "coisa fora do comércio".

Coisa presente Coisa que, no momento de uma declaração negocial, já existe e já se encontra em poder do declarante, e sobre a qual este já tem um direito.
A expressão antónima é "coisa futura".

Coisa principal
1. Coisa a cujo serviço ou ornamentação está afectada uma coisa acessória.[28]

Exemplo: um quadro pendurado junto à entrada de um escritório é uma coisa acessória em relação ao prédio em que se encontra instalado o escritório; por isso, esse prédio é uma coisa principal em relação àquele quadro.

[28] Definição elaborada a partir da noção de "coisa acessória" contida no artigo 210.º/1 do Código Civil.

2. Coisa da qual uma outra é parte integrante.

Exemplo: um elevador é parte integrante do prédio em que se encontra instalado; por isso, este prédio é uma coisa principal em relação àquele elevador.

Coisa relativamente futura Coisa que, embora já tenha existência, não está em poder do disponente, ou a que este não tem direito, ao tempo da declaração negocial.[29]

Exemplo: uma pessoa compra numa loja um computador integrado numa remessa que já foi encomendada e que já vem a caminho, mas que ainda não se encontra em poder do vendedor. Nesse contrato de compra e venda, o computador é uma coisa relativamente futura.

[29] Código Civil, artigo 211.º.

Entre as coisas futuras, as coisas relativamente futuras contrapõem-se às coisas absolutamente futuras. Umas e outras contrapõem-se às coisas presentes.

Competência Poder funcional atribuído por um acto jurídico a um órgão de uma entidade colectiva para a prossecução das atribuições desta.

Exemplo: para a prossecução das suas múltiplas atribuições, o Estado português dispõe, entre outros órgãos, da Assembleia da República; esta possui competência, nomeadamente, para a elaboração e aprovação de leis (artigo 161.º, c) da Constituição).

Conceito-quadro (em direito internacional privado)
Termo ou expressão que circunscreve a questão ou matéria jurídica específica para a qual a regra de conflitos aponta a conexão decisiva e, mediante esta, a lei competente.[30]

Exemplo: a expressão "enriquecimento sem causa" no artigo 44.º do Código Civil. Este artigo diz o seguinte: "O enriquecimento sem causa é regulado pela lei com base na qual se verificou a transferência do valor patrimonial a favor do enriquecido."

[30] João Baptista Machado, *Lições de Direito Internacional Privado*, 3.ª edição, Livraria Almedina, Coimbra, 1988, página 63.

Condição
1. Enunciado linguístico que subordina a produção ou a cessação dos efeitos de um acto jurídico ou de uma proposição jurídica a um facto futuro e de ocorrência incerta.

Exemplo: é inserida num testamento uma cláusula com o seguinte teor: "Se o meu filho perder o emprego, deverá receber por conta dos bens da herança uma pensão mensal de 200 euros, a qual cessará assim que ele obtiver um novo emprego". Esta cláusula testamentária comporta duas condições: a primeira é expressa pela oração "se o meu filho perder o emprego" e subordina a constituição do direito à pensão (ou seja, a produção do efeito jurídico previsto na cláusula) à perda do emprego; a segunda é expressa pela oração "assim que ele obtiver um novo emprego" e determina a extinção daquele direito (ou seja, a cessação do efeito jurídico previsto na cláusula) no caso de obtenção de um novo emprego.

2. Facto futuro e de ocorrência incerta ao qual é subordinada a produção ou cessação dos efeitos de um acto jurídico ou de uma proposição jurídica.

Exemplo: no caso apresentado no exemplo precedente, a perda do emprego e a obtenção de um novo emprego são condições.

Como se vê, a palavra "condição" tanto pode designar um enunciado linguístico condicionante (normalmente sob a forma gramatical de oração subordinada condicional) como o facto jurídico ao qual esse enunciado condiciona a produção ou cessação de efeitos, ou seja, o facto jurídico condicionante.

Dicionário da Parte Geral do Código Civil Português

Exemplo: quando se diz "apor uma condição", a palavra "condição" designa um enunciado linguístico; quando se diz "verificação da condição", a mesma palavra designa um facto.

As condições (tanto no primeiro como no segundo sentido) dividem-se primacialmente em suspensivas e resolutivas, consoante condicionem a produção de um efeito jurídico ou a sua cessação.

Exemplo: no caso apresentado no primeiro exemplo, a oração "se o meu filho perder o emprego" funciona como uma condição suspensiva, porque condiciona a constituição do direito à pensão previsto na cláusula testamentária, ao passo que a oração "assim que ele obtiver um novo emprego" funciona como uma condição resolutiva, pois condiciona a extinção desse direito; de igual modo, e considerando agora o segundo sentido de condição, a perda do emprego funciona como uma condição suspensiva, enquanto que a obtenção de um novo emprego representa uma condição resolutiva.

As condições também se classificam em positivas e negativas, simples e complexas, lícitas e ilícitas, de momento certo e de momento incerto e ainda em potestativas, casuais e mistas. Há ainda alguns tipos particulares de condições, consideradas condições impróprias, e que são as condições referidas ao passado, as condições referidas ao presente, as condições legais, as condições supervácuas, as condições perplexas e a condição resolutiva tácita.[31]

Um acto jurídico que a lei não permita submeter a qualquer condição diz-se incondicionável.

[31] João de Castro Mendes, *Teoria Geral do Direito Civil*, volume II, Associação Académica da Faculdade de Direito de Lisboa, Lisboa, 1979, páginas 217 a 228.

Condição abusiva Condição que consubstancia um abuso do direito da liberdade de estipulação.

Exemplo: é inserida num contrato de arrendamento para habitação uma cláusula com o seguinte teor: "O arrendamento caduca, se o arrendatário engordar".

A condição abusiva também é chamada de "condição caprichosa".[32]

Vide "abuso do direito".

[32] João de Castro Mendes, *Teoria Geral do Direito Civil*, volume II, Associação Académica da Faculdade de Direito de Lisboa, Lisboa, 1979, página 230.

Condição arbitrária Condição potestativa que subordina um efeito jurídico de uma declaração de vontade à vontade futura do declarante ou do declaratário ou a um facto dependente dessa vontade que tenha relevância insuficiente perante o efeito a ele subordinado.

Se o efeito jurídico for subordinado à vontade futura do declarante, a condição arbitrária chama-se "condição *si voluero*". Se ele for subordinado à vontade futura do declaratário, a condição arbitrária designa-se por "condição *si volueris*".

Se o efeito jurídico for subordinado, não directamente à vontade do declarante ou do declaratário, mas a um facto dependente dessa vontade, ou seja, a um acto voluntário do declarante ou do declaratário, a condição só é arbitrária se o acto exigido for insignificante em face do efeito que lhe está subordinado.

Exemplo: uma pessoa diz a outra "dou-te um carro, se beberes um copo de água".

A condição arbitrária contrapõe-se à condição não arbitrária, também chamada de "condição potestativa propriamente dita" (*vide* "condição não arbitrária", 2.).

Condição caprichosa O mesmo que "condição abusiva".

Condição casual Condição que subordina um efeito jurídico de uma declaração de vontade a um facto natural ou a um acto de terceiro, que não seja nem o declarante nem o declaratário.

Exemplo: uma pessoa diz a outra: "Amanhã, se chover, empresto-te o meu carro". Há aqui uma promessa de celebração de um contrato de comodato. O efeito jurídico dessa promessa é a obrigação de celebrar esse contrato. Mas esta obrigação está condicionada ao facto de chover.

A condição casual contrapõe-se à condição potestativa.

Condição complexa Condição que subordina um ou mais efeitos jurídicos à verificação, cumulativa ou alternativa, de mais do que um facto.

Por outras palavras, numa condição complexa são previstos mais do que um facto condicionante.

Exemplo: num testamento é inserida uma cláusula com o seguinte teor: "Será atribuída por conta da minha herança uma pensão mensal de 300 euros ao meu sobrinho mais novo. Este direito caducará assim que ele perfizer 25 anos de idade, salvo se, nesse momento, ele não tiver emprego sem termo, pois, neste caso, o direito só cessará quando ele obtiver tal emprego". Há aqui dois factos condicionantes cumulativos: o perfazimento da idade de 25 anos (que é, note-se, uma condição de momento certo, e não um termo, já que uma pessoa pode morrer antes de atingir essa idade) e a obtenção de um emprego sem termo.

Outro exemplo: num contrato de fornecimento é introduzida a seguinte cláusula: "Se o euro for suprimido ou se o respectivo valor cambial se tornar inferior ao do dólar norte-americano,

Dicionário da Parte Geral do Código Civil Português

os pagamentos passarão a fazer-se nesta última moeda". Também aqui há dois factos condicionantes, mas agora eles são alternativos, e não cumulativos.

A condição complexa contrapõe-se à condição simples.

Condição de momento certo

Facto condicionante que, se vier a ocorrer, ocorrerá necessariamente num momento já determinado ou determinável ao tempo da aposição da condição.

Exemplo: num contrato de doação é inserida uma cláusula com o seguinte teor: "A doação só produz efeitos quando o donatário atingir a maioridade". O facto de atingir a maioridade é uma condição, e não um termo, porque uma pessoa pode morrer antes de esse facto ocorrer. Mas é uma condição de momento certo, porque, se vier a ocorrer, só poderá ocorrer num determinado momento, já conhecido ou cognoscível por quem após a condição: o dia em que a pessoa completar 18 anos de idade.

Condição de momento incerto

Facto condicionante em relação ao qual, além de não se saber se ocorrerá ou não, também não está ainda determinado nem é determinável, ao tempo da aposição da condição, o momento em que ele eventualmente ocorrerá.

Exemplo: num contrato de fornecimento é introduzida a seguinte cláu-

sula: "Se o euro for abolido, os pagamentos passarão a fazer-se em dólares norte-americanos". No momento da celebração do contrato, não se sabe se essa abolição virá ou não a ter lugar, nem tão-pouco o momento em que ela o poderá vir a ter.

Condição ilícita

1. Condição proibida por lei, ou cuja aposição se traduz numa conduta ilícita, ou que associa uma vantagem à prática de um acto contrário à lei ou à ordem pública ou ofensivo dos bons costumes, ou que associa uma desvantagem à abstenção de tal tipo de acto ou ao exercício de um direito indisponível.

Exemplo: é inserida num testamento uma cláusula com o seguinte teor: "A minha casa será legada ao meu filho mais velho, contanto que ele, à data da minha morte, se tenha tornado sacerdote". Esta condição é ilícita, porque é proibida pelo artigo 2232.º do Código Civil.

Outro exemplo: num contrato de arrendamento para habitação de um prédio sito em Guimarães é incluída a seguinte cláusula: "O arrendamento caduca, se aparecer uma baleia na praia do Guincho". Esta condição é ilícita, porque se traduz num abuso da liberdade de estipulação e o abuso de um direito é uma conduta ilícita (artigo 334.º do Código Civil).

Outro exemplo: uma pessoa diz a outra: "Perdoo-te a tua dívida de 500 euros, se matares o cão do meu vizinho". Esta condição é ilícita, porque condiciona a remissão (que representa uma vantagem para o devedor) à prática, pelo devedor, do crime de dano, previsto e punido pelo artigo 212.º do Código Penal.

Outro exemplo: num contrato de arrendamento é inserida uma cláusula que reza o seguinte: "O arrendamento cessa se, durante um mês inteiro, o arrendatário não tiver mantido ninguém em cárcere privado no prédio arrendado". Esta condição é ilícita, porque associa a extinção do arrendamento independente da vontade do arrendatário (que representa uma desvantagem para este) à abstenção, por ele, da prática do crime de sequestro, previsto e punido pelo artigo 158.º do Código Penal.

Outro exemplo: num contrato de trabalho celebrado entre uma trabalhadora e uma empresa é incluída a seguinte cláusula: "Se a segunda outorgante (a trabalhadora) engravidar, o presente contrato cessa imediatamente os seus efeitos". Esta condição é ilícita, porque determina a caducidade do contrato de trabalho (que é uma desvantagem para a trabalhadora) no caso de a trabalhadora exercer o seu direito de constituir família, garantido pelo artigo 36.º/1 da Constituição.

2. Acto contrário à lei ou à ordem pública, ou ofensivo dos bons costumes, a cuja prática é associada uma vantagem ou a cuja abstenção é associada uma desvantagem.

Exemplo: os factos condicionantes referidos nos 3.º e 4.º exemplos (a destruição do cão e o cárcere privado).

Condição *in praesens collata* O mesmo que "condição referente ao presente".

Condição *in praesens relata* O mesmo que "condição referente ao presente".

Condição *in praeteritum collata* O mesmo que "condição referente ao passado".

Condição *in praeteritum relata* O mesmo que "condição referente ao passado".

Condição legal
1. Condição fixada em norma legal.

Exemplo: o artigo 1716.º do Código Civil, referente às convenções antenupciais, diz que "a convenção caduca, se o casamento não for celebrado dentro de um ano (...)". Isto significa que a convenção antenupcial só produz efeitos se o casamento dos esposos ocorrer dentro de um ano a contar da celebração daquela. Ou seja, a lei submete directamente a convenção antenupcial a uma condição suspensiva, que é a celebração do casamento dentro de certo prazo (condição *si nuptiae sequuntur*).

2. Facto condicionante previsto em norma legal.

Exemplo: no caso apresentado no exemplo anterior, o casamento dentro do prazo de um ano é uma condição legal.

Dicionário da Parte Geral do Código Civil Português

Condição lícita Condição não ilícita.
Vide "condição ilícita".

Condição meramente potestativa O mesmo que "condição arbitrária".

Condição mista Condição que subordina um efeito jurídico de uma declaração de vontade simultaneamente à vontade do declarante ou do declaratário, ou a um facto dela dependente, e à vontade de um terceiro, ou a um facto dela dependente, ou então que a subordina a um facto simultaneamente dependente da vontade do declarante ou do declaratário e da vontade de um terceiro.

Exemplo: uma pessoa faz à sua filha uma doação para casamento. Uma doação para casamento está sujeita a uma condição legal suspensiva, que é a de o donatário se casar dentro do prazo de um ano (artigos 1755.º/1 e 1760.º/1, a) do Código Civil). Esta condição (denominada "condição *si nuptiae sequuntur*) é mista, porque o casamento do donatário depende simultaneamente da vontade deste e da de um terceiro.

Vide "condição potestativa" e "condição casual".

Condição não arbitrária
1. Sentido amplo: qualquer condição, potestativa, casual ou mista, que não seja uma condição arbitrária.

2. Sentido restrito: condição potestativa que subordina um efeito jurídico de uma declaração de vontade a um acto do declarante ou do declaratário que tenha relevância suficiente em face do efeito a ele subordinado.

Exemplo: uma pessoa diz a outra: "Se pintares as paredes da tua casa, ofereço-te um quadro com uma paisagem de Guilin".

Neste segundo sentido, a condição não arbitrária também é denominada de "condição potestativa propriamente dita".

Condição necessária O mesmo que "termo certo".

Condição negativa
1. Condição que subordina um efeito jurídico à manutenção de uma situação pré-existente.

Exemplo: num contrato de compra e venda de uma fracção autónoma com vista para o mar, é inserida a seguinte estipulação: "O primeiro outorgante obriga-se a comprar, daqui a 3 anos, a fracção autónoma acima identificada, se entretanto não for erguida defronte dela uma construção que lhe obstrua a vista para o mar".

2. Facto condicionante traduzido na manutenção de uma situação pré-existente.

Exemplo: no caso apresentado no exemplo anterior, a ausência de construções que obstruam a vista para o mar é uma condição negativa.

A condição negativa opõe-se à condição positiva.

Condição perplexa Condição incompatível com a natureza do acto jurídico em que se integra ou contraditória com o resto do seu conteúdo.

Exemplo: num contrato de doação, o doador afirma: "Dou-te a minha bicicleta, se tu não a aceitares". A condição "se tu não a aceitares" é perplexa, porque a doação é um contrato e, por isso, não pode existir sem a aceitação do donatário. Ou seja, a não-aceitação é incompatível com a natureza da doação.

À condição perplexa contrapõe-se a condição supervácua.

Condição positiva
1. Condição que subordina um efeito jurídico a um facto consubstanciado na alteração de uma situação pré-existente.

Exemplo: num contrato-promessa de compra e venda de um prédio sito em Madrid é inserida uma cláusula com o seguinte teor: "O segundo outorgante obriga-se a comprar o prédio acima identificado logo que entre em funcionamento uma ligação por comboio de alta velocidade entre Lisboa e Madrid".

2. Facto condicionante traduzido na alteração de uma situação pré-existente.

Exemplo: no caso apresentado no exemplo anterior, a entrada em funcionamento da ligação ferroviária aí mencionada é uma condição positiva.

A condição positiva opõe-se à condição negativa.

Condição potestativa Condição que subordina um efeito jurídico de uma declaração de vontade unicamente à vontade futura do próprio declarante ou do declaratário, ou a um facto dependente dessa vontade.

Se o efeito jurídico for unicamente subordinado à vontade futura do declarante ou do declaratário, a condição potestativa qualifica-se de arbitrária. Se se tratar da vontade do declarante, essa condição arbitrária chama-se "condição *si voluero*"; tratando-se da vontade do declaratário, ela designa-se por "condição *si volueris*".

Se o efeito jurídico for subordinado a um facto dependente da vontade do declarante ou do declaratário, há duas situações a distinguir: se o facto for de relevância insuficiente perante o efeito a ele subordinado, a condição é arbitrária; no caso contrário, é uma condição não arbitrária (também chamada de "condição potestativa propriamente dita").

Exemplo: se uma pessoa disser a outra "dou-te 1000 euros, se imitares um porco a grunhir", a condição é arbitrária; se, em vez disso, ela lhe disser "dou-te 1000 euros, se fores a correr sem parar desde o Mosteiro dos Jerónimos até ao Castelo de S. Jorge", a condição é não arbitrária.

A condição potestativa contrapõe-se à condição casual.

Condição potestativa *a parte creditoris* Condição potestativa, aposta a um acto constitutivo de uma obrigação, que subordina um efeito desse acto à vontade do credor ou a um facto dependente dessa vontade.

Exemplo: uma pessoa empresta a outra 400 euros e diz-lhe: "Só terás de me devolver este dinheiro se eu quiser". Há aqui um contrato de mútuo. Um dos efeitos do contrato de mútuo é a obrigação de o mutuário restituir ao mutuante a quantia mutuada. Mas, no caso vertente, as partes convencionam subordinar essa obrigação à vontade do credor. Note-se que, se não fosse aposta esta condição, o mutuário (devedor) poderia restituir o dinheiro mesmo contra a vontade do mutuante (credor), pois a remissão de uma dívida só pode ser feita por contrato entre o credor e o devedor (artigo 863.º/1 do Código Civil).

Condição potestativa *a parte debitoris* Condição potestativa, aposta a um acto constitutivo de uma obrigação, que subordina um efeito desse acto à vontade do devedor ou a um facto dependente dessa vontade.

Exemplo: uma pessoa empresta a outra 400 euros e diz-lhe: "Só terás de me devolver este dinheiro se quiseres". Há aqui um contrato de mútuo. Um dos efeitos do contrato de mútuo é a obrigação de o mutuário restituir ao mutuante a quantia mutuada. Ora, no caso em apreço, as partes convencionam subordinar essa obrigação à vontade do mutuário (devedor).

Condição potestativa propriamente dita O mesmo que "condição não arbitrária" (2.).

Condição referente ao passado Enunciado linguístico que subordina a produção ou a cessação dos efeitos de um acto jurídico ou de uma proposição jurídica a um facto já verificado.

É uma condição imprópria, pois numa condição em sentido técnico-jurídico o facto condicionante é necessariamente futuro e incerto.

A condição referente ao passado também se denomina "condição *in praeteritum collata*" ou "condição *in praeteritum relata*".

Condição referente ao presente Enunciado linguístico que subordina a produção ou a cessação dos efeitos de um acto jurídico ou de uma proposição jurídica a um facto que está a ocorrer no momento em que aquele é formulado.

É uma condição imprópria, pois numa condição em sentido técnico-jurídico o facto condicionante é necessariamente futuro e incerto.

A condição referente ao presente também se denomina "condição *in praesens collata*" ou "condição *in praesens relata*".

Condição resolutiva

1. Enunciado linguístico que subordina a um facto futuro e de ocorrência incerta a cessação dos efeitos de um acto jurídico ou de uma proposição jurídica.

Exemplo: é inserida num testamento, ao abrigo do artigo 2233.º/2 do Código Civil, uma cláusula com o seguinte teor: "Enquanto a minha filha não se casar, receberá por conta da minha herança uma pensão mensal de 500 euros". Isto significa que, assim que a filha do testador contrair casamento, deixará de receber a pensão. Significa também que a oração "enquanto a minha filha não se casar" exprime uma condição resolutiva. Diz-se, por isso, que aquela pensão é deixada sob a condição resolutiva de a filha contrair casamento.

2. Facto futuro e de ocorrência incerta ao qual é subordinada a cessação dos efeitos de um acto jurídico ou de uma proposição jurídica.

Exemplo: no caso apresentado no exemplo anterior, o casamento da filha é uma condição resolutiva do direito à pensão.

A condição resolutiva contrapõe-se à condição suspensiva.

Condição resolutiva tácita

Condição legal, aos quais estão sujeitos os contratos sinalagmáticos, que permite a uma das partes resolver o contrato se a outra não o cumprir.

Apesar da sua designação, esta condição não é resolutiva, mas suspensiva, pois a sua verificação (ou seja, o incumprimento do contrato por uma das partes) não determina automaticamente a cessação da eficácia do contrato, mas apenas a constituição, na esfera jurídica da contraparte, do direito potestativo de o resolver.

O facto condicionante visado pela condição resolutiva tácita não é todo e qualquer incumprimento. O Código Civil só prevê explicitamente os seguintes: a impossibilidade definitiva de cumprimento por causa imputável ao devedor, seja essa impossibilidade total (artigo 801.º/2) ou parcial (802.º/1); e a impossibilidade parcial de cumprimento por causa não imputável ao devedor, se o credor não tiver, justificadamente, interesse no cumprimento parcial da obrigação (artigo 793.º/2).

A condição resolutiva tácita

Dicionário da Parte Geral do Código Civil Português

não se deve confundir com a excepção de não cumprimento do contrato. Ambas actuam no caso de uma das partes não cumprir atempadamente o contrato; mas, enquanto que a primeira permite à contraparte resolvê-lo, a segunda apenas lhe permite não o cumprir também, enquanto a parte remissa não efectuar a sua prestação.

Condição *si nuptiae sequuntur* Condição que subordina a eficácia de um acto jurídico à celebração de um casamento dentro de certo prazo, por parte do autor ou autores do acto ou por parte do seu beneficiário ou beneficiários.

Esta condição analisa-se em duas exigências cumulativas: a celebração do casamento e a observância de um determinado prazo.

Exemplo: a convenção nupcial está sujeita a uma condição legal *si nuptiae sequuntur* imposta aos respectivos autores. Com efeito, o artigo 1716.° do Código Civil diz o seguinte: "A convenção caduca, se o casamento não for celebrado dentro de um ano, ou se, tendo-o sido, vier a ser declarado nulo ou anulado, salvo o disposto em matéria de casamento putativo".

Outro exemplo: a doação para casamento está sujeita a uma condição legal *si nuptiae sequuntur* imposta ao respectivo destinatário ou destinatários. Tal resulta da conjugação dos artigos 1755.°/1 e 1760.°/1, a) do Código Civil. A primeira disposição diz que "as doações para casamento produzem os seus efeitos a partir da celebração do casamento, salvo estipulação em contrário". A segunda afirma que as doações para casamento caducam, "se o casamento não for celebrado dentro de um ano, ou se, tendo-o sido, vier a ser declarado nulo ou anulado, salvo o disposto em matéria de casamento putativo".

Condição *si potueris* Condição que subordina um efeito jurídico de uma declaração de vontade à possibilidade de o declaratário o suportar.

Exemplo: uma pessoa empresta a outra a quantia de 50 euros e diz-lhe: "Devolve-mos quando puderes". Há aqui um contrato de mútuo. Um dos efeitos jurídicos do contrato de mútuo é a obrigação de o mutuário restituir ao mutuante a importância mutuada. Ora, no caso vertente, esta obrigação está sujeita à condição suspensiva de o mutuário poder cumpri-la, ou seja, só se vencerá em vida do mutuário quando – e se – ele a puder cumprir. Se ele nunca puder cumprir essa obrigação, ela transmitir-se-á aos seus herdeiros, a quem o mutuante poderá, finalmente, exigir o respectivo cumprimento (artigo 778.°/1 do Código Civil). A oração "quando puderes", tal como "se puderes", exprime uma condição *si potueris*.

A condição *si potueris* é um dos tipos de condições casuais.

Condição *si potuerit* Condição que subordina um efeito jurídico de uma declaração de vontade à possibilidade de um terceiro, que não seja nem o próprio declarante nem o declaratário, o suportar.

Exemplo: uma pessoa diz a outra: "Prometo-te vender-te o meu computador, excepto se o meu vizinho o puder comprar". Trata-se de uma promessa de venda. O principal efeito jurídico de uma promessa de venda é a obrigação de vender. No caso em apreço, esta obrigação está subordinada à condição resolutiva de o vizinho do vendedor poder comprar o computador prometido. A oração "excepto se o meu vizinho o puder comprar" exprime uma condição resolutiva *si potuerit*.

A condição *si potuerit* é um dos tipos de condições casuais.

Condição *si potuero* Condição que subordina um efeito jurídico de uma declaração de vontade à possibilidade de o próprio declarante o suportar.

Exemplo: uma pessoa diz a outra: "Prometo-te que amanhã, se eu puder, te empresto o meu automóvel". Trata-se de uma promessa de comodato feita sob a condição suspensiva de o comodante poder cumpri-la. A oração "se eu puder" exprime uma condição *si potuero*.

A condição *si potuero* é um dos tipos de condições casuais.

Condição *si volam* O mesmo que "condição *si voluero*".

Condição *si volueris* Condição que subordina um efeito jurídico de uma declaração de vontade unicamente à vontade futura do declaratário.

Exemplo: uma pessoa empresta a outra a quantia de 10 euros e diz-lhe: "Devolve-mos quando quiseres". Há aqui um contrato de mútuo. Um dos efeitos jurídicos do contrato de mútuo é a obrigação de o mutuário restituir ao mutuante a importância mutuada. Ora, no caso vertente, esta obrigação está sujeita à condição suspensiva de o mutuário querer cumpri-la, ou seja, só se vencerá em vida do mutuário quando – e se – ele a quiser cumprir. Se ele nunca quiser cumprir essa obrigação, ela transmitir-se-á aos seus herdeiros, a quem o mutuante poderá, finalmente, exigir o respectivo cumprimento (artigo 778.º/2 do Código Civil). A oração "quando quiseres", tal como "se quiseres", exprime uma condição *si volueris*.

A condição *si volueris* é um dos tipos de condições arbitrárias.

Condição *si voluerit* Condição que subordina um efeito jurídico de uma declaração de vontade unicamente à vontade futura de uma terceira pessoa, que não seja nem o próprio declarante nem o declaratário.

Exemplo: uma pessoa diz a outra: "Prometo-te vender-te o meu computador, excepto se o meu vizinho o quiser comprar". Trata-se de uma pro-

Dicionário da Parte Geral do Código Civil Português 46

messa de venda. O principal efeito jurídico de uma promessa de venda é a obrigação de vender. No caso em apreço, esta obrigação está subordinada à condição resolutiva de o vizinho do vendedor querer comprar o computador prometido. A oração "excepto se o meu vizinho o quiser comprar" exprime uma condição resolutiva *si voluerit*.

A condição *si voluerit* é uma condição casual. Integra, portanto, uma categoria diferente da das condições *si voluero* e *si volueris*, que são condições potestativas.

Condição *si voluero* Condição que subordina um efeito jurídico de uma declaração de vontade unicamente à vontade futura do próprio declarante.

Exemplo: uma pessoa diz a outra: "Prometo-te que amanhã, se eu quiser, te empresto o meu automóvel". Há aqui uma promessa de comodato. O principal efeito jurídico de uma promessa de comodato é a obrigação de emprestar. No caso vertente, porém, esse efeito está sujeito à condição suspensiva de o comodante desejar cumpri-la, deixando, portanto, de constituir uma verdadeira obrigação. A oração "se eu quiser" exprime uma condição *si voluero*.

A condição *si voluero* é um dos tipos de condições arbitrárias.

Condição simples Condição que subordina um ou mais efeitos jurídicos a um único facto.

Exemplo: num contrato de fornecimento é introduzida a seguinte cláusula: "Se o euro for abolido, os pagamentos passarão a fazer-se em dólares norte-americanos". O facto condicionante é apenas um: a abolição do euro.

A condição simples contrapõe-se à condição complexa.

Condição supervácua Condição inerente à natureza ou ao conteúdo do acto jurídico em que se integra.

Exemplo: num contrato de doação, o doador afirma: "Dou-te a minha bicicleta, se tu a aceitares". A condição "se tu a aceitares" é supervácua, porque a doação é um contrato e, por isso, não pode existir sem a aceitação do donatário. A aceitação é inerente à natureza contratual da doação.

A expressão "condição supervácua" serve para classificar apenas os enunciados linguísticos condicionantes, e não os factos jurídicos condicionantes (*vide*, em "condição", o duplo significado desta palavra). Com efeito, o carácter supervácuo de um enunciado condicionante deriva, precisamente, do carácter imprescindível do facto condicionante nele previsto. Este facto não é, portanto, supervácuo, mas, bem pelo contrário, indispensável.

À condição supervácua contrapõe-se a condição perplexa.

Condição suspensiva

1. Enunciado linguístico que subordina a um facto futuro e de ocorrência incerta a produção dos efeitos de um acto jurídico ou de uma proposição jurídica.

Exemplo: uma pessoa diz a outra: "Prometo-te que amanhã, se chover, empresto-te o meu carro". Há aqui uma promessa de celebração de um contrato de comodato. O efeito jurídico dessa promessa é a obrigação de celebrar o contrato prometido. Mas esse efeito só se produzirá – ou seja, essa obrigação só será exigível – se chover.

Um acto ou proposição jurídicos aos quais seja aposta uma condição suspensiva são juridicamente ineficazes enquanto essa condição se não verificar.

2. Facto futuro e de ocorrência incerta ao qual é subordinada a produção dos efeitos de um acto jurídico ou de uma proposição jurídica.

Exemplo: no caso apresentado no exemplo anterior, a ocorrência de chuva é uma condição suspensiva.

A condição suspensiva contrapõe-se à condição resolutiva.

Conexão (em direito internacional privado)

Fixação, por uma norma de conflitos, do critério de determinação da lei competente para regular certo tipo de situações jurídicas.

Exemplo: o artigo 46.°/1 do Código Civil diz que "o regime da posse, propriedade e demais direitos reais é definido pela lei do Estado em cujo território as coisas se encontrem situadas." Esta norma, que é uma norma de conflitos, faz uma conexão, pois define um critério para determinar qual a lei material competente para regular os direitos reais sobre as coisas. Esse critério é o lugar em que as coisas se encontram situadas.

O critério de determinação da lei competente fixado pela norma de conflitos denomina-se "elemento de conexão".

As conexões classificam-se em diversos tipos: em únicas ou múltiplas, consoante o número de elementos de conexão; em factuais ou jurídicas, segundo a natureza dos elementos de conexão; em variáveis ou fixas, conforme seja ou não variável o conteúdo do elemento de conexão; e em descritivas ou técnico-jurídicas, consoante a forma como sejam designados os elementos de conexão.

Conexão descritiva (em direito internacional privado)

Conexão feita com referência a um elemento designado por meio de uma expressão descritiva.

Exemplo: a conexão estabelecida pelo artigo 43.° do Código Civil. Esta norma diz que "à gestão de negócios é aplicável a lei do lugar em que decorre a principal actividade do ges-

Dicionário da Parte Geral do Código Civil Português

tor". Aqui, o elemento de conexão é identificado através da expressão "lugar em que decorre a actividade do gestor", e não por meio de qualquer conceito jurídico.

A conexão descritiva contrapõe-se à conexão técnico-jurídica.

Conexão factual (em direito internacional privado)
Conexão feita com referência a um elemento de facto.

Exemplo: a conexão estabelecida pelo artigo 46.°/1 do Código Civil. Este preceito afirma que "o regime da posse, propriedade e demais direitos reais é definido pela lei do Estado em cujo território as coisas se encontrem situadas." O lugar da situação da coisa é um elemento de facto, pois a localização da coisa é um dado pré-jurídico, e não um produto da aplicação de uma norma jurídica.

A conexão factual contrapõe-se à conexão jurídica.

Conexão fixa (em direito internacional privado)
Conexão feita com referência a um elemento insusceptível de variação diacrónica.
O elemento de conexão pode ser insusceptível de variação diacrónica por se referir à prática de determinado acto ou por se referir à situação existente num momento preciso.

Exemplo: o artigo 50.° do Código Civil diz que "a forma do casamento é regulada pela lei do Estado em que o acto é celebrado". Neste caso, o elemento de conexão é o lugar em que é praticado determinado acto – o acto de casamento. Está-se, pois, perante uma conexão fixa.

Outro exemplo: o artigo 53.°/1 do Código Civil dispõe que "a substância e efeitos das convenções antenupciais e do regime de bens, legal ou convencional, são definidos pela lei nacional dos nubentes ao tempo da celebração do casamento". A nacionalidade pode, em princípio, mudar, mas aquela que os nubentes tinham num momento determinado – o momento em que celebraram as respectivas núpcias – é, por natureza, imutável. A conexão aqui estabelecida também é, portanto, uma conexão fixa.

A conexão fixa contrapõe-se à conexão variável.

Conexão jurídica (em direito internacional privado)
Conexão feita com referência a um elemento de direito.

Exemplo: a conexão estabelecida conjugadamente pelos artigos 31.°/1 e 62.°. O artigo 62.° diz que "a sucessão por morte é regulada pela lei pessoal do autor da sucessão ao tempo do falecimento deste". O artigo 31.°/1 estabelece que a lei pessoal é a da nacionalidade. O elemento de conexão resultante da combinação destas duas disposições é, pois, a nacionalidade do autor da sucessão. Ora, a nacionalidade não é um dado pré-jurídico, mas o produto da aplicação das normas jurídicas que regulam a sua atribuição.

A conexão jurídica contrapõe-se à conexão factual.

Conexão múltipla (em direito internacional privado)
Conexão feita com referência a mais de um elemento.

Exemplo: a conexão estabelecida no artigo 57.º/1 do Código Civil. Esta disposição reza o seguinte: "As relações entre pais e filhos são reguladas pela lei nacional comum dos pais e, na falta desta, pela lei da sua residência habitual comum; se os pais residirem habitualmente em Estados diferentes, é aplicável a lei pessoal do filho".

Uma conexão múltipla pode ser composta por uma conexão principal e uma conexão subsidiária ou por conexões alternativas, cumulativas ou combinadas.
A conexão múltipla contrapõe-se à conexão única.

Conexão principal (em direito internacional privado)
Vide "conexão subsidiária".

Conexão subsidiária (em direito internacional privado)
Conexão que só é seguida quando não for possível seguir uma outra.

A outra conexão – isto é, aquela que deveria ser seguida, se pudesse – é a conexão principal.

Exemplo: vejam-se as conexões estabelecidas pelos n.ºs 1 e 2 do artigo 52.º do Código Civil. O n.º 1 diz que "as relações entre os cônjuges são reguladas pela lei nacional comum". O n.º 2 acrescenta que, "não tendo os cônjuges a mesma nacionalidade, é aplicável a lei da sua residência habitual comum e, na falta desta, a lei do país com o qual a vida familiar se ache mais estreitamente conexa." Visivelmente, a conexão estabelecida no n.º 1 é a conexão principal, ao passo que as estabelecidas no n.º 2 são conexões subsidiárias. Entre estas duas últimas, a segunda também é subsidiária em relação à primeira.

Conexão técnico-jurídica (em direito internacional privado)
Conexão feita com referência a um elemento designado por meio de um conceito jurídico.

Exemplo: a conexão estabelecida conjugadamente pelos artigos 31.º/1 e 62.º do Código Civil. O artigo 62.º diz que "a sucessão por morte é regulada pela lei pessoal do autor da sucessão ao tempo do falecimento deste". O artigo 31.º/1 estabelece que a lei pessoal é a da nacionalidade. O elemento de conexão resultante da combinação destas duas disposições é, pois, a nacionalidade do autor da sucessão. Ora, a nacionalidade é um conceito jurídico, e não uma expressão descritiva.

Dicionário da Parte Geral do Código Civil Português

A conexão técnico-jurídica contrapõe-se à conexão descritiva.

Conexão única (em direito internacional privado)

Conexão feita com referência a um único elemento.

Exemplo: a conexão feita pelo artigo 46.º/1 do Código Civil. Esta norma diz que "o regime da posse, propriedade e demais direitos reais é definido pela lei do Estado em cujo território as coisas se encontrem situadas".

A conexão única contrapõe-se à conexão múltipla.

Conexão variável (em direito internacional privado)

Conexão feita com referência a um elemento susceptível de variação diacrónica.

Exemplo: as conexões estabelecidas pelo artigo 42.º/1 do Código Civil. Este preceito reza o seguinte: "Na falta de determinação da lei competente, atende-se, nos negócios unilaterais, à lei da residência habitual do declarante e, nos contratos, à lei da residência habitual comum das partes". O declarante ou declarantes podem, naturalmente, mudar o lugar da sua residência habitual.

A conexão variável contrapõe-se à conexão fixa.

Conexões alternativas (em direito internacional privado)

Conexões que podem ser seguidas em alternativa na resolução de uma mesma questão.

As conexões alternativas são normalmente estabelecidas com o intuito de tornar suficiente, para a validade formal ou substancial de certo acto jurídico, a observância das condições prescritas por apenas uma de várias leis convocadas.

Exemplo: as conexões estabelecidas pelo artigo 65.º/1 do Código Civil. Esta disposição preceitua o seguinte: "As disposições por morte, bem como a sua revogação ou modificação, são válidas, quanto à forma, se corresponderem às prescrições da lei do lugar onde o acto for celebrado, ou às da lei pessoal do autor da herança, quer no momento da declaração, quer no momento da morte, ou ainda às prescrições da lei para que remeta a norma de conflitos da lei local." Há quatro leis diferentes que se podem aplicar, bastando uma delas considerar as disposições válidas para estas serem aceitas: a lei do lugar da celebração do acto, a lei pessoal do autor à data da celebração desse acto, a lei pessoal do autor à data da sua morte e a lei para que remeta a norma de conflitos da lei local.

As conexões alternativas contrapõem-se às conexões cumulativas.

Conexões combinadas (em direito internacional privado)

Conexões que devem ser seguidas separadamente para a resolução de diferentes questões relativas a uma mesma situação jurídica.

Exemplo: as conexões estabelecidas pelo artigo 49.º do Código Civil. Esta disposição reza o seguinte: "A capacidade para contrair casamento ou celebrar convenção matrimonial é regulada, em relação a cada nubente, pela respectiva lei pessoal, à qual compete ainda definir o regime da falta e dos vícios da vontade dos contraentes." Assim, para se aquilatar a validade substancial de um casamento, é necessário seguir duas conexões – a lei pessoal da noiva e a lei pessoal do noivo –, aplicando a primeira lei para verificar a capacidade matrimonial da noiva e o carácter livre e esclarecido da sua declaração de vontade e a segunda lei para verificar o mesmo em relação ao noivo.

Conexões cumulativas (em direito internacional privado)

Conexões que devem ser seguidas simultaneamente na resolução de uma mesma questão.

As conexões cumulativas são normalmente estabelecidas com o fito de subordinar a validade formal ou substancial de certo acto jurídico à observância cumulativa das condições prescritas por todas as leis convocadas.

Exemplo: a conexão resultante da conjugação dos artigos 60.º/1 e 61.º/1 do Código Civil. A primeira disposição diz que "à constituição da filiação adoptiva é aplicável a lei pessoal do adoptante". A segunda estatui que "se, como requisito da perfilhação ou adopção, a lei pessoal do perfilhando ou adoptando exigir o consentimento deste, será a exigência respeitada". Da conjugação destes dois artigos resulta a exigência da aplicação cumulativa da lei pessoal do adoptante e da lei pessoal do adoptado para a dispensa do consentimento do adoptando, ou seja, só pode ser dispensado o consentimento do adoptando se tal dispensa resultar tanto da lei pessoal deste como da lei pessoal do adoptante.

As conexões cumulativas contrapõem-se às conexões alternativas.

Confirmação (de um acto jurídico) Acto jurídico pelo qual o titular do direito de requerer a anulação de um outro acto jurídico, anulável, declara aceitá-lo.

A confirmação é um modo de sanar a anulabilidade do acto, tendo, portanto, por efeito a convalidação deste.

Exemplo: o casamento de uma pessoa com idade inferior a 16 anos é anulável (artigos 1601.º, a) e 1631.º, a) do Código Civil). Essa mesma pessoa, depois de atingir a maioridade, pode intentar uma acção de anulação do seu casamento (artigo 1639.º/1 do Código Civil). Mas ela também pode, em vez disso, confirmar o casamento, e então a anulabilidade ficará sanada e o casamento passará a considerar-se válido desde o momento da celebração (artigo 1633.º/1, a) do Código Civil).

Dicionário da Parte Geral do Código Civil Português

A confirmação refere-se apenas a actos jurídicos de direito privado. Para se sanarem actos administrativos anuláveis existe um meio semelhante, que é a ratificação. Esta não é, porém, feita pela pessoa com legitimidade para arguir a anulabilidade do acto, mas pelo órgão administrativo competente para o praticar.

Conflito de qualificações (em direito internacional privado)

Divergência de qualificações entre as leis convocadas pelas diferentes normas de conflitos nas quais se possa subsumir a situação jurídica *sub judice.*

Exemplo: é impugnado perante um tribunal português um casamento celebrado em Malta entre duas pessoas de nacionalidade mauritana. O juiz, profundo conhecedor do direito comparado, entende que a questão em apreço tanto pode ser qualificada como um requisito de forma do casamento como um requisito de substância. Encarando-a primeiramente como um requisito de forma, recorre à lei maltesa, conforme determina o artigo 50.° do Código Civil português. Porém, essa lei qualifica a questão em causa como um requisito substancial do casamento, e não como um requisito formal. Logo, e por força do artigo 15.° do Código Civil português, ele não a deverá considerar competente. Resolve, então, tratar a questão como um requisito de substância e, com base nos artigos 31.°/1 e 49.° do Código Civil português, recorre à lei da Mauritânia. Todavia, esta qualifica a questão em análise como um requisito formal, e não como um requisito substancial. Por conseguinte, e de novo por força do artigo 15.° do Código Civil português, o juiz também não a deverá considerar competente. Assim, nem a lei de Malta, designada pelo artigo 50.° do Código Civil português, nem a lei da Mauritânia, convocada pelos artigos 31.°/1 e 49.° do mesmo diploma, são, afinal, competentes para regular o caso *sub judice.*

O conflito de qualificações pode levar a que nenhuma das leis convocadas sejam, afinal, competentes ou a que, pelo contrário, ambas sejam competentes: no primeiro caso, o conflito diz-se negativo; no segundo, positivo.

Exemplo: o conflito de qualificações descrito no exemplo anterior é um conflito negativo, pois nenhuma das duas leis convocadas (a de Malta e a da Mauritânia) são, afinal, competentes; se, pelo contrário, a lei maltesa qualificasse a questão em apreço como requisito de forma e a lei mauritana a qualificasse como requisito de substância, surgiria um conflito positivo, já que ambas as leis seriam competentes.

Conflito negativo de qualificações (em direito internacional privado)

Vide "conflito de qualificações".

Conflito positivo de qualificações (em direito internacional privado)
Vide "conflito de qualificações".

Constituinte (em direito civil) Pessoa que passa uma procuração a outra.

Contrato Negócio jurídico celebrado por acordo entre duas ou mais partes.

Um contrato é, pois, um facto jurídico, isto é, um evento ao qual o direito associa determinados efeitos (efeitos que consistem na constituição, modificação, transmissão, suspensão ou extinção de uma situação jurídica). De entre os factos jurídicos, é um acto jurídico, pois traduz-se num comportamento humano. De entre os actos jurídicos, é um negócio jurídico, já que pode definir, pelo menos em parte, os seus próprios efeitos. De entre os negócios jurídicos, o contrato caracteriza-se por ser o produto da reunião de dois ou mais actos jurídicos praticados por partes diferentes, embora exprimindo vontades convergentes.

Exemplo: uma pessoa, querendo desfazer-se da sua bicicleta, propõe a outra que lha compre por 30 euros. Esta aceita a proposta, entrega-lhe os 30 euros e recebe a bicicleta. Trata-se de um contrato de compra e venda. Este contrato, celebrado nos termos descritos, resulta da reunião de dois actos jurídicos: a proposta contratual apresentada pelo vendedor, que é um negócio jurídico unilateral, e a aceitação declarada pelo comprador, que é um acto jurídico *stricto sensu*, mais especificamente um acto jurídico quase negocial. Estes dois actos exprimem, em relação à bicicleta (o objecto do contrato), vontades contrapostas: a proposta do vendedor revela uma vontade de a alienar; a aceitação da proposta pelo comprador evidencia uma vontade de a adquirir. Embora contrapostas, estas vontades são convergentes, pois a satisfação simultânea de ambas pode ser obtida mediante um acordo. Por isso é que elas confluem num contrato. Se, pelo contrário, a vontade do proprietário da bicicleta fosse a de a destruir e a vontade da outra pessoa fosse a de a consertar, essas vontades já não poderiam convergir num contrato, já que não seriam apenas opostas, mas também incompatíveis.

O contrato distingue-se do negócio jurídico unilateral pelo facto de ser bilateral ou multilateral. Esta diferença não se refere ao número de autores do negócio, mas ao número de partes. Ou seja, o facto de um negócio jurídico ser realizado por várias pessoas não implica que ele seja um contrato: só o será se essas pessoas agirem como partes diferentes, e não como co-autores, ou seja, se a declaração de vontade de cada um dos autores tiver como destinatário o outro ou outros autores, e não terceiros.

Dicionário da Parte Geral do Código Civil Português

Exemplo: uma promessa pública subscrita por duas pessoas é um acto jurídico unilateral, enquanto que uma promessa bilateral de compra e venda é um contrato. A primeira é um acto jurídico unilateral, e não um contrato, porque os seus dois autores actuam conjuntamente como uma única parte, contraposta aos destinatários da promessa, que são terceiros. A segunda é um contrato, porque os seus dois autores – promitente-comprador e promitente-vendedor – intervêm no negócio como duas partes opostas, sendo cada um deles o destinatário da declaração unilateral de vontade do outro.

Contrato atípico Contrato não pertencente a qualquer tipo contratual para o qual a lei estabeleça um regime específico.

Os contratos atípicos ficam, pois, sujeitos ao regime geral dos contratos.

Contrato bilateral O mesmo que "contrato sinalagmático".

Note-se que contrato bilateral não é o mesmo que negócio jurídico bilateral. Negócio jurídico bilateral é aquele que é celebrado por duas partes, pelo que todo o negócio jurídico bilateral é um contrato (embora um contrato não seja necessariamente um negócio bilateral, já que também pode ser um negócio multilateral). Um contrato bilateral é aquele do qual emergem obrigações recíprocas para as partes.

Vide "negócio jurídico unilateral" e "contrato".

Contrato de adesão Contrato integralmente constituído por cláusulas contratuais gerais.

Exemplo: o contrato de transporte rodoviário celebrado entre um passageiro e uma companhia de autocarros. Quando um passageiro entra num autocarro, conclui com a respectiva companhia um contrato de transporte. Mas as cláusulas desse contrato não são negociadas entre eles: elas terão sido previamente fixadas pela companhia para serem aplicadas a todos os passageiros, ou seja, para serem incorporadas em todos os contratos de transporte a concluir entre ela e os passageiros. Os passageiros limitam-se, pois, a aceitar essas cláusulas.

Contrato de execução continuada
Vide "acto jurídico de execução continuada".

Contrato de execução periódica
Vide "acto jurídico de execução periódica".

Contrato gratuito Contrato do qual resulta, em termos patrimoniais, vantagem para uma das partes, sem qualquer sacrifício, e desvantagem para a outra parte, sem qualquer contrapartida.

Exemplo: a doação. O doador priva-se da coisa doada sem nada exigir em troca (desvantagem sem contrapartida) e o donatário recebe-a sem nada oferecer em troca (vantagem sem contrapartida).

O contrato gratuito contrapõe-se ao contrato oneroso.

Contrato inominado Contrato não pertencente a qualquer tipo contratual ao qual a lei atribua uma determinada designação (*nomen juris*).

Contrato não sinalagmático Contrato do qual não emergem obrigações recíprocas para os contraentes.

De um contrato não sinalagmático podem emergir obrigações para apenas um dos contraentes ou para ambos, mas, neste caso, elas não são recíprocas.

Exemplo: a doação. Deste contrato deriva, em princípio, uma única obrigação, que impende sobre o doador: é a obrigação de entregar a coisa doada ao donatário. Mas, se se tratar de uma doação modal, dela emerge também uma obrigação para o donatário, que é a obrigação de cumprir o encargo imposto pelo doador. Só que entre esta obrigação e a primeira não há reciprocidade. Por isso, quer seja uma doação simples, quer seja uma doação modal, uma doação é sempre um contrato não sinalagmático.

O contrato não sinalagmático também se denomina "contrato unilateral".

Contrato nominado Contrato pertencente a um tipo contratual ao qual a lei atribui uma determinada designação (*nomen juris*).

Exemplo: um estudante entrega a um colega seu uma caneta para este a utilizar durante um exame e depois lha devolver, sem ter de pagar nada. Este contrato é nominado, pois que pertence a um tipo contratual que a lei identifica como "comodato" (artigo 1129.º do Código Civil).

O facto de a lei atribuir a um tipo contratual uma determinada designação não significa que ela o regule especialmente. Pode limitar-se a mencioná-lo, deixando que se lhe aplique simplesmente o regime geral dos contratos. Ou seja, um contrato nominado não é forçosamente um contrato típico.

Contrato oneroso Contrato do qual resultam, em termos patrimoniais, vantagens e desvantagens para ambas as partes.

Exemplo: contrato de compra e venda. Deste contrato decorrem os seguintes efeitos patrimoniais: o vendedor fica privado da coisa vendida (desvantagem), mas recebe, em contrapartida, o pagamento do preço (vantagem); o comprador, por seu turno, recebe a coisa (vantagem), mas tem de pagar o preço correspondente (desvantagem). Há, portanto, vantagens e desvantagens para ambas as partes.

O contrato oneroso contrapõe-se ao contrato gratuito.

Dicionário da Parte Geral do Código Civil Português

Contrato sinalagmático Contrato do qual emergem obrigações recíprocas para os contraentes.

Exemplo: um contrato de compra e venda. Deste contrato emerge, para o comprador, a obrigação de pagar ao vendedor o preço e, para o vendedor, a obrigação de entregar ao comprador a coisa vendida. Estas duas obrigações são recíprocas.

O contrato sinalagmático também se denomina "contrato bilateral".

Contrato típico Contrato pertencente a um tipo contratual para o qual a lei estabelece um determinado regime específico.
Este regime é específico no sentido de que contém regras adicionais (especiais ou excepcionais) ao regime geral dos contratos.

Exemplo: o contrato de compra e venda, regulado nos artigos 874.° a 938.° do Código Civil.

O facto de um regime específico ser integralmente composto por regras supletivas não obsta a que o contrato seja considerado típico.

Contrato unilateral O mesmo que "contrato não sinalagmático".
Note-se que contrato unilateral não é o mesmo que negócio jurídico unilateral. Um negócio jurídico unilateral é aquele que é realizado por uma única parte. Um contrato é sempre celebrado por uma ou mais partes, pelo que não é nunca um negócio jurídico unilateral. Consequentemente, um contrato unilateral também não é nunca um negócio jurídico unilateral, mas sempre um negócio jurídico bilateral ou multilateral.

Conversão (de um acto jurídico) Reconhecimento, pelo direito, de um acto jurídico inválido como acto jurídico válido de tipo ou conteúdo diferente, do qual o primeiro contenha os requisitos essenciais de substância e de forma.

Exemplo: uma pessoa faz uma escritura pública para declarar o seguinte: "Doo a fracção autónoma em que resido ao meu irmão mais novo, mas só após a minha morte". Trata-se de uma doação por morte. As doações por morte são proibidas pelo artigo 946.°/1 do Código Civil. Todavia, o n.° 2 do mesmo artigo reza o seguinte: "Será, porém, havida como disposição testamentária a doação que houver de produzir os seus efeitos por morte do doador, se tiverem sido observadas as formalidades dos testamentos". Esta norma determina a conversão da doação por morte – que é totalmente nula – num testamento.

Em regra, só há lugar à conversão quando o fim prosseguido pelo autor ou autores do acto inválido permita supor que elas teriam querido o acto válido, se tivessem previsto a invalidade (artigo 293.º do Código Civil).

Costume Prática reiterada de uma conduta com convicção de obrigatoriedade.

O costume possui, portanto, dois elementos: um elemento material, que consiste na prática reiterada de uma conduta, e um elemento psicológico, que é a convicção de obrigatoriedade (também designada pela expressão latina *opinio juris vel necessitatis*).

É pelo elemento psicológico que o costume se distingue do uso. O uso é a prática reiterada de uma conduta independente de qualquer convicção de obrigatoriedade.

O costume é considerado por grande parte da doutrina antipositivista como uma fonte imediata de direito. Segundo esta concepção, o costume é fonte de direito mesmo que não seja como tal reconhecido pela lei.

Se possuir um conteúdo idêntico ao da lei, o costume diz-se *secundum legem*; se tiver um conteúdo contrário à lei, diz-se *contra legem*; se possuir um conteúdo que simplesmente ultrapasse a lei, sem a contrariar, diz-se *praeter legem* ou integrativo.[33]

[33] A designação "costume *praeter legem*" é mais corrente que "costume integrativo". Esta última designação pode-se encontrar em José Dias Marques, *Intro-*

dução ao Estudo do Direito, Editora Danúbio, Lisboa 1986, página 93.

Costume *contra legem* Costume que cria e revela uma regra jurídica contrária a uma outra contida na lei.

Costume integrativo O mesmo que "costume *prater legem*"

Costume *praeter legem* Costume que cria e revela uma regra jurídica que não é nem idêntica nem contrária a qualquer outra contida na lei, mas que ultrapassa as regras legais.

O costume *praeter legem* também se denomina "costume integrativo".[34]

[34] José Dias Marques, *Introdução ao Estudo do Direito*, Editora Danúbio, Lisboa 1986, página 93.

Costume *secundum legem* Costume que revela uma regra jurídica idêntica a uma outra contida na lei.

Credor Sujeito activo numa relação jurídica obrigacional.

Titular de um direito de crédito.

Curador

1. Pessoa incumbida de exercer com carácter permanente a curatela sobre um inabilitado.

2. Pessoa nomeada pelo tribunal para exercer a curadoria em relação aos bens de um ausente ou de uma pessoa impossibilitada,

Dicionário da Parte Geral do Código Civil Português

por causa duradoura, de administrar os seus próprios bens.

Curadoria Regime instituído pelo tribunal para a administração dos bens de um ausente ou de uma pessoa impossibilitada, por causa duradoura, de administrar os seus próprios bens, e que não tenha representante legal nem procurador com poderes suficientes para os administrar.

A administração desses bens é, assim, confiada a um curador.

Curatela Regime de assistência a um inabilitado que se traduz na sujeição de certos actos jurídicos praticados por ele a autorização do curador.

Esses actos jurídicos são os actos de disposição de bens entre vivos e todos os que, em atenção às circunstâncias de cada caso, forem especificados na sentença.[35]

A curatela é exercida pelo curador e pelo conselho de família.

O inabilitado submetido à curatela designa-se por "curatelado".

[35] Código Civil, artigo 153.º/1.

Curatelado Inabilitado sujeito a curatela.

Deceptor (palavra latina) Autor do dolo.

A pessoa que é objecto do dolo chama-se *"deceptus"*.

Deceptus (palavra latina) Pessoa que é objecto do dolo.

O autor do dolo chama-se *"deceptor"*.

Declaração cénica
Vide "declaração não séria".

Declaração de morte presumida Acto jurídico de direito público pelo qual a entidade competente declara que um ausente deve ser havido, para efeitos jurídicos, como falecido.

Exemplo: uma pessoa desapareceu de sua casa há dez anos e nunca mais deu notícias. O seu cônjuge quer-se casar com outra pessoa e por isso, ao abrigo do artigo 114.º/1 e 2 do Código Civil, requer a declaração da morte presumida do ausente. Proferida a declaração, o cônjuge pode contrair o novo casamento (artigo 116.º/1 do Código Civil).

Declaração de nulidade Acto jurisdicional no qual se reconhece a nulidade de um acto jurídico não jurisdicional ou de uma proposição jurídica nele contida.

A declaração de nulidade tem, normalmente, efeitos retroactivos, o que significa que os efeitos anteriormente produzidos pelo acto declarado nulo são destruídos.

Quando haja um acto jurisdicional nulo, o tribunal não declara a sua nulidade, mas anula-o (artigo 201.º/2 do Código do Processo Civil).

Declaração *demonstrationis causa* O mesmo que "declaração didáctica".

Declaração didáctica
Vide "declaração não séria".

Declaração *docendi causa* O mesmo que "declaração didáctica".

Declaração *jocandi causa* O mesmo que "declaração jocosa".

Declaração jocosa
Vide "declaração não séria".

Declaração *ludendi causa* O mesmo que "declaração cénica".

Declaração não séria Declaração de vontade intencionalmente emitida com um conteúdo divergente da vontade real do declarante, mas sem intuito de enganar o declaratário.

Na declaração não séria há, pois, uma falta de vontade.

Os principais tipos de declarações não sérias são as declarações jocosas (ou declarações *jocandi causa*), as declarações didácticas (ou declarações *docendi causa*, ou declarações *demonstrationis causa*) e as declarações cénicas (ou declarações *ludendi causa*).

Exemplo: uma pessoa diz a outra, em tom de brincadeira, que lhe dá o seu relógio, mas não tem qualquer in-

tenção de lho dar, só pretendendo ver a reacção daquela. Trata-se de uma declaração jocosa.

Outro exemplo: numa aula de Teoria Geral do Direito Civil dedicada aos actos jurídicos unilaterais de direito privado, o docente da disciplina, com o objectivo de ilustrar perante os alunos a figura da promessa pública, declara obrigar-se a pagar 20 euros a quem conseguir comer 10 pastéis de nata num minuto. Trata-se de uma declaração didáctica.

Outro exemplo: numa cena de um filme, dois actores, desempenhando os respectivos papéis, declaram aceitar casar um com o outro. Estamos aqui perante duas declarações cénicas, insusceptíveis de constituírem um casamento juridicamente existente.

Uma declaração não séria feita em circunstâncias que induzam o declaratário a aceitar justificadamente a sua seriedade denomina-se "graça pesada".

Denúncia (forma de extinção de um acto jurídico)
1. Revogação unilateral de um acto jurídico bilateral de execução continuada ou sucessiva.

Exemplo: o artigo 56.º da Convenção de Viena sobre o Direito dos Tratados, relativo à cessação da vigência das convenções internacionais, afirma que, "se o direito de denúncia puder ser deduzido da natureza do tratado", este poderá ser denunciado, mesmo que não preveja, ele próprio, essa possibilidade.[36]

[36] Este conceito de denúncia não é exclusivo do direito internacional: ele pode ser igualmente adoptado no direito civil, em relação aos contratos, bastando para isso a existência de uma norma jurídica que permita fazê-los cessar por tal forma. Uma disposição desse teor pode encontrar-se, por exemplo, no Código Civil de Macau, cujo artigo 72.º/6 preceitua o seguinte: "As pessoas vinculadas por contrato de duração indeterminada, bem como os trabalhadores vinculados por contrato de trabalho, podem denunciá-los a todo o tempo livremente mediante pré-aviso adequado às circunstâncias do caso ou estabelecido em lei especial".

2. Acto pelo qual uma das partes num acto jurídico bilateral de execução continuada ou sucessiva, sujeito a renovação automática findo o prazo na falta de oposição de qualquer das partes, declara à contraparte opor-se à dita renovação.

Exemplo: o artigo 1054.º/1 do Código Civil diz: "Findo o prazo do arrendamento, o contrato renova-se por períodos sucessivos, se nenhuma das partes o tiver denunciado no tempo e pela forma convencionados ou designados na lei".

Se o acto jurídico do qual uma das partes se pretende desvincular for multilateral, e não bilateral, essa desvinculação chama-se "recesso".[37] O recesso, ao contrário da denúncia, não extingue, em princípio, o acto do qual a parte se desvincula, pois ele continua a vigorar entre as restantes partes. Só o

extinguirá se essas partes passarem a ser em número insuficiente para se manter em relação a elas a eficácia do acto.

[37] Este termo é empregue, por exemplo, no artigo 56.º da Convenção de Viena sobre o Direito dos Tratados.

Derrogação

1. Revogação de parte de um acto jurídico.

Contrapõe-se à ab-rogação.

2. Preterição da estatuição constante de uma norma jurídica supletiva através da inserção num acto jurídico de direito privado de uma estipulação incompatível com aquela.

Exemplo: o artigo 878.º do Código Civil, relativo ao contrato de compra e venda, diz o seguinte: "Na falta de convenção em contrário, as despesas do contrato e outras acessórias ficam a cargo do comprador". A expressão "na falta de convenção em contrário" mostra que se trata de uma norma supletiva. Se as partes no contrato inserirem neste uma cláusula segundo a qual as despesas do contrato e outras acessórias correm por conta do vendedor, contrariando, assim, a estatuição constante da norma acima transcrita, essa estatuição fica preterida. Diz-se, neste caso, que a norma é derrogada.

Há casos em que a preterição da norma legal é presumida pela própria lei.

Exemplo: o artigo 903.º/2 do Código Civil, relativo à venda de bens alheios, diz o seguinte: "A declaração contratual de que o vendedor não garante a sua legitimidade ou não responde pela evicção envolve derrogação de todas as disposições legais a que o número anterior se refere, com excepção do preceituado no artigo 894.º."

Desentendimento O mesmo que "dissenso".

Devedor Sujeito passivo numa relação jurídica obrigacional.
Titular de uma obrigação.

Dever de assistência (entre cônjuges) Obrigação que impende sobre cada um dos cônjuges de prestar alimentos e de contribuir para os encargos da vida familiar.[38]

[38] Código Civil, artigo 1675.º/1.

Devolução (em direito internacional privado)
O mesmo que "reenvio".

Devolução dupla (em direito internacional privado)
O mesmo que "devolução integral".

Devolução integral (em direito internacional privado)
Modalidade de referência global traduzida na remissão para todas as normas de direito internacional privado da lei exterior convocada, incluindo as normas de conflitos e as normas de devolução.

Exemplo: uma norma de conflitos da Grã-Bretanha considera competente para regular certa situação a lei de Portugal, aceitando a aplicação de todas as normas pertinentes do ordenamento jurídico português, incluindo as normas de direito material, as normas de conflitos e as demais normas de direito internacional privado, em especial as normas de devolução. Dir-se-á, nesse caso, que aquela norma de conflitos faz uma referência global com devolução integral.

Ao proceder a uma devolução integral, a norma de conflitos da lei do foro determina que a situação *sub judice* seja regulada no país ou região do foro pela mesma lei por que o seria no país ou região cuja lei é convocada pela sobredita norma.

Exemplo: no caso apresentado no exemplo anterior, a lei britânica acompanha a lei portuguesa, de tal modo que se esta, através da conjugação da norma de conflitos pertinente (algum dos preceitos situados entre os artigos 25.º a 65.º do Código Civil) com as normas sobre devolução (artigos 16.º a 19.º do Código Civil), vier, afinal, a considerar aplicável ao caso *sub judice* a lei iraquiana, será esta mesma lei que deverá ser aplicada na Grã-Bretanha.

A devolução integral, também designada por "dupla devolução", "devolução dupla" ou "reenvio total", opõe-se à devolução simples, que consiste na mera remissão para as normas de conflitos da

Dicionário da Parte Geral do Código Civil Português

lei exterior convocada, com exclusão, portanto, das respectivas normas de devolução.

Devolução simples (em direito internacional privado)

Modalidade de referência global traduzida na mera remissão para as normas de conflitos da lei exterior convocada, com exclusão das restantes normas de direito internacional privado dessa mesma lei.

Exemplo: perante determinada situação, o direito internacional privado do Japão remete para a lei da Grã-Bretanha, determinando, porém, que, se as normas de conflitos desta fizerem um reenvio para a lei de um terceiro país, será aplicado no Japão o direito material desse terceiro país. Isto significaria que o direito internacional privado do Japão faria uma devolução simples. Completando a hipótese, suponha-se que uma norma de conflitos do direito da Grã-Bretanha faz um reenvio para a lei do Mali. Nesta hipótese, o direito material aplicável no Japão ao caso *sub judice* seria o do Mali.

A devolução simples determina a aplicação da lei material para a qual a norma de conflitos da lei primeiramente convocada remete. Se esta norma de conflitos (L2) fizer uma transmissão para uma terceira lei (L3), será aplicável o direito material desta. Se, ao invés, aquela norma de conflitos (L2) fizer um retorno para a lei do foro (L1), será aplicável o direito material desta. Note-se que isto será assim, ainda que no país ou região da norma de conflitos da lei primeiramente convocada (L2) não seja, afinal, aplicável a terceira lei (L3), no primeiro caso, ou a lei do foro (L1), no segundo. Com efeito, pode suceder que a lei primeiramente convocada (L2), embora tendo uma norma de conflitos que remeta para a terceira lei (L3) ou para a lei do foro (L1), contenha também uma norma de devolução que determine a aceitação do reenvio que a terceira lei (L3) porventura faça para uma quarta lei (L4) ou que a lei do foro (L1) porventura faça para a segunda lei (L2). Ora, a devolução simples, feita pela lei do foro (L1), atende unicamente à norma de conflitos da segunda lei (L2), e não ao sistema de devolução desta, pelo que lhe será indiferente a questão de saber qual a lei nela aplicável.

Exemplo: na hipótese configurada no exemplo anterior, o direito material aplicável no Japão (L1) seria o do Mali (L3), ainda que fosse outro o direito material aplicável na Grã-Bretanha (L2); esta poderia aplicar o direito material da Albânia (L4), em virtude de uma remissão feita nesse sentido por uma norma de conflitos do Mali (L3), mas tal facto seria indiferente para o Japão.

A devolução simples opõe-se à devolução integral, o qual envolve a aplicação de todo o direito internacional privado da lei exterior convocada, incluindo as normas de devolução.

Direito civil

1. Subsector do direito privado que agrupa todos os ramos que não sejam considerados pela ciência jurídica como de direito privado especial.

Exemplos: direito das obrigações, direito das coisas, direito da família, direito das sucessões, etc.

2. Parte da ciência jurídica que tem por objecto de estudo os ramos do direito privado que ela não considere como de direito privado especial.

Exemplos: as disciplinas jurídicas que estudam os ramos do direito enumerados no exemplo anterior.

As definições acima apresentadas traduzem os significados actuais do direito civil, exprimindo, portanto, a relação que presentemente o direito civil tem com o todo jurídico. Eram diferentes, porém, o significados que o direito civil tinha no direito romano e no direito medieval.

No direito romano, o direito civil (*jus civile*) começou por significar, simplesmente, a ciência do direito.[39] Mais tarde, no final do período da República, o direito civil passou a ser sinónimo de "direito quiritário" (*jus quiritium*), contrapondo-se ao direito honorário ou pretoriano (*jus honorarium* ou *jus praetorium*).[40] O critério de distinção era a fonte: o direito pretoriano tinha por fonte as decisões dos pretores, ao passo que o direito civil tinha por fontes a lei, o costume e a doutrina dos jurisconsultos. Na época do Império, o direito civil passou a designar genericamente o direito aplicável aos cidadãos romanos, em contraposição ao direito das gentes (*jus gentium*), que designava o direito aplicável às situações jurídicas em que pelo menos um dos sujeitos, embora sendo súbdito do Império romano, não possuísse a cidadania romana. Mais tarde, o direito civil passou a ser entendido como o direito positivo, contraposto ao direito natural (*jus naturale*).

Na Idade Média, o direito civil contrapunha-se ao direito canónico.

Com a clarificação da distinção entre direito público e direito privado e com a autonomização, dentro do direito privado, de diferentes ramos de direito privado especial, o direito civil passou a ser entendido como o direito privado geral ou comum, isto é, como um subsector do direito privado contraposto aos diversos ramos de direito privado especial (direito comercial, direito da propriedade industrial, direito do trabalho, etc.).

[39] Antunes Varela, *Direito Civil*, em *Pólis-Enciclopédia Verbo da Sociedade e do Es-*

Dicionário da Parte Geral do Código Civil Português   64

tado, Editorial Verbo, Lisboa/São Paulo, volume 2, página 395.

[40] Antumes Varela, *ibidem*, e J. Cretella Júnior, *Curso de Direito Romano*, 17.ª edição, Editora Forense, Rio de Janeiro, 1994, páginas 28 e 29.

Direito consuetudinário Direito que tem por fonte o costume.

O direito consuetudinário também se denomina "direito costumeiro".

Direito costumeiro O mesmo que "direito consuetudinário".

Direito de conflitos

1. Sentido amplo: direito internacional privado.

2. Sentido restrito: parte do direito internacional privado composta por normas de conflitos.

O sentido amplo é próprio da expressão inglesa *law of conflicts*, ao passo que o sentido restrito é próprio das expressões correspondentes na terminologia jurídica da Europa continental, nomeadamente da expressão portuguesa "direito de conflitos".

Direito interlocal Conjunto de normas jurídicas que, no âmbito de um ordenamento jurídico plurilegislativo, demarcam a competência dos diversos sistemas legislativos locais.

Direito internacional privado Ramo do direito interno que regula especialmente as situações jurídicas plurilocalizadas.

Esta regulação é especial, na medida em que a lei atende ao carácter específico das situações jurídicas plurilocalizadas, não as tratando como se fossem situações jurídicas puramente internas.

A regulação pode ser directa ou indirecta.

A regulação directa consiste na criação, pelo próprio direito interno, de um regime material específico para as situações jurídicas plurilocalizadas.

Exemplo: o *jus gentium* da antiga Roma, que regia as relações entre os cidadãos romanos e os estrangeiros já integrados na comunidade romana, ou entre estes nas suas relações recíprocas.

Outro exemplo: o Código do Comércio Internacional da Checoslováquia, de 1963.

A regulação indirecta faz-se com recurso a normas de conflitos.

Um direito internacional privado baseado em normas de conflitos contém ainda, em regra, disposições gerais destinadas a regular o funcionamento dessas normas de conflitos. Entre essas disposições incluem-se as referentes à qualificação, à devolução, aos casos de remissão para ordenamentos jurídicos plurilegislativos, à fraude à lei, à reserva de ordem pública, às normas de aplicação imediata e à interpretação e averiguação do direito aplicável.

Direito interno (em direito internacional privado)

Direito material do estado ou região cuja lei é chamada a aplicar-se por uma norma de conflitos. Neste sentido, o direito interno opõe-se ao direito internacional privado.

Exemplo: quando o artigo 16.º do Código Civil diz que "a referência das normas de conflitos a qualquer lei estrangeira determina apenas, na falta de preceito em contrário, a aplicação do direito interno dessa lei", isto significa que dessa lei só se aplicam as normas de direito material, isto é, as normas que regulam directamente a situação jurídica em causa, não se aplicando as respectivas normas de conflitos, nem quaisquer outras normas de direito internacional privado desse ordenamento.

Direito intertemporal O mesmo que "direito transitório".

Direito potestativo Situação jurídica activa que confere ao respectivo sujeito o poder de, por acto jurídico unilateral, produzir um efeito na esfera jurídica de outra pessoa independentemente da vontade desta.

A situação jurídica passiva correlativa ao direito potestativo é a sujeição.

Exemplo: o direito de resolver um contrato. Ao exercer este direito, o contraente produz na esfera jurídica da contraparte a extinção de todos ou alguns dos direitos e/ou obrigações que para ela emergiam do contrato. Ele está, pois, a exercer um direito potestativo, enquanto que a contraparte se encontra numa situação de sujeição.

O direito potestativo é uma modalidade de direito subjectivo; a outra modalidade é o direito subjectivo *stricto sensu*[41] (também designado por "direito subjectivo propriamente dito"[42] ou "direito subjectivo comum"[43]).

[41] Carlos Alberto da Mota Pinto, *Teoria Geral do Direito Civil*, 3.ª edição, Coimbra Editora, 1993, página 172.

[42] *Ibidem*.

[43] António Menezes Cordeiro, *Teoria Geral do Direito Civil*, 1.º volume, 2.ª edição, Associação Académica da Faculdade de Direito de Lisboa, 1990, página 236.

Direito privado

1. Critério do interesse:

a) Sector da ordem jurídica constituído pelas normas e princípios destinados à satisfação de interesses privados;

b) Parte da ciência jurídica que tem por objecto de estudo o conjunto das normas e princípios jurídicos destinados à satisfação de interesses privados.

2. Critério da qualidade dos sujeitos:

a) Sector da ordem jurídica constituído pelas normas e princípios disciplinadores das relações jurídicas em que só intervêm entidades privadas;

b) Parte da ciência jurídica que

Dicionário da Parte Geral do Código Civil Português

tem por objecto de estudo o conjunto das normas e princípios disciplinadores das relações jurídicas em que só intervêm entidades privadas.

3. Critério da posição dos sujeitos:

a) Sector da ordem jurídica constituído pelas normas e princípios disciplinadores das relações jurídicas em que os sujeitos intervêm em posição de paridade;

b) Parte da ciência jurídica que tem por objecto de estudo o conjunto das normas e princípios disciplinadores das relações jurídicas em que os sujeitos intervêm em posição de paridade.

O direito privado desdobra-se em dois subsectores: o direito civil e o direito privado especial. Cada um destes subsectores é constituído por diversos ramos.

Exemplos: são ramos do direito civil, nomeadamente, o direito das obrigações, o direito das coisas, o direito da família e o direito das sucessões; são ramos de direito privado especial, entre outros, o direito comercial, o direito da propriedade industrial e o direito do trabalho.

O direito privado contrapõe-se ao direito público.

Direito público

1. Critério do interesse:

a) Sector da ordem jurídica constituído pelas normas e princí-

pios destinados à satisfação de interesses públicos;

b) Parte da ciência jurídica que tem por objecto de estudo o conjunto das normas e princípios jurídicos destinados à satisfação de interesses públicos.

2. Critério da qualidade dos sujeitos:

a) Sector da ordem jurídica constituído pelas normas e princípios disciplinadores das relações jurídicas em que intervêm uma ou mais entidades públicas;

b) Parte da ciência jurídica que tem por objecto de estudo o conjunto das normas e princípios disciplinadores das relações jurídicas em que intervêm uma ou mais entidades públicas.

3. Critério da posição dos sujeitos:

a) Sector da ordem jurídica constituído pelas normas e princípios disciplinadores das vicissitudes, organização e funcionamento das entidades públicas e das relações jurídicas em que pelo menos um dos sujeitos é uma entidade pública e intervém com poderes de autoridade;

b) Parte da ciência jurídica que tem por objecto de estudo o conjunto das normas e princípios disciplinadores das vicissitudes, organização e funcionamento das entidades públicas e das relações jurídicas em que pelo menos um dos sujeitos é uma entidade pública e intervém com poderes de autoridade.

São normalmente classificados como ramos de direito público, entre outros, o direito constitucional, o direito administrativo, o direito financeiro (considerado por alguns publicistas como parte do direito administrativo), o direito penal, o direito processual civil, o direito processual penal e o direito internacional público.

O direito público contrapõe-se ao direito privado.

Direito subjectivo Situação jurídica activa que permite ao respectivo sujeito retirar vantagens de um bem.

A definição de direito subjectivo não consta do Código Civil e está longe de ser unânime entre os juristas, pelo que importa apresentar as definições mais representativas das diversas teorias relativas a esta figura, em particular das teorias desenvolvidas nos séculos XIX e XX na Alemanha e em Portugal.[44]

A primeira teoria juscientífica do direito subjectivo normalmente referida pela doutrina é a teoria da vontade, elaborada por Friedrich Carl von Savigny. Para este autor, o direito subjectivo é um poder da vontade, ou seja, o reconhecimento de um âmbito de liberdade independente de qualquer vontade estranha.

Contra a teoria da vontade foram invocados, pelo menos, dois argumentos. Um reside no facto de as pessoas privadas de vontade (*v.g.* os dementes) nem por isso deixarem de ser titulares de direitos subjectivos. O outro é o de que uma pessoa pode adquirir um direito mesmo sem o saber (pode, por exemplo, adquiri-lo por sorteio sem que isso lhe tenha sido comunicado).

A segunda teoria é a do interesse, elaborada por Rudolf von Jhering, o autor dos dois argumentos acima apresentados. Para ele, o aspecto essencial do direito subjectivo não é a sua estrutura, mas a sua finalidade: a segurança jurídica do aproveitamento dos bens. Assim, ele define o direito subjectivo como um interesse juridicamente protegido.

Uma das críticas que se formularam a esta teoria reside no facto de poder haver direitos sem interesse (por exemplo, o direito de propriedade sobre uma coisa de tal modo deteriorada que já não satisfaz o interesse do proprietário).

A teoria da vontade e a teoria do interesse foram combinadas por Regelsberger. Segundo este autor, "o direito subjectivo existe quando a ordem jurídica faculte à pessoa a realização de um escopo reconhecido e lhe reconhece, para isso, um poder jurídico".[45]

Esta concepção de Regelsberger encontra-se presente nas definições formuladas por alguns civilistas portugueses, nomeadamente Paulo Cunha e Castro Mendes.

Paulo Cunha define o direito subjectivo como um "poder conferido e assegurado pelo Direito objectivo de realização de um interesse mediante uma vontade que o exerça e defenda."

Castro Mendes define-o como um "poder concedido pela ordem jurídica para tutela de um interesse ou de um núcleo de interesses de uma ou mais pessoas determinadas".

Outra teoria relativa ao direito subjectivo é a teoria proteccionista. August Thon, um dos defensores dessa teoria, define o direito subjectivo como uma fonte de pretensões eventuais. O que caracteriza o direito subjectivo seria, pois, o facto de dar ao seu titular a possibilidade de exigir judicialmente uma conduta a outrem.

Uma corrente mais recente é a moderna escola jurídico-formal, representada, entre outros, por Eugen Bucher e Georges Kalinowski. Para esta escola, os direitos subjectivos são, simplesmente, produtos de normas permissivas.

Entre os autores portugueses, além das definições propostas por Paulo Cunha e Castro Mendes, acima reproduzidas, são ainda de salientar as propostas por Manuel de Andrade, Carlos Alberto da Mota Pinto, Manuel Gomes da Silva, José de Oliveira Ascensão e António Menezes Cordeiro.

Manuel de Andrade apresenta a seguinte definição: "Faculdade ou poder atribuído pela ordem jurídica a uma pessoa de exigir ou pretender de outra um determinado comportamento positivo (fazer) ou negativo (não fazer), ou de por um acto da sua vontade – com ou sem formalidades –, só por si ou integrado depois por um acto de autoridade pública (decisão judicial), produzir determinados efeitos jurídicos que se impõem inevitavelmente a outra pessoa (adversário ou contraparte)". Esta longa definição contém, na verdade, duas definições: na primeira parte, a definição de direito subjectivo comum; na segunda parte, a definição de direito potestativo.

Mota Pinto apresenta uma definição quase igual à de Manuel de Andrade, afirmando que direito subjectivo é o "poder jurídico (reconhecido pela ordem jurídica a uma pessoa) de livremente exigir ou pretender de outrem um comportamento positivo (acção) ou negativo (omissão) ou de por um acto livre de vontade, só de per si ou integrado por um acto de uma autoridade pública, produzir determinados efeitos jurídicos que inevitavelmente se impõem a outra pessoa (contraparte ou adversário)".[46] Também nesta definição se identificam dois conceitos: o de direito subjectivo comum e o de direito potestativo.

Manuel Gomes da Silva define o direito subjectivo como a "afectação jurídica dum bem à realização de um ou mais fins de pessoas individualmente consideradas."

Oliveira Ascensão afirma que direito subjectivo é "a posição de vantagem resultante da afectação de meios jurídicos aos fins de pessoas".

Menezes Cordeiro, por seu turno, define o direito subjectivo como uma "permissão normativa específica de aproveitamento de um bem". A "permissão normativa" significa uma posição jurídica resultante da aplicação de uma norma permissiva. O "aproveitamento de um bem", que é o conteúdo concreto dessa permissão, significa a possibilidade de retirar daquele bem as utilidades que, pela natureza das coisas ou pela imaginação humana, ele pode proporcionar.

Há diversas modalidades de direitos subjectivos. Eles podem ser classificados quanto à estrutura, os objecto e ao regime jurídico.

Quanto à estrutura, dividem-se em

– direitos subjectivos comuns (segundo a terminologia de Menezes Cordeiro), direitos subjectivos propriamente ditos (segundo a terminologia de Mota Pinto) ou direitos subjectivos *stricto sensu* (também segundo a terminologia de Mota Pinto);

– direitos potestativos.

Quanto ao objecto, dividem-se em:

– direitos patrimoniais
  – sobre bens corpóreos
    – sobre bens materiais
    – sobre bens energéticos
  – sobre bens incorpóreos
    – sobre bens intelectuais
    – sobre condutas humanas
    – sobre realidades jurídicas
– direitos não patrimoniais
  – direitos pessoais
  – direitos familiares

Quanto ao regime jurídico, dividem-se em:

– direitos de crédito
– direitos reais
– direitos de personalidade
– direitos de família
– direitos das sucessões
– direitos de autor
– propriedade industrial

[44] Os dados que se seguem, respeitantes a definições e teorias sobre os direitos subjectivos, foram recolhidos na obra de António Menezes Cordeiro *Teoria Geral do Direito Civil*, 1.º volume, 2.ª edição, Associação Académica da Faculdade de Direito de Lisboa, 1990, páginas 177 a 234.

[45] Regelsberger, *Pandekten*, apud António Menezes Cordeiro, *ob. cit.*, página 194.

[46] Carlos Alberto da Mota Pinto, *Teoria Geral do Direito Civil*, 3.ª edição, Coimbra Editora, 1993, página 169.

Direito subsidiário Ramo do direito cujas normas são aplicáveis aos factos jurídicos conexos com matérias reguladas por outro ramo do direito quando este não contenha normas que os regulem.

Exemplo: o direito civil é subsidiário em relação ao direito comercial.

Dicionário da Parte Geral do Código Civil Português

Prova disso é o artigo 3.º do Código Comercial, que preceitua o seguinte: "Se as questões sobre direitos e obrigações comerciais não puderem ser resolvidas, nem pelo texto da lei comercial, nem pelo seu espírito, nem pelos casos análogos nela prevenidos, serão decididas pelo direito civil".

Vide "norma subsidiária".

Direito transitório Conjunto de disposições transitórias contidas num diploma.

Exemplo: os artigos 6.º a 23.º do Decreto-Lei n.º 47344, de 25 de Novembro de 1966, que aprovou o Código Civil.

O direito transitório designa, pois, um conjunto delimitado de normas, e não um ramo do direito.
O direito transitório também se denomina "direito intertemporal".

Direito transitório formal
Vide "disposição de direito transitório formal".

Direito transitório material
Vide "disposição de direito transitório material".

Disposição de direito transitório formal Disposição transitória que, em vez de regular especificamente os factos ou situações nela previstos, apenas indica o acto normativo ou as normas que lhes são aplicáveis.

Essa indicação pode ser feita de modo directo ou indirecto.
A indicação directa é feita normalmente por uma de duas formas.
A primeira consiste em dizer expressamente se aos factos passados ou às situações anteriormente constituídas relacionados com a matéria em causa se aplica o acto normativo novo (isto é, aquele a que pertence a disposição transitória) ou o acto normativo anterior (ou algumas das suas normas).

Exemplo: "Às sociedades universais e familiares constituídas até 31 de Maio de 1967 serão aplicáveis, até à sua extinção, respectivamente, as disposições dos artigos 1243.º a 1248.º e 1281.º a 1297.º do Código Civil de 1867" (artigo 9.º do Decreto-Lei n.º 47344, de 25 de Novembro de 1966, que aprovou o Código Civil[47]).

[47] Lembre-se que este decreto-lei aprazou a entrada em vigor do novo Código Civil para o dia 1 de Junho de 1967. Daí que os factos passados e as situações anteriormente constituídas fossem por ele referidos como todos aqueles que tivessem lugar até 31 de Maio de 1967.

A segunda consiste em definir o âmbito de aplicação temporal do acto normativo novo por meio da sua extensão a factos passados ou a situações anteriormente constituídas.

Exemplo: "As disposições do novo Código Civil relativas à tutela e à curatela são aplicáveis às tutelas e curatelas intentadas até 31 de Maio de 1967" (artigo 21.º do Decreto-Lei n.º 47344, de 25 de Novembro de 1966, que aprovou o Código Civil).

A indicação indirecta é feita normalmente por uma de três formas.

A primeira consiste em definir o âmbito de aplicação temporal do acto normativo novo por meio da afirmação de que ele só se aplica aos factos futuros e às situações que se venham a constituir no futuro. Neste caso, será por inferência lógica que o intérprete determinará as normas aplicáveis aos factos passados e às situações anteriormente constituídas.

Exemplo: "O disposto na parte final do n.º 5 do artigo 112.º da Constituição apenas se aplica às leis e decretos-leis aprovados após a entrada em vigor da presente lei" (artigo 194.º da Lei Constitucional n.º 1/97).

A segunda, algo semelhante à primeira, consiste em afirmar que o acto normativo novo não se aplica aos factos passados ou às situações anteriormente constituídas. Da não-aplicação do acto novo há-de o intérprete inferir a aplicação das normas anteriormente vigentes.

Exemplo: o preceito reproduzido no exemplo antecedente teria o mesmo significado, se dissesse: "O

disposto na parte final do n.º 5 do artigo 112.º da Constituição não se aplica às leis e decretos-leis aprovados antes da entrada em vigor da presente lei".

A terceira é a fixação de um elemento de conexão (como nas normas de conflitos do direito internacional privado).

Exemplo: "As atribuições do testamenteiro são as que lhe forem fixadas pela lei vigente à data da feitura do testamento" (artigo 23.º do Decreto-Lei n.º 47344, de 25 de Novembro de 1966, que aprovou o Código Civil). Aqui, o elemento de conexão é a feitura do testamento.

À disposição de direito transitório formal contrapõe-se a disposição de direito transitório material.

Disposição de direito transitório material Disposição transitória cuja estatuição consiste na regulação específica dos factos ou situações nela previstos.

Exemplo: "Os assentos secretos de perfilhação de filhos adulterinos, validamente lavrados ao abrigo da legislação vigente, tornar-se-ão públicos mediante averbamento oficioso sempre que sejam passadas certidões do respectivo registo de nascimento" (artigo 20.º do Decreto-Lei n.º 47344, de 25 de Novembro de 1966, que aprovou o Código Civil).

Dicionário da Parte Geral do Código Civil Português

A disposição de direito transitório material contrapõe-se à disposição de direito transitório formal.

Disposição transitória Norma jurídica que define a estatuição ou estatuições aplicáveis a factos ocorridos antes da entrada em vigor do acto jurídico em que ela está contida, mas que ainda possam produzir efeitos após essa data, e a situações jurídicas constituídas antes da mesma data que ainda subsistam.

Exemplo: "Os testamentos anteriores a 31 de Maio de 1967 e as disposições testamentárias neles contidas só podem ser declaradas nulas ou anuladas, por vício substancial ou de forma, se o respectivo fundamento for também reconhecido pelo novo Código Civil, salvo se a acção já estiver pendente naquela data" (artigo 22.º do Decreto-Lei n.º 47344, de 25 de Novembro de 1966, que aprovou o Código Civil[48]).

[48] Recorde-se que este decreto-lei aprazou a entrada em vigor do novo Código Civil para o dia 1 de Junho de 1967. Daí que os factos passados e as situações anteriormente constituídas fossem por ele referidos como todos aqueles que tivessem lugar até 31 de Maio de 1967.

As disposições transitórias podem ter diversas formulações, quer na parte da previsão, quer na parte da estatuição.

A previsão consiste normalmente na referência aos factos ou situações para os quais a disposição transitória pretende indicar a estatuição ou estatuições aplicáveis, ou seja, aos factos passados e às situações anteriormente constituídas relacionadas com a matéria em causa.

Exemplo: "Os dementes, surdos-mudos ou pródigos que tenham sido total ou parcialmente interditos do exercício de direitos, ou venham a sê-lo em acções pendentes, mantêm o grau de incapacidade que lhes tiver sido ou venha a ser fixado na sentença ou que resultar da lei anterior" (artigo 7.º do Decreto-Lei n.º 47344, de 25 de Novembro de 1966, que aprovou o Código Civil).

Por vezes, no entanto, os factos ou situações referidos na previsão são os futuros, e não os passados. Isto acontece quando uma disposição determina que o acto normativo em que ela se acha contida só é aplicável a factos futuros ou a situações que se venham a constituir no futuro. A formulação da disposição nestes termos não impede que ela se qualifique de transitória, porquanto, ao dizer que o acto normativo novo só se aplica aos factos futuros e às situações que se venham a constituir no futuro, ela está simultaneamente a dizer que os factos passados e as situações anteriormente constituídas se regem pelas normas jurídicas anteriormente vigentes. O objectivo daquela disposição continua, pois, a ser o de definir as estatuições aplicáveis aos factos passados e às situações constituídas anteriormente.

Exemplo: "O disposto na parte final do n.º 5 do artigo 112.º da Constituição apenas se aplica às leis e decretos-leis aprovados após a entrada em vigor da presente lei" (artigo 194.º da Lei Constitucional n.º 1/97). Isto significa que as leis e os decretos-leis anteriores à entrada em vigor desta lei constitucional, se tiverem na sua base uma razão de ser que envolva a sua aplicação a todo o território nacional, continuarão a valer como leis gerais da República, mesmo que não satisfaçam o requisito adicional imposto pela nova versão do artigo 112.º/5 da Constituição, que é o de eles próprios decretarem a sua aplicação a todo o território nacional.

Quanto à estatuição, é normalmente formulada por uma de quatro formas.

A primeira é a regulação específica dos factos passados ou das situações anteriormente constituídas. Neste caso, a disposição transitória qualifica-se de disposição de direito transitório material.

Exemplo: "Os assentos secretos de perfilhação de filhos adulterinos, validamente lavrados ao abrigo da legislação vigente, tornar-se-ão públicos mediante averbamento oficioso sempre que sejam passadas certidões do respectivo registo de nascimento" (artigo 20.º do Decreto-Lei n.º 47344, de 25 de Novembro de 1966, que aprovou o Código Civil).

A segunda forma é a indicação, por remissão, do regime aplicável aos factos passados e às situações anteriormente constituídas. Ou seja, é a indicação sobre se a esses factos e situações se aplica o regime constante do acto normativo novo ou o regime constante do acto normativo anterior. Neste caso, a disposição transitória qualifica-se de disposição de direito transitório formal.

Exemplo: "Às sociedades universais e familiares constituídas até 31 de Maio de 1967 serão aplicáveis, até à sua extinção, respectivamente, as disposições dos artigos 1243.º a 1248.º e 1281.º a 1297.º do Código Civil de 1867" (artigo 9.º do Decreto-Lei n.º 47344, de 25 de Novembro de 1966, que aprovou o Código Civil).

A terceira forma é a delimitação do âmbito de aplicação temporal do acto normativo novo (isto é, do acto normativo ao qual pertence a disposição transitória). Neste caso, a disposição transitória também se qualifica de disposição de direito transitório formal.

Exemplo: "As disposições do novo Código Civil relativas à tutela e à curatela são aplicáveis às tutelas e curatelas intentadas até 31 de Maio de 1967" (artigo 21.º do Decreto-Lei n.º 47344, de 25 de Novembro de 1966, que aprovou o Código Civil).

A quarta forma, menos usada, é a indicação de um elemento de conexão (como nas normas de conflitos do direito internacional privado). Também neste caso a disposição transitória se apresenta como de direito transitório formal.

Exemplo: "As atribuições do testamenteiro são as que lhe forem fixadas pela lei vigente à data da feitura do testamento" (artigo 23.º do Decreto-Lei n.º 47344, de 25 de Novembro de 1966, que aprovou o Código Civil). Aqui, o elemento de conexão é a feitura do testamento.

Ao conjunto de disposições transitórias constantes de um diploma dá-se o nome de "direito transitório" ou "direito intertemporal".

Dissenso Divergência entre o sentido objectivo de uma declaração de vontade e os sentidos, também divergentes entre si, que lhe são atribuídos pelo declarante e pelo declaratário.

Exemplo: um comerciante de Macau propõe a um turista oriundo dos Estados Unidos vender-lhe um armário pelo preço de 1000 dólares. O preço que ele tem em mente é de 1000 dólares norte-americanos, mas, em vez de lhe dizer "one thousand US

dollars", diz-lhe simplesmente "one thousand dollars". O turista, convencido de que o preço pretendido pelo vendedor é de 1000 dólares de Hong Kong, fica encantado com a sua modicidade e de pronto declara aceitar o negócio.

No dissenso há, como se vê, três vontades divergentes entre si: a vontade declarada, a vontade real do declarante e a vontade que o declaratário atribui ao declarante.

Exemplo: no caso apresentado no exemplo anterior, a vontade declarada é "1000 dólares", a vontade real do declarante é "1000 dólares norte-americanos" e a vontade que o declaratário atribui ao declarante é "1000 dólares de Hong Kong".

O dissenso, ao contrário do erro na declaração, não pressupõe necessariamente que a vontade declarada o tenha sido erradamente: basta que ela não tenha sido expressa de modo completo e inequívoco, comportanto, por isso, uma interpretação do declaratário desconforme com a vontade real do declarante.

Exemplo: no caso acima apresentado, a declaração de vontade só peca por omitir a referência aos Estados Unidos.

Por outro lado, e ao contrário do erro no entendimento, o dissenso também não pressupõe que o sentido atribuído pelo declaratário à declaração seja incompatível com o sentido objectivo desta: ele pode ser compatível mas não totalmente coincidente, de tal modo que acabe por divergir completamente, sim, da vontade real do declarante.

Exemplo: no caso acima apresentado, a convicção do turista de que o preço proposto é de 1000 dólares de Hong Kong é compatível com a declaração do vendedor quando este propõe o preço de 1000 dólares, só que não é totalmente coincidente, já que na declaração do vendedor falta a especificação do país ou região a que se referem os dólares. O que diverge totalmente da interpretação do turista é a vontade real do vendedor, já que este tem em vista 1000 dólares norte-americanos.

O dissenso também se designa por "desentendimento".

Distrate Revogação de um acto jurídico bilateral ou multilateral por meio de acordo concluído entre as mesmas partes.

Exemplo: a revogação de um contrato de compra e venda por acordo entre o comprador e o vendedor.

O distrate opõe-se à revogação unilateral em sentido restrito.

Distrato O mesmo que "distrate".

Dolo (acto ou meio de enganar) Comportamento activo ou omissivo pelo qual o declaratário ou um terceiro, com intenção ou mera consciência, induz ou mantém em erro o declarante.

Exemplo: uma pessoa coloca certa quantidade de marijuana dentro de uma embalagem, fecha-a hermeticamente e pede a um amigo seu que lha guarde em sua casa, dizendo-lhe que contém medicamentos contra a malária e que a virá buscar passada uma semana. O amigo, acreditando piamente nas palavras do primeiro, aceita. Celebra-se, assim, um contrato de depósito. Este contrato está, porém, viciado por dolo, pois o depositante enganou o depositário.

O dolo pode consistir numa acção, traduzida em qualquer sugestão ou artifício, ou numa omissão, traduzida na ausência de esclarecimento: no primeiro caso, chama-se "dolo positivo" ou "dolo comissivo"; no segundo, "dolo negativo", "dolo omissivo", "dolo de consciência" ou "dolo de reticência".

Exemplo: no caso citado no exemplo anterior, o dolo é positivo, porque consiste na produção de uma afirmação segundo a qual a embalagem que lhe é entregue contém medicamentos contra a malária; mas, se fosse o depositante a exprimir a suposição de que seria esse o conteúdo da caixa e o depositante se limitasse a nada dizer, o dolo seria negativo, pois que se tra-

Dicionário da Parte Geral do Código Civil Português

duziria numa mera omissão de esclarecimento.

O dolo pode ser intencional ou simplesmente consciente. No primeiro caso, o autor do dolo tem a intenção de manter ou induzir em erro o autor da declaração; no segundo, não tem essa intenção, mas tem a consciência de que o seu comportamento poderá ter esse efeito.

Exemplo: no caso citado no primeiro exemplo, o depositante, ao afirmar que a embalagem contém medicamentos contra a malária, tem a intenção de induzir em erro o depositário; se, pelo contrário, ele lhe tivesse dito que dentro de uma semana iria fazer uma viagem à Tanzânia e que se teria de precaver contra a malária, sabendo que, ao fazer tal afirmação, faria o depositário pensar que a embalagem continha medicamentos contra a malária, poder-se-ia considerar que já não haveria da sua parte uma intenção de enganar o depositário, mas, em todo o caso, haveria uma consciência de o enganar, e tanto bastaria para se configurar uma situação de dolo.

O dolo pode ter por finalidade ou efeito o surgimento de um erro na mente do declarante ou a manutenção de um erro em que ele já estava incurso. O primeiro traduz-se, normalmente, numa acção; o segundo tanto pode traduzir-se numa acção como numa omissão.

Exemplo: no caso descrito no primeiro exemplo, o depositante tem a intenção de criar na mente do depositário um erro; no caso previsto na segunda parte do segundo exemplo, ao invés, o depositante visa apenas manter o depositário no erro em que ele próprio já havia incorrido.

O dolo pode ser juridicamente relevante, afectando a validade da declaração de vontade da pessoa enganada, ou juridicamente irrelevante: no primeiro caso, chama-se *"dolus malus"*; no segundo, *"dolus bonus"*. Cabe à lei dizer quando é que o dolo é relevante ou irrelevante. O Código Civil diz que "não constituem dolo ilícito as sugestões ou artifícios usuais, considerados legítimos segundo as concepções dominantes no comércio jurídico, nem a dissimulação do erro, quando nenhum dever de elucidar o declarante resulte da lei, de estipulação negocial ou daquelas concepções" (artigo 253.°/2).

O dolo pertence ao elenco dos vícios da vontade e, nesse elenco, aproxima-se do erro-vício. Distingue-se dele pelo seguinte: o erro-vício designa a situação em que se encontra o declarante equivocado, ao passo que o dolo designa um comportamento do declaratário ou de um terceiro tendente a enganar ou a manter enganado o declarante. Entre estas duas figuras pode haver uma relação de causalidade, pois o erro-vício pode ter sido provocado, precisamente, pelo dolo. Neste caso, o erro-vício classifica-se de "erro qualificado por dolo" ou "erro provocado". De contrário, qualifica-se de "erro simples" ou "erro espontâneo".

O autor do dolo, isto é, a pessoa que induz ou mantém em erro o declarante, chama-se *"deceptor"*; a pessoa que é objecto do dolo, ou seja, o declarante mantido ou induzido em erro, chama-se *"deceptus"*.

Exemplo: no caso descrito no primeiro exemplo, o depositante é o *deceptor* e o depositário o *deceptus*.

O *deceptor* tanto pode ser o próprio destinatário da declaração de vontade (declaratário) como um terceiro.

Exemplo: no caso descrito no primeiro exemplo, o *deceptor* é o próprio declaratário; mas, se ele viesse acompanhado da sua mulher e fosse ela a dizer que a embalagem continha medicamentos contra a malária, teria sido ela, uma terceira, a *deceptrix*. Em ambos os casos, a declaração de aceitação do depositário estaria viciada por dolo.

Dolo comissivo O mesmo que "dolo positivo".

Dolo de consciência O mesmo que "dolo negativo"

Dolo de reticência O mesmo que "dolo negativo".

Dolo negativo Dolo traduzido numa omissão.

Exemplo: uma pessoa entra numa loja de gelados e, apontando para um gelado de feijão encarnado, que julga ser de chocolate, diz ao vendedor: "Eu queria aquele gelado de chocolate, se faz favor". O vendedor retira esse mesmo gelado da arca frigorífica e entrega-o ao cliente, abstendo-se de lhe dizer que esse gelado é feito de feijão encarnado, e não de chocolate.

O dolo negativo opõe-se ao dolo positivo, que se traduz numa acção.

Exemplo: se, no caso descrito no exemplo anterior, o comprador tivesse perguntado ao vendedor de que era feito o gelado e o segundo lhe tivesse respondido que era de chocolate, o dolo seria positivo, pois já se traduziria numa afirmação enganadora, e não numa mera omissão de esclarecimento.

O dolo negativo também tem as designações de "dolo omissivo", "dolo de consciência" e "dolo de reticência".[49]

[49] Luís Carvalho Fernandes, *Teoria Geral do Direito Civil*, volume II, Associação Académica da Faculdade de Direito de Lisboa, Lisboa, 1983, página 291.

Dolo omissivo O mesmo que "dolo negativo".

Dolo positivo Dolo traduzido numa acção.

Exemplo: um casal de turistas entra num hotel, dirige-se à recepção e pergunta se o hotel tem piscina; o dono do hotel, ávido de angariar mais hóspedes, responde-lhes que tem, embora na realidade não tenha; o casal, acreditando nele, reserva um quarto por cinco dias e efectua prontamente o respectivo pagamento.

O dolo positivo opõe-se ao dolo negativo, que se traduz numa omissão.

Exemplo: se, no caso descrito no exemplo anterior, o casal de turistas, em vez de perguntar se o hotel tinha piscina, se limitasse a comentar entre si que um hotel tão luxuoso certamente a teria e o dono do hotel, ouvindo e percebendo esse comentário, se abstivesse de elucidar o casal, ainda haveria dolo, mas agora um dolo negativo, traduzido na omissão de esclarecimento.

O dolo positivo também se designa por "dolo comissivo".

Dolus bonus (expressão latina) Dolo juridicamente irrelevante.

Segundo o Código Civil, constituem *dolus bonus* "as sugestões ou artifícios usuais, considerados legítimos segundo as concepções dominantes no comércio jurídico", bem como "a dissimulação do erro, quando nenhum dever de elucidar o declarante resulte da lei, de estipulação negocial ou daquelas concepções" (artigo 253.°/2).

Ao *dolus bonus* contrapõe-se o "*dolus malus*".

Dolus malus (expressão latina) Dolo juridicamente relevante.

No direito português, esta relevância traduz-se, nomeadamente, na anulabilidade da declaração de vontade do *deceptus* (artigo 254.° do Código Civil).

Opõe-se ao *dolus bonus*.

Domicílio
1. Lugar onde o direito considera estabelecida uma pessoa ou entidade.

Há muitas normas legais que concedem relevância a esse lugar.

Exemplo: o artigo 772.°/1 do Código Civil diz que "na falta de estipulação ou disposição especial da lei, a prestação deve ser efectuada no lugar do domicílio do devedor". Isto significa que, para se saber onde é que a obrigação deve ser cumprida, é necessário saber onde é que, à luz do direito, o devedor se considera estabelecido.

Pode referir-se a pessoas singulares, a pessoas colectivas ou a entidades colectivas não personalizadas.

Exemplo: pode-se falar no domicílio de um indivíduo, no domicílio de uma sociedade comercial ou no domicílio da comissão organizadora de uma festividade.

A determinação do domicílio pode ser feita por acto jurídico da própria pessoa ou entidade ou pela lei.

Exemplo: o artigo 84.º do Código Civil diz que "é permitido estipular domicílio particular para determinados negócios, contanto que a estipulação seja reduzida a escrito"; o artigo 88.º do Código Civil diz que "os agentes diplomáticos portugueses, quando invoquem a extraterritorialidade, se consideram domiciliados em Lisboa". No primeiro caso, o domicílio é determinado por um negócio jurídico (que é um tipo de acto jurídico *lato sensu*). No segundo, é determinado pela lei.

A determinação do domicílio pela lei pode ser feita directamente, através da designação de um lugar, ou indirectamente, através da simples indicação de um critério.

Exemplo: o artigo 88.º do Código Civil, transcrito no exemplo anterior, designa por si próprio o domicílio, afirmando que é Lisboa; diferentemente, o artigo 85.º/1 do Código Civil, ao dizer que "o menor tem domicílio no lugar da residência da família", limita-se a indicar o critério com base no qual o domicílio se há-de de determinar, elegendo como critério o da residência da família.

Se o domicílio for determinado por acto jurídico da própria pessoa ou entidade, chama-se "domicílio voluntário".

Se for determinado pela lei directamente, chama-se "domicílio legal" ou "domicílio necessário".

Se for determinado pela lei indirectamente, há que distinguir duas situações. Se o critério indicado pela lei for o do lugar em que a pessoa ou entidade efectivamente se encontra estabelecida, o domicílio chama-se voluntário, pois corresponde a um lugar onde a pessoa ou entidade, em princípio, se estabeleceu voluntariamente. Se o critério indicado pela lei for outro, o domicílio chama-se legal ou necessário.

Exemplo: os maiores têm domicílio no lugar da sua residência habitual (artigo 82.º/1 do Código Civil); os menores têm domicílio no lugar da residência da família (artigo 85.º/1 do Código Civil). O domicílio dos maiores é voluntário, porque corresponde ao lugar da residência habitual, ou seja, a um lugar onde eles efectivamente residem (e onde residem, presumivelmente, por vontade própria). O domicílio dos menores, pelo contrário, é legal, porque corresponde ao lugar da residência da família, independentemente de eles habitarem ou não nesse lugar.

O domicílio pode corresponder a um local (normalmente um prédio ou fracção autónoma) ou a um espaço geográfico (país, território, município, etc.).

Exemplo: o artigo 88.º do Código Civil, acima transcrito, diz que os agentes diplomáticos portugueses se consideram "domiciliados em Lisboa"; o artigo 772.º/1 do mesmo Có-

Dicionário da Parte Geral do Código Civil Português

digo, reproduzido no primeiro exemplo, diz que a prestação deve ser efectuada "no lugar do domicílio do devedor". No primeiro caso, o domicílio designa um espaço territorial – Lisboa; no segundo, refere-se seguramente a um local, que em regra corresponderá a uma fracção autónoma.

2. Sentido restrito: lugar onde o direito considera estabelecida uma pessoa singular.

Isto significa que, em sentido restrito, o domicílio se refere apenas às pessoas singulares. Contrapõe-se, por isso, a "sede".

Domicílio electivo Domicílio voluntário particular estipulado para determinado negócio ou negócios.

Exemplo: uma sociedade comercial sediada em Nápoles, possuindo uma filial em Faro, celebra com uma companhia marroquina um contrato onde estipula que o seu domicílio é a fracção autónoma onde se encontra instalada a sua filial em Faro.

Domicílio geral Lugar considerado como domicílio para a generalidade das situações jurídicas.

Exemplo: o lugar da residência habitual de uma pessoa singular plenamente capaz é o seu domicílio geral.

O domicílio geral contrapõe-se ao domicílio particular.

Domicílio legal Domicílio designado pela lei ou determinado segundo um critério legal que não seja o do lugar em que a pessoa ou entidade efectivamente se encontra estabelecida.

Exemplo: o artigo 88.º do Código Civil diz que "os agentes diplomáticos portugueses, quando invoquem a extraterritorialidade, se consideram domiciliados em Lisboa". Neste caso, o domicílio é designado pela própria lei: é, por isso, um domicílio legal.

Outro exemplo: segundo o artigo 85.º/1 do Código Civil, "o menor tem domicílio no lugar da residência da família". Neste caso, a lei não designa o domicílio, mas apenas indica um critério para a sua determinação. Só que esse critério não é o da residência do menor, mas o da residência da família. Trata-se, por isso, também aqui, de um domicílio legal.

O domicílio legal pode ser geral ou particular.

Exemplo: o domicílio legal referido no artigo 85.º/1 do Código Civil, reproduzido no exemplo anterior, é geral; o domicílio legal referido no artigo 88.º, também atrás reproduzido, é particular.

Uma expressão sinónima de domicílio legal é "domicílio necessário".

A expressão antónima é "domicílio voluntário".

Domicílio necessário O mesmo que "domicílio legal".

Domicílio particular Lugar considerado como domicílio para uma determinada situação jurídica ou para as situações jurídicas atinentes a determinada matéria ou actividade.

Exemplo: segundo o artigo 83.º/1 do Código Civil, "a pessoa que exerce uma profissão tem, quanto às relações que a esta se referem, domicílio profissional no lugar onde a profissão é exercida". Trata-se de um caso em que um certo lugar é considerado como domicílio para as situações jurídicas atinentes a uma determinada actividade.

Outro exemplo: o artigo 84.º do Código Civil, sob a epígrafe "Domicílio electivo", diz que "é permitido estipular domicílio particular para determinados negócios (...)". Aqui já se trata de um caso em que um certo lugar é considerado como domicílio para uma determinada situação jurídica ou para um determinado conjunto de situações jurídicas.

Domicílio profissional Domicílio voluntário particular que uma pessoa tem para as relações jurídicas referentes à sua profissão.

Este domicílio é o lugar onde a profissão é exercida.

Exemplo: para as relações jurídicas que estabelecem com os respectivos clientes, os advogados têm por domicílio o escritório em que trabalham.

Domicílio voluntário Domicílio escolhido pela própria pessoa ou entidade ou determinado pelo critério legal do lugar em que a pessoa ou entidade efectivamente se encontra estabelecida.

Os lugares em que efectivamente se encontra estabelecida são, no caso de uma pessoa singular, a sua residência habitual e o seu local de trabalho e, no caso de uma entidade colectiva, a sua sede efectiva. O domicílio determinado pelo critério da residência habitual ou da sede efectiva é o domicílio voluntário geral. O domicílio determinado pelo critério do local de trabalho é o domicílio profissional, que é um tipo de domicílio voluntário particular.

O domicílio escolhido pela própria pessoa, tratando-se de pessoa singular, pode coincidir com a residência habitual ou com o local de trabalho ou ser outro lugar. Se coincidir com a residência habitual, é, naturalmente, o domicílio voluntário geral. Se coincidir com o local de trabalho, é o domicílio profissional, que é, como se disse há pouco, um tipo de domicílio voluntário particular. Se for qualquer outro lugar, é um domicílio electivo, que é um outro tipo de domicílio voluntário particular.

Tratando-se de uma entidade colectiva, o domicílio pode ser escolhido pelos estatutos ou ser estipu-

Dicionário da Parte Geral do Código Civil Português

lado em negócio jurídico posterior. No primeiro caso, esse lugar é a sede estatutária, que é um tipo de domicílio voluntário geral. No segundo, é um domicílio electivo, que é um tipo de domicílio voluntário particular.

O domicílio voluntário contrapõe-se ao "domicílio legal" ou "domicílio necessário".

Domicílio voluntário geral
Vide "domicílio voluntário" e "domicílio geral".

Doutrina Conjunto de opiniões formuladas pelos jurisconsultos a respeito de questões jurídicas.

A doutrina exprime-se normalmente através de publicações (manuais, monografias e artigos de revista) e de pareceres.

A doutrina é geralmente reconhecida como uma fonte mediata do direito, por influenciar o legislador e os aplicadores do direito.

Dupla devolução (em direito internacional privado)
O mesmo que "devolução integral".

Efeito *ex nunc*
1. Efeito produzido por um acto jurídico ou proposição jurídica de execução continuada ou sucessiva após a sua entrada em vigor.
2. Efeito produzido por um acto jurídico ou proposição jurídica de execução instantânea após a sua produção.

O efeito *ex nunc* contrapõe-se ao efeito *ex tunc* ou efeito retroactivo.

Efeito *ex tunc* O mesmo que "efeito retroactivo".

Efeito jurídico Consequência que o direito atribui a certo facto.

Exemplo: "Quem matar outra pessoa é punido com pena de prisão de 8 a 16 anos" (artigo 131.º do Código Penal). Esta norma atribui uma consequência ao homicídio, e essa consequência é a sujeição a uma pena de prisão de 8 a 16 anos. Esta sujeição é, portanto, o efeito jurídico do homicídio.

Ao atribuir um efeito a um facto, o direito faz deste um facto jurídico.

Exemplo: o homicídio é um facto jurídico, porque existe uma norma jurídica (o supra-reproduzido artigo 131.º do Código Penal) que lhe atribui um efeito.

O efeito jurídico atribuído ao facto jurídico pode ser a constituição, modificação, transmissão, suspensão ou extinção de uma situação jurídica. Consoante o efeito que lhe seja atribuído, o facto jurídico qualifica-se como facto constitutivo, facto modificativo, facto transmissivo, facto suspensivo ou facto extintivo.

Efeito retroactivo

1. Efeito produzido por um acto jurídico ou proposição jurídica de execução continuada ou sucessiva em momento anterior ao da sua entrada em vigor.

Exemplo: o artigo 2.º/2 do Código Penal dispõe o seguinte: "O facto punível segundo a lei vigente no momento da sua prática deixa de o ser se uma nova lei o eliminar do número das infracções; neste caso, e se tiver havido condenação, ainda que transitada em julgado, cessam a execução e os seus efeitos penais". Isto significa que a lei nova não descriminaliza apenas os factos ocorridos já na sua vigência, mas também os ocorridos ainda antes da sua entrada em vigor, fazendo cessar a responsabilidade criminal em que o infractor tinha incorrido quando praticou o facto. A descriminalização dos factos passados e a consequente cessação da responsabilidade criminal deles emergente são efeitos retroactivos.

2. Efeito produzido por um acto jurídico ou proposição jurídica de execução instantânea em momento anterior ao da sua produção.

Exemplo: o artigo 289.º/1 do Código Civil diz que "tanto a declaração de nulidade como a anulação do negócio têm efeito retroactivo, devendo ser restituído tudo o que tiver sido prestado ou, se a restituição em espécie não for possível, o valor correspondente". Este dever de restituição pressupõe que a prestação anteriormente realizada é agora qualificada como uma prestação que foi realizada indevidamente. Esta qualificação é um efeito retroactivo, uma vez que a prestação foi realizada antes da declaração de nulidade ou anulação do negócio.

O efeito retroactivo também se designa por "efeito *ex tunc*". A expressão antónima é "efeito *ex nunc*".
Vide "retroactividade".

Eficácia
Vide "eficácia jurídica".

Eficácia *erga omnes*

Eficácia de um acto jurídico, ou de uma proposição jurídica nele contida, perante todas as pessoas, incluindo as que não intervieram nele.
Opõe-se a "eficácia *inter partes*".

Eficácia *ex nunc*

1. Eficácia de um acto jurídico ou de uma proposição jurídica de execução continuada ou sucessiva só a partir da sua entrada em vigor.
2. Eficácia de um acto jurídico ou proposição jurídica de execução instantânea só após a sua produção.

A eficácia *ex nunc* contrapõe-se à "eficácia *ex tunc*", "eficácia retroactiva" ou "retroactividade".

Dicionário da Parte Geral do Código Civil Português

Eficácia *ex tunc* O mesmo que "retroactividade".

Eficácia *inter partes* Eficácia de um acto jurídico, ou de uma proposição jurídica nele contida, apenas perante as pessoas que nele intervieram como partes.
Opõe-se a "eficácia *erga omnes*".

Eficácia jurídica Produção dos devidos efeitos jurídicos por parte de um acto jurídico ou de uma proposição jurídica.
A eficácia jurídica acresce à validade: um acto jurídico, bem como cada uma das proposições que nele se contêm, para produzirem realmente os efeitos jurídicos que se destinam a produzir, têm de ser não apenas válidos, isto é, intrinsecamente aptos a produzir esses efeitos, mas também juridicamente eficazes. Ora, há certos vícios jurídicos, e também alguns factos não qualificáveis de vícios, que podem obstar à eficácia de actos ou proposições jurídicos válidos (*vide* "ineficácia jurídica").
A eficácia jurídica pode ser encarada independentemente dos destinatários do acto jurídico, significando a produção de efeitos jurídicos em geral, ou, ao invés, ser encarada em relação a certo destinatário ou categoria de destinatários, significando a produção de efeitos jurídicos perante esses destinatários. Na primeira perspectiva, a eficácia jurídica designa-se simplesmente por "eficácia jurídica", e a sua falta por "ineficácia jurídica" ou "ineficácia absoluta". Na segunda perspectiva, a eficácia jurídica designa-se por "oponibilidade", e a sua falta por "inoponibilidade" ou "ineficácia relativa".

Eficácia retroactiva O mesmo que "retroactividade".

Elemento de conexão (em direito internacional privado)
Aspecto relativo à situação jurídica prevista pela norma de conflitos que esta selecciona como critério de determinação da lei competente.

Exemplo: o artigo 43.º do Código Civil diz que "à gestão de negócios é aplicável a lei do lugar em que decorre a principal actividade do gestor". O lugar em que decorre a principal actividade do gestor é um dos aspectos relativos à gestão de negócios. Outros aspectos serão, por exemplo, a nacionalidade do gestor, a residência habitual do gestor, a nacionalidade do dono do negócio e a residência habitual do dono do negócio. Ora, de entre esses aspectos, a norma de conflitos atrás citada seleccionou o lugar em que decorre a principal actividade do gestor como critério de determinação da lei competente para regular a gestão de negócios. Esse lugar é, portanto, o elemento de conexão escolhido pela norma.

Elemento de interpretação Factor atendível na interpretação jurídica.

Um elemento de interpretação é, pois, qualquer factor susceptível de fundamentar ou de concorrer para a atribuição de um certo sentido a uma determinada proposição jurídica, devendo, por conseguinte, ser ponderado pelo intérprete.

São elementos de interpretação o elemento literal (também chamado de gramatical), o elemento teleológico, os elementos sistemáticos, os elementos históricos e os elementos lógicos.

Elemento gramatical (na interpretação jurídica)

O mesmo que "elemento literal".

Elemento histórico (na interpretação jurídica)

Facto que precedeu e influenciou a proposição jurídica interpretanda ou circunstância que existia no momento e lugar em que ela foi elaborada.

É um dos elementos de interpretação.

Se a proposição interpretanda for uma norma jurídica, os elementos históricos da respectiva interpretação classificam-se em elementos histórico-sociais e elementos histórico-jurídicos.[50]

Os elementos histórico-sociais (cujo conjunto é habitualmente designado pela expressão latina *occa-sio legis*) são os factos económicos, sociais, culturais e políticos que antecederam e influenciaram a elaboração da norma interpretanda e as circunstâncias económicas, sociais, culturais e políticas que existiam no momento e lugar em que ela foi elaborada.

Os elementos histórico-jurídicos subdividem-se em elementos histórico-jurídicos próximos e elementos histórico-jurídicos remotos.[51]

Os elementos histórico-jurídicos próximos são as fontes da norma interpretanda e os trabalhos preparatórios da sua elaboração. As fontes da norma interpretanda são os textos legais, doutrinários e jurisprudenciais que influenciaram o seu autor na respectiva elaboração. Os trabalhos preparatórios abarcam os estudos prévios, os anteprojectos, os projectos, as respostas dadas pelos autores desses anteprojectos e projectos às críticas e às propostas de alteração que lhes tenham sido apresentadas e ainda as actas dos órgãos que discutiram e/ou aprovaram a norma interpretanda.

Os elementos histórico-jurídicos remotos são a evolução histórica da figura a que se refere a norma interpretanda e a sucessão histórica dos regimes jurídicos que precederam aquele em que a norma interpretanda se insere.

O exposto acerca dos elementos históricos na interpretação de normas jurídicas é aplicável, *mutatis*

Dicionário da Parte Geral do Código Civil Português

mutandis, aos elementos históricos na interpretação de quaisquer outras proposições jurídicas.

[50] José Dias Marques, *Introdução ao Estudo do Direito*, Editora Danúbio, Lisboa, 1986, página 144.
[51] *Ob. cit.*, página 145.

Elemento literal (na interpretação jurídica)

Conjunto ordenado de palavras em que se exprime a proposição jurídica interpretanda.

É um dos elementos de interpretação.

Elemento lógico (na interpretação jurídica)

Argumento fundado na lógica jurídica.

É um dos elementos de interpretação e é utilizado na interpretação enunciativa.

Os argumentos lógicos mais comummente empregues na interpretação de normas jurídicas referem-se a três tipos de relações: à relação entre mais e menos, à relação entre meios e fins[52] e à relação entre regra geral e regra excepcional.

Os argumentos respeitantes à relação entre mais e menos designam-se globalmente por "argumentos *a fortiori*" ou "argumentos de maioria de razão" (*vide* "argumento *a fortiori*") e são dois: o argumento *a majori ad minus* e o argumento *a minori ad majus* (*vide* o conteúdo destes argumentos nas respectivas entradas).

Os argumentos entre meios e fins são os seguintes:

– a norma que permite o fim permite também os meios necessários à consecução desse fim;

– a norma que proíbe o fim proíbe também os meios que necessariamente a ele conduzem;

– a norma que permite os meios permite também o fim a que eles necessariamente conduzem;

– a norma que proíbe os meios proíbe também o fim a que eles necessariamente conduziriam.[53]

O argumento concernente à relação entre regra geral e regra excepcional denomina-se "argumento *a contrario sensu*", ou simplesmente "argumento *a contrario*" (*vide* "argumento *a contrario sensu*").

[52] João Castro Mendes, *Introdução ao Estudo do Direito*, Livraria Petrony, Lisboa, 1984, página 246.
[53] *Ob. cit.*, páginas 246 e 247.

Elemento sistemático (na interpretação jurídica)

Enquadramento da proposição jurídica interpretanda num conjunto mais amplo em que se insira ou ao qual se ache subordinada.

É um dos elementos de interpretação.

Se a proposição interpretanda for uma norma jurídica, os elementos sistemáticos na respectiva interpretação são de quatro tipos: o contexto da lei, os lugares paralelos, o lugar sistemático e o espírito do sistema.[54]

O contexto da lei é o regime jurídico em que se integra a norma interpretanda.

Exemplo: ao interpretar uma certa norma relativa à venda de bens alheios, importa ter presente as restantes disposições relativas à venda de bens alheios e ainda as normas e princípios que compõem o regime jurídico do contrato de compra e venda. Todas essas normas e princípios constituem o contexto da primeira norma.

[54] João Baptista Machado, *Introdução ao Direito e ao Discurso Legitimador*, 3.ª reimpressão, Livraria Almedina, Coimbra, 1989, página 183.

Os lugares paralelos são as disposições legais que regulam problemas de algum modo semelhantes àquele que é objecto da norma interpretanda.

Exemplo: ao interpretar normas relativas à doação de bens alheios, pode ser conveniente consultar as disposições que regulam a venda de bens alheios. Estas podem ser consideradas lugares paralelos em relação às primeiras.

O lugar sistemático compreende o diploma e o ramo do direito em que a norma interpretanda se insere.

Exemplo: o lugar sistemático das disposições do Código Civil são o próprio Código Civil (diploma) e o direito civil (ramo do direito).

Finalmente, o espírito do sistema é o conjunto de valores e princípios fundamentais do ordenamento jurídico de que faz parte a norma interpretanda.

Exemplo: considerando-se que os valores da dignidade da pessoa humana e da justiça e os princípios da liberdade e da igualdade fazem parte do espírito do sistema jurídico português, qualquer norma jurídica de Portugal deverá ser interpretada à luz desses valores e princípios.

O exposto acerca do elementos sistemáticos na interpretação de normas jurídicas é aplicável, *mutatis mutandis*, aos elementos sistemáticos na interpretação de quaisquer outras proposições jurídicas.

Elemento teleológico (na interpretação jurídica)

Finalidade a que se dirige a proposição jurídica interpretanda.

É um dos elementos de interpretação.

Quando a proposição jurídica interpretanda é uma norma, o seu elemento teleológico é normalmente designado pela expressão latina *ratio legis*.

Dicionário da Parte Geral do Código Civil Português

Emancipação Cessação da incapacidade jurídica de um menor, ainda durante a menoridade.

No direito português, o único facto jurídico que determina a emancipação é o casamento.

A emancipação tem como consequência a cessação da incapacidade de exercício genérica. Isto significa que passa a poder praticar pessoal e livremente todos os actos jurídicos cuja prática não lhe seja vedada por lei.

O efeito da emancipação sobre as diversas incapacidades de gozo é determinado, expressa ou tacitamente, pelas próprias normas que estabelecem essas incapacidades.

Exemplo: dizendo o artigo 2189.º, a) do Código Civil que são incapazes de testar "os menores não emancipados", tem que se concluir daí que a emancipação faz cessar a incapacidade de testar; diferentemente, afirmando a legislação eleitoral que só possuem capacidade eleitoral as pessoas maiores de 18 anos, deve-se concluir daí que a emancipação não faz cessar a incapacidade eleitoral.

Entrada em vigor Início da vigência.

O momento da entrada em vigor coincide, em regra, com o momento do início da produção de efeitos jurídicos. Há, no entanto, uma excepção: a retroactividade. Se for conferida eficácia retroactiva a um acto ou proposição

jurídicos, o início da produção de efeitos desse acto ou proposição ocorrerá em momento anterior ao da entrada em vigor.

Exemplo: uma lei publicada no dia 25 de Abril contém uma norma que preceitua o seguinte: "A presente lei entra em vigor no dia seguinte ao da sua publicação, mas produz efeitos a partir de 1 de Março do corrente ano". Neste caso, a entrada em vigor da lei ocorrerá no dia 26 de Abril, mas o início da produção dos seus efeitos ter-se-á verificado no dia 1 de Março.

A entrada em vigor de actos normativos ou de normas jurídicas não pode nunca ocorrer antes da sua publicação no jornal oficial (que em Portugal é o *Diário da República*), pois só nesse momento eles se tornam cognoscíveis pelos seus destinatários e, portanto, só a partir desse momento lhes é exigível o seu cumprimento. Por isso, quando o legislador pretende conferir eficácia retroactiva a um diploma, ou a uma norma nele contida, não deve estatuir que ele entrará em vigor em certa data anterior à publicação, mas que ele produzirá efeitos a partir dessa data. De contrário, ele estará a fazer com que esse diploma ou essa norma sejam de cumprimento obrigatório num momento em que eles ainda não era cognoscíveis pelos seus destinatários, e estará, com isso, a sujeitar estes destinatários a sanções por não terem cumprido essas normas num momento em que a adopção de um comportamento conforme com elas não lhes era exigível e, possivelmente, até era ilegal.

Exemplo: uma lei publicada no dia 20 de Outubro vem instituir a favor de determinada categoria de pessoas um subsídio mensal de 50 euros, a conceder pelo Estado no dia 25 de cada mês. Nela se encontra uma disposição transitória com o seguinte teor: "A presente lei entra em vigor no dia seguinte ao da sua publicação, mas produz efeitos a partir de 1 de Janeiro do corrente ano." Isto significa que no dia 25 de Outubro (ou seja, no primeiro dia 25 subsequente à entrada em vigor da lei) as pessoas pertencentes à categoria contemplada pela lei terão o direito de receber, não apenas os 50 euros correspondentes ao mês de Outubro, mas ainda 50 euros por conta de cada um dos nove meses decorridos desde o dia 1 de Janeiro do ano em curso até à entrada em vigor da lei. No total, têm, pois, a receber 500 euros. Se, em vez de ter a redacção acima enunciada, a disposição transitória dissesse "A presente lei entra em vigor no dia 1 de Janeiro do corrente ano", o resultado seria algo diferente. Com efeito, isto já não significaria dizer apenas que as pessoas pertencentes à categoria contemplada pela lei teriam o direito de receber 50 euros por cada um dos últimos nove meses, mas também que em cada um desses nove meses o Estado já teria tido a obrigação de lhes conceder o subsídio e não lhos teria conce-

dido. Não lhos tendo concedido, o Estado teria agido ilegalmente e teria incorrido em mora no pagamento dos subsídios referentes a cada um daqueles nove meses (artigo 894.º/2 do Código Civil). Entre outras consequências, isto daria aos titulares do direito ao subsídio o direito de exigirem ao Estado o pagamento de juros de mora (artigos 804.º/1 e 806.º/1 do Código Civil), que são os juros legais (artigo 806.º/2 do Código Civil). Outra consequência da segunda redacção seria que os titulares do direito ao subsídio não precisariam de esperar até ao dia 25 de Outubro para exigirem os subsídios correspondentes aos nove meses anteriores (acrescidos dos juros de mora); poderiam exigi-los logo no dia 20 de Outubro, ou seja, no próprio dia da publicação, pois nesse dia a lei já estaria em vigor.

O lapso de tempo que, por força da lei, deve intercorrer entre a publicação de um acto normativo e a sua entrada em vigor é designado pela expressão latina *vacatio legis*.

Equidade Justiça concretizada num caso *sub judice* através da mediação da consciência do julgador, em lugar da estrita aplicação de uma norma jurídica.

O conceito de equidade como justiça no caso concreto é originário da filosofia de Aristóteles. Segundo este filósofo, a lei atende normalmente a situações típicas, podendo não ser adequada a cer-

Dicionário da Parte Geral do Código Civil Português

tos casos particulares. Para proporcionar a estes casos uma solução conforme com a justiça natural, é necessário prescindir da aplicação estrita da lei e recorrer à equidade (*epieikeia*). Assim, como ele dizia, "o equitativo, embora justo, não é o justo segundo a lei, mas um correctivo da justiça legal".

No direito romano, a equidade (*aequitas*) teve dois significados: foi sinónimo de justiça e designou também a justiça natural aplicada através do *jus praetorium*.

Na filosofia da Patrística, a equidade passou a ser entendida como a justiça suavizada pela misericórdia.

S. Tomás de Aquino, por seu turno, veio transpor a equidade (como também a justiça) para o plano ético, encarando-a, assim, como uma virtude. Para ele, a equidade era a virtude que levaria o julgador a solucionar os casos que se lhe deparassem de harmonia com o direito natural, corrigindo as deficiências do direito positivo.

No direito inglês, a equidade (*equity*), na linha da filosofia grega e romana, designa a justiça natural adaptada às circunstâncias do caso concreto. Mas, além disso, ela designa também um subsistema do direito, que complementa o direito jurisprudencial (*case law* ou *common law*) e o direito legislado (*statutory law*). Esse subsistema surgiu no século XIV como consequência das insuficiências do *common law*. Uma vez que o *common law* só assegurava tutela jurisdicional a um elenco restrito de direitos, começaram a multiplicar-se as petições directamente dirigidas ao Rei. Essas petições eram encaminhadas para o Chanceler (*Chancellor*), o qual decidia com base na equidade, e não no *common law*. O subsistema jurídico criado a partir das decisões do *Chancellor* recebeu, por isso, a denominação de *equity*. No final do século XV foi criado um tribunal real para aplicar este tipo de direito – o Tribunal da Chancelaria (*Court of Chancery*). Mais tarde, com as Leis Judiciárias (*Judicature Acts*) de 1873-1875, foi eliminada a distinção entre tribunais de *common law* e tribunais de *equity*.

No moderno direito de matriz portuguesa, a equidade tem, segundo Mário Bigotte Chorão, seis funções: uma função dulcificadora, uma função reguladora ou decisória, uma função flexibilizadora, uma função interpretativa-individualizadora, uma função integradora e uma função correctora.[55]

A função dulcificadora consiste na suavização da justiça estrita por factores como a benignidade, a misericórdia e a solidariedade humana, com vista a salvaguardar certos valores considerados fundamentais. É a equidade na sua função dulcificadora que, segundo o citado autor, fundamenta, por exemplo, a concessão de indultos e a impenhorabilidade de certos bens essenciais.

A função reguladora ou decisória da equidade significa a sua susceptibilidade de utilização como critério de regulação ou decisão de certo caso concreto, quando a lei permita ao julgador fazê-las com base na equidade.

A função flexibilizadora da equidade verifica-se quando a equidade intervém como elemento constitutivo de certas normas, por estas aludirem expressamente à equidade ou utilizarem cláusulas gerais como "bons costumes", "justa causa", "boa fé", etc.

A função interpretativa-individualizadora da equidade traduz-se na sua atendibilidade como critério hermenêutico, ao qual o intérprete pode recorrer, segundo Bigotte Chorão, independentemente de qualquer permissão legal.

A função integradora da equidade significa a sua susceptibilidade de utilização para a integração de lacunas.

A função correctora da equidade verifica-se quando o intérprete-aplicador de uma norma a utiliza para efectuar uma interpretação correctiva ou uma redução teleológica dessa norma.[56]

Em Portugal, a equidade é uma fonte mediata do direito, pois a sua força jurídica funda-se na lei. Isto significa que a equidade só pode exercer uma função reguladora quando a lei, de modo genérico ou especificado, o permita.

Segundo o artigo 4.º do Código Civil, os tribunais só podem resolver segundo a equidade nos seguintes casos: quando haja disposição legal que o permita; quando haja acordo das partes e a relação jurídica não seja indisponível; ou quando as partes tenham previamente convencionado o recurso à equidade, nos termos aplicáveis à cláusula compromissória.

[55] Mário Bigotte Chorão, *Equidade*, em *Pólis-Enciclopédia Verbo da Sociedade e do Estado*, Editorial Verbo, Lisboa/São Paulo, volume 2, página 992.

[56] *Ibidem.*

Erga omnes (expressão latina) *Vide* "eficácia *erga omnes*".

Erro acidental O mesmo que "erro indiferente".

Erro causal Erro-vício determinante da decisão duma pessoa de emitir certa declaração de vontade, e de a emitir nos termos em que o faz.

Por outras palavras, o erro causal constitui uma divergência entre a vontade real do declarante e a vontade que ele teria se, no momento da declaração, tivesse pleno conhecimento dos elementos de facto e de direito, passados e presentes, com ela relacionados.

Dicionário da Parte Geral do Código Civil Português

Exemplo: uma pessoa de religião muçulmana entra num restaurante e encomenda um prato de bife de vaca com batatas fritas, ignorando que naquele restaurante os bifes são fritos com banha de porco. Há aqui um erro sobre o objecto, e este erro é causal, porquanto, se aquele cliente soubesse que o bife seria frito com banha de porco, não o teria encomendado.

O erro causal pode determinar aspectos essenciais ou aspectos acessórios da declaração de vontade: no primeiro caso, chama-se "erro essencial"; no segundo, "erro incidental".

O erro causal contrapõe-se ao "erro indiferente", também designado por "erro acidental".

Erro comum O mesmo que "erro geral".

Erro de direito Erro atinente a uma questão jurídica.

Exemplo: uma pessoa compra uma fracção autónoma, pensando que existe um plano urbanístico interditando a construção de qualquer edifício defronte dela, mas, afinal, tal interdição não existe.

Opõe-se a "erro de facto".

Erro de facto Erro relativo a um elemento de facto.

Exemplo: uma mulher contrai casamento com um homem sem saber que ele é toxicodependente.

Opõe-se a "erro de direito".

Erro de identificação Divergência não intencional entre o significante[57] utilizado, conscientemente, pelo declarante para exprimir determinado significado e o que ele para este efeito deveria ter utilizado.

Exemplo: uma pessoa declara comprar a fracção autónoma identificada com a letra "A" do décimo andar de um certo edifício, e isso é exactamente o que ela quer dizer, pois está convencida de que a fracção que ela foi levada a visitar uns dias antes, e que tanto lhe agradou, e que por isso agora deseja comprar, possui como identificação a letra "A". Na realidade, porém, essa fracção tem como identificação a letra "B".

[57] "Significante" é a expressão fónica ou figurativa de um signo linguístico; contrapõe-se ao "significado", que é o conteúdo semântico do signo linguístico.

O erro de identificação é um tipo de erro na declaração. No entanto, aproxima-se bastante do erro-vício. A diferença entre o erro de identificação e o erro-vício radica no seguinte: o primeiro consiste no desconhecimento, total ou parcial, da forma pela qual se deve designar ou exprimir determinado objecto, pessoa, facto ou situação; o segundo consiste no desconhecimento, total ou parcial, do próprio objecto, pessoa, facto ou situação. O primeiro é uma forma de falta de vontade, ao passo que o segundo constitui um vício da vontade.

Exemplo: se a pessoa referida no exemplo anterior, ao declarar comprar a fracção autónoma identificada com a letra "A", estivesse a exprimir correctamente a sua vontade (porque a tal fracção que ela fora levada a ver uns dias antes e que tanto lhe agradara tinha mesmo como identificação a letra "A", e não a letra "B"), mas tivesse feito tal opção com base na convicção errónea de que existia um plano urbanístico proibindo a construção de qualquer edifício defronte daquela fracção, então teria havido um erro-vício, mais precisamente um erro sobre a base do negócio, e não um erro de identificação. A vontade real do declarante teria sido expressa correctamente, mas ter-se-ia formado viciosamente.

Erro espontâneo O mesmo que "erro simples".

Erro essencial
1. Sentido subjectivo: erro causal relativo a um elemento de tal modo importante, que o exacto conhecimento dele pelo declarante o teria levado a não fazer a declaração de vontade ou a fazê-la em termos substancialmente diferentes.

Neste sentido, o erro essencial pode designar-se por "erro subjectivamente essencial".

2. Sentido objectivo: erro causal relativo a um elemento de tal modo importante, que o exacto conhecimento dele por uma pessoa razoável colocada na posição do errante a teria levado a não fazer a declaração de vontade ou a fazê-la em termos substancialmente diferentes.

Neste sentido, o erro essencial pode designar-se por "erro objectivamente essencial".

3. Sentido subjectivo-objectivo: erro causal relativo a um elemento de tal modo importante, que o exacto conhecimento dele, quer pelo declarante, quer por uma pessoa razoável colocada na sua posição, os teria levado a não fazer a declaração de vontade ou a fazê-la em termos substancialmente diferentes.

O erro essencial pode ser absoluto, relativo ou parcial (*vide* "erro essencial absoluto", "erro essencial relativo" e "erro essencial parcial").

Ao erro essencial contrapõe-se o "erro incidental".

Erro essencial absoluto Erro causal relativo a um elemento de tal modo importante, que o exacto conhecimento dele pelo declarante, ou por uma pessoa razoável colocada no seu lugar, os teria levado a não fazer a declaração de vontade.

Exemplo: uma empresa contrata um homem para trabalhar como seu motorista, ignorando que ele é um al-

Dicionário da Parte Geral do Código Civil Português

coólatra. Se conhecesse esta sua característica, não o teria contratado.

Erro essencial parcial Erro causal relativo a um elemento de tal modo importante, que o exacto conhecimento dele pelo declarante, ou por uma pessoa razoável colocada no seu lugar, os teria levado a praticar um acto jurídico que, conquanto do mesmo tipo que o acto efectivamente praticado, dele diferiria em alguns pontos essenciais.

Exemplo: uma pessoa compra uma fracção autónoma pelo preço de duzentos mil euros, pensando que existe um plano urbanístico interditando a construção de qualquer edifício defronte dela, mas, afinal, tal interdição não existe. Se ela soubesse disto, nem por isso teria deixado de comprar aquela fracção autónoma, só que não teria aceite pagar um preço superior a cem mil euros.

Erro essencial relativo Erro causal relativo a um elemento de tal modo importante, que o exacto conhecimento dele pelo declarante, ou por uma pessoa razoável colocada no seu lugar, os teria levado a praticar um acto jurídico de tipo diferente do do efectivamente praticado.

Exemplo: uma pessoa possui em sua casa um quadro que pensa ser uma falsificação, dotada de diminuto valor venal. Por isso, resolve doá-lo a um amigo seu. Este, por sua vez, pede a um perito que lhe avalie o quadro. O perito diz-lhe que o quadro é autêntico e que, num leilão, seria vendido por não menos de três mil euros. O primitivo dono, se tivesse conhecimento disto, teria aceite celebrar com o seu amigo um contrato, mas um contrato de compra e venda, e não de doação.

Erro geral Erro-vício em que a generalidade das pessoas incorre.

Exemplo: uma pessoa compra uma garrafa de água, julgando que contém água mineral, mas, afinal, contém água da torneira. É um erro geral porque, provavelmente, qualquer pessoa na mesma situação incorreria nele.

O erro geral também se designa por "erro comum", contrapondo-se ao "erro singular" ou "erro individual".

Erro impróprio Erro-vício que incide sobre um requisito de validade do acto jurídico resultante da declaração de vontade.

Exemplo: uma pessoa compra uma fracção autónoma a uma jovem solteira de dezassete anos, julgando que ela já tem dezoito. A vendedora é menor e não emancipada, faltando-lhe, por isso, a capacidade de exercício indispensável à validade do contrato resultante da confluência da sua declaração de vontade com a do comprador. O erro do comprador é, por conseguinte, um erro impróprio.

Erro incidental Erro causal relativo a elementos cujo exacto conhecimento pelo declarante, ou por uma pessoa razoável colocada no seu lugar, os teria levado a praticar um acto jurídico que, embora fosse do mesmo tipo e tivesse o mesmo conteúdo essencial que o acto efectivamente praticado, dele diferiria em alguns pontos acessórios.

O erro incidental não se confunde com o erro acidental, pois que o primeiro é um tipo de erro causal, enquanto que o segundo é, precisamente, um erro não causal, também chamado de "erro indiferente".

O erro incidental contrapõe-se ao erro essencial.

Erro indiferente Erro-vício irrelevante para a decisão duma pessoa de emitir certa declaração de vontade, e de a emitir nos termos em que o faz.

Exemplo: uma pessoa compra uma passagem aérea de Lisboa para Karachi, ignorando que o avião fará uma escala de uma hora em Moscovo. De qualquer modo, aquele passageiro detesta voos demasiado longos, preferindo interrompê-los a meio para esticar as pernas e caminhar um pouco. Além disso, na data aprazada para a viagem não haverá nenhum voo directo entre Lisboa e Karachi. Assim sendo, ele teria comprado exactamente o mesmo bilhete de avião, se soubesse que faria uma escala em Moscovo.

O erro indiferente também se designa por "erro acidental".

Erro individual O mesmo que "erro singular".

Erro material Divergência não intencional entre o significante[58] utilizado pelo declarante para exprimir determinado significado e o que ele para este efeito devia e desejava utilizar.

É um tipo de erro na declaração.

Exemplo: perante uma proposta contratual, uma pessoa quer responder negativamente, mas, em vez de dizer "não", engana-se e diz "sim", apesar de saber que este advérbio exprime afirmação e que o significante que ele deveria pronunciar para exprimir a sua rejeição é o advérbio "não".

[58] "Significante" é a expressão fónica ou figurativa de um signo linguístico; contrapõe-se ao "significado", que é o conteúdo semântico do signo linguístico.

O erro material também se designa por "erro mecânico" ou pelas expressões latinas *lapsus linguae* ou *lapsus calami*.

Erro mecânico O mesmo que "erro material".

Erro na declaração Divergência não intencional entre o conteúdo de uma declaração de vontade emitida voluntariamente e a vontade real do declarante.

Isto significa que há na declaração uma falta de coincidência entre o significante[59] utilizado pelo declarante para exprimir um certo significado e o significante que ele deveria ter utilizado para esse efeito.

Exemplo: perante uma proposta contratual, uma pessoa quer responder negativamente, mas, em vez de dizer "não", engana-se e diz "sim".

[59] "Significante" é a expressão fónica ou figurativa de um signo linguístico; contrapõe-se ao "significado", que é o conteúdo semântico do signo linguístico.

Há duas situações diferentes de erro na declaração: uma é aquela em que o declarante sabe qual é o significante que deve empregar, mas mesmo assim se engana e utiliza um outro; outra é aquela em que ele pensa que o significante que está a utilizar é o correcto. No primeiro caso, o erro na declaração designa-se por "erro material" ou "erro mecânico", ou pelas expressões latinas *lapsus linguae* ou *lapsus calami*. No segundo, designa-se por "erro de identificação".

Exemplo: na situação apresentada no exemplo anterior, se o declarante souber que o advérbio "sim" exprime afirmação e que o significante que ele deveria ter pronunciado para exprimir a sua rejeição é o advérbio "não",

o lapso por ele cometido é um erro material; se, pelo contrário, ele pensar que o advérbio "sim" exprime negação, então tratar-se-á de um erro de identificação. Neste último caso, o declarante, decerto por estar a falar uma língua estrangeira, terá errado na selecção da palavra que, nessa língua, exprime a negação.

O erro na declaração distingue-se de um outro tipo de erro, o chamado "erro-vício". O erro na declaração, como a sua designação sugere, só actua no momento da declaração de vontade. O erro-vício, ao invés, actua antes desse momento, intervindo na própria formação da vontade do declarante. No primeiro caso, há uma divergência entre o conteúdo da declaração e a vontade real do declarante, ao passo que no segundo o conteúdo da declaração pode coincidir inteiramente com a vontade real do declarante, só que esta terá sido formada com base num conhecimento imperfeito de certos elementos da realidade (de um objecto, pessoa, facto ou situação). Por conseguinte, o erro na declaração é uma forma de falta de vontade, enquanto que o erro-vício constitui, como resulta da sua própria designação, um vício da vontade.

Exemplo: se a pessoa referida nos dois exemplos anteriores tivesse pronunciado a palavra "sim" com a intenção de pronunciar esse mesmo significante e com o conhecimento de que o seu significado era de afirmação, e não de negação, mas essa sua resposta tivesse sido motivada pela convicção errónea de que o objecto da proposta contratual possuía determinadas características que, afinal, não possuía, a sua declaração de aceitação estaria ainda inquinada por um erro, mas agora por um erro-vício, e já não por um erro na declaração.

Por constituir um vício da vontade, o erro na declaração aproxima-se da falta de consciência da declaração. Ambas as figuras distinguem-se, todavia, pelo seguinte: o erro na declaração ocorre quando o declarante deseja emitir uma declaração de vontade, mas, por engano, emite uma declaração com conteúdo diferente daquela que queria emitir; a falta de consciência da declaração verifica-se quando o declarante não deseja emitir qualquer declaração de vontade, mas adopta, voluntariamente, um comportamento que, perante as circunstâncias, vale como declaração de vontade.

Exemplo: se a pessoa referida nos três exemplos anteriores, em vez de pronunciar a palavra "sim", tivesse acenado com a cabeça, como se estivesse a responder afirmativamente, mas na verdade o tivesse feito sem intenção de emitir qualquer declaração de vontade, teria havido da sua parte uma falta de consciência da declaração, e não um mero erro na declaração.

O erro na declaração também se designa por "erro-obstáculo" ou "erro obstativo".

Erro na transmissão Divergência, não imputável ao declarante, entre a vontade expressa por ele e a vontade transmitida ao declaratário.

Exemplo: uma pessoa envia a outra, através da *Internet*, uma proposta de venda de um violino antigo, estipulando o preço de 300 euros, mas, em virtude de um problema informático, esse preço aparece no computador do destinatário com o valor de 30 euros.

O erro na transmissão é uma forma de falta de vontade. Distingue-se do erro na declaração por surgir no momento da transmissão da vontade, e não no momento da sua emissão.

Erro no entendimento Divergência entre a vontade real do declarante, adequadamente comunicada ao declaratário, e o sentido que este atribui à declaração.

Exemplo: um turista inglês entra num restaurante em Bragança e, falando na sua própria língua, pede um "hot dog"; o empregado que o atende, sabendo um pouco de inglês e conhecendo, nomeadamente, o significado das palavras "hot" (quente) e "dog" (cão), mas desconhecendo o significado culinário da expressão "hot dog" (cachorro), julga que o cliente está mesmo a encomendar cão quente; pede, por isso, a um colega seu, cozinheiro, que vá apanhar um dos muitos cães que vagueiam pelas redondezas, o abata e, depois, o ponha a assar na brasa.

O erro no entendimento é normalmente incluído pelos manuais de Direito Civil entre as formas não intencionais de falta de vontade, tal como o erro na declaração e o erro na transmissão. Mas, enquanto que no erro na declaração e no erro na transmissão a divergência se verifica entre a vontade declarada ou transmitida e a vontade real do próprio declarante, no erro no entendimento a divergência verifica-se entre a vontade declarada e aquela que o declaratário julga ser a vontade real do declarante. Entre a vontade declarada e a vontade real do declarante não existe, pois, qualquer divergência.

Se o declaratário entender erradamente uma declaração de vontade que também não foi expressa de forma adequada pelo declarante, divergindo de algum modo da vontade real deste último, a falta de vontade daí emergente denomina-se "dissenso" ou "desentendimento".[60]

[60] Luís Carvalho Fernandes, *Teoria Geral do Direito Civil*, volume II, Associação Académica da Faculdade de Direito de Lisboa, Lisboa, 1983, página 406.

Erro objectivamente essencial *Vide* "erro essencial", 2.

Erro obstativo O mesmo que "erro na declaração".

Erro próprio Erro-vício que não incide sobre qualquer requisito de validade do acto jurídico resultante da declaração de vontade.

Exemplo: uma pessoa compra um bolo com recheio de feijão vermelho, pensando que o recheio é de chocolate. Trata-se de um erro próprio, porque a presença de chocolate no recheio do bolo não é um requisito de validade do contrato.

Erro provocado O mesmo que "erro qualificado por dolo".

Erro qualificado por dolo Erro-vício criado ou mantido pelo declaratário ou por um terceiro.
Também se denomina "erro provocado".
Opõe-se ao "erro simples", também chamado de "erro espontâneo".

Erro simples Erro-vício não provocado por dolo.
Também se denomina "erro espontâneo".
Opõe-se ao "erro qualificado por dolo", também chamado de "erro provocado".

Erro singular Erro-vício em que o declarante incorre, mas não a generalidade das pessoas.

Exemplo: uma pessoa compra um bolo com recheio de feijão vermelho, pensando que o recheio é de chocolate. Trata-se de um erro singular, pois a generalidade das pessoas sabe distinguir um recheio de feijão vermelho de um recheio de chocolate.

O erro singular também se designa por "erro individual", contrapondo-se ao "erro geral" ou "erro comum".

Erro sobre a base do negócio Erro-vício, partilhado pelo autor e pelo destinatário de um negócio jurídico unilateral, por ambas as partes num negócio jurídico bilateral ou por todas as partes num negócio jurídico multilateral, referente a elementos que motivaram a decisão dos declarantes, ou de algum ou alguns deles, de celebrarem tal negócio, e de o celebrarem nos precisos termos em que o fazem.

Exemplo: duas pessoas celebram um contrato de compra e venda de um imóvel sito numa remota zona do distrito de Viana do Castelo e nele estipulam um preço de dez mil euros, sem saberem que, entretanto, aquela zona já se acha servida por um caminho-de-ferro, ficando o dito imóvel a apenas um quilómetro da estação de comboio mais próxima.

Erro sobre a pessoa Erro-vício referente à identidade ou às características do declaratário.

Exemplo: uma mulher contrai casamento com um homem sem saber que ele é toxicodependente.

Erro sobre o conteúdo Erro-vício referente aos efeitos jurídicos da declaração de vontade.

Exemplo: uma pessoa aluga um automóvel por um mês, tencionando subalugá-lo a outra por cinco dias, compreendidos naquele período, mas sem saber que, para o fazer, precisará da autorização do locador, nos termos da alínea f) do artigo 1038.º do Código Civil. Este erro incide sobre os efeitos jurídicos do contrato de locação: o locador, ao emitir a sua declaração de aceitação do contrato, está convencido de que dele decorre automaticamente a faculdade de sublocar o automóvel alugado.

Erro sobre o objecto Erro-vício referente à identidade ou às características do objecto do acto jurídico corporizado na declaração de vontade.

Exemplo: uma pessoa compra um relógio, pensando que ele é à prova de água, mas, afinal, ele não o é.

Erro sobre os motivos
1. Sentido amplo: o mesmo que "erro-vício".
2. Sentido restrito: erro-vício que recai sobre os motivos deter-

Dicionário da Parte Geral do Código Civil Português

minantes da vontade do declarante, mas não se refere à pessoa do declaratário nem ao objecto ou conteúdo do acto jurídico corporizado na declaração de vontade, nem tão-pouco se reconduz a um erro sobre a base do negócio.

Exemplo: uma pessoa, podendo escolher entre duas fracções autónomas, uma mais cara e outra mais barata, opta por comprar a mais cara, por estar convencida de que existe um plano urbanístico interditando a construção de qualquer edifício defronte dela, mas, afinal, tal interdição não existe.

No Código Civil português, o erro sobre os motivos encontra-se autonomizado como um tipo residual de erro-vício.

Erro subjectivamente essencial
Vide "erro essencial", 1.

Erro-obstáculo O mesmo que "erro na declaração".

Erro-vício Divergência entre certo elemento, de facto ou de direito, passado ou presente, relacionado com uma declaração de vontade e a representação mental que dele faz o declarante.

Exemplo: uma pessoa compra um cão, pensando que ele está treinado para, através do faro, detectar estupefacientes, mas, afinal, ele não o está.

Neste caso, há uma divergência entre as características reais do cão e as características que o comprador julga que ele possui.

Esta divergência, que constitui um vício da vontade, pode consistir, ou na falsa representação de elementos que, afinal, não existiam, ou no desconhecimento de elementos que na realidade existiam.

Os elementos acabados de referir podem ser a pessoa do declaratário, o objecto do acto jurídico corporizado na declaração de vontade, os efeitos jurídicos emergentes desse acto jurídico ou os factos e situações que motivaram a sua prática. No primeiro caso, o erro-vício chama-se "erro sobre a pessoa"; no segundo, "erro sobre o objecto"; no terceiro, "erro sobre o conteúdo"[61]; no quarto, "erro sobre os motivos".

Em qualquer dos casos, se incidir sobre elementos que tenham sido assumidos pelo autor e pelo destinatário de um negócio jurídico unilateral, por ambas as partes num negócio jurídico bilateral ou por todas as partes num negócio jurídico multilateral como motivos determinantes da decisão dos declarantes, ou de algum ou alguns deles, o erro-vício denomina-se "erro sobre a base do negócio".

O erro-vício é sempre a falsa representação ou o desconhecimento da realidade presente (contemporânea da declaração) ou passada (anterior à declaração), nunca da realidade futura. A falsa representação ou desconhecimento da realidade futura é apenas uma previsão deficiente ou uma imprevisão, e não um erro em sentido jurídico.

[61] Este tipo de erro não é mencionado no Código Civil português, mas é referido por alguma doutrina. *Vide*, por exemplo, José de Oliveira Ascensão, *Teoria Geral do Direito Civil*, volume III, Lisboa, 1992, página 118.

O erro-vício difere de um outro tipo de erro: o erro na declaração. Este último, como a sua designação sugere, só actua no momento em que a declaração é emitida. O erro-vício, ao invés, actua antes desse momento, intervindo na própria formação da vontade do declarante. No primeiro caso, há uma divergência entre o conteúdo da declaração e a vontade real do declarante, ao passo que no segundo o conteúdo da declaração pode coincidir inteiramente com a vontade real do declarante, só que esta terá sido formada com base num conhecimento imperfeito de certos elementos da realidade. Por conseguinte, o erro na declaração é uma forma de falta de vontade, enquanto que o erro-vício constitui, como já se disse, um vício da vontade.

Exemplo: se, no caso apresentado no exemplo anterior, a pessoa aí mencionada conhecesse a incapacidade do cão para detectar estupefacientes e pretendesse, por isso, recusar a compra do cão, mas, por *lapsus linguae*, tivesse declarado aceitá-lo, ela teria incorrido em erro na declaração, e não em erro-vício.

O erro-vício também se distingue do dolo: o erro-vício designa a situação em que se encontra o declarante equivocado, ao passo que o dolo designa um comportamento do declaratário ou de um terceiro tendente a enganar ou a manter enganado o declarante. Entre estas duas figuras pode haver uma relação de causalidade, pois o erro-vício pode ter sido provocado, precisamente, pelo dolo. Neste caso, o erro-vício classifica-se de "erro qualificado por dolo" ou "erro provocado". De contrário, qualifica-se de "erro simples" ou "erro espontâneo".

Consoante tenha ou não influenciado a decisão do declarante de fazer a declaração, e de a fazer nos termos em que a faz, o erro-vício classifica-se, respectivamente, de "erro causal" ou "erro indiferente" (este último também é chamado de "erro acidental").

Esfera jurídica Conjunto de situações jurídicas de que uma pessoa é titular em determinado momento.

Dicionário da Parte Geral do Código Civil Português

Exemplo: havendo um contrato de compra e venda, o direito sobre a coisa vendida transfere-se da esfera jurídica do vendedor para a esfera jurídica do comprador. Isto significa que o direito transferido deixa de pertencer ao vendedor e passa a partencer ao comprador.

Especialidade (princípio) Princípio jurídico segundo o qual a capacidade jurídica de uma pessoa colectiva abrange apenas as situações jurídicas necessárias ou convenientes à prossecução dos seus fins.[62]

Exemplo: um sindicato, tendo por fim a defesa dos interesses laborais e sociais dos trabalhadores nele filiados, não pode adquirir participações sociais de uma sociedade comercial. Tal aquisição exorbitaria da sua capacidade jurídica, violando, assim, o princípio da especialidade.

[62] Código Civil, artigo 160.º/1.

A sujeição a este princípio distingue as pessoas colectivas das pessoas singulares: a capacidade jurídica destas abrange todas as situações jurídicas, salvas as excepções legais.

Espírito de liberalidade Intenção de atribuir a outrem um benefício patrimonial sem contrapartida.

O espírito de liberalidade também é habitualmente designado pela expressão latina *animus donandi*.

Estatuição Parte da norma jurídica em que é fixado o efeito jurídico atribuído ao facto mencionado ou descrito na previsão.

Exemplo: na norma que diz que "quem matar outra pessoa é punido com pena de prisão de 8 a 16 anos" (artigo 131.º do Código Penal), a estatuição está contida no sintagma verbal ("é punido com pena de prisão de 8 a 16 anos"). O sintagma nominal ("quem matar outra pessoa") contém a previsão.

Uma norma pode conter mais de uma estatuição. A relação entre as diversas estatuições pode ser de cumulatividade ou de alternatividade. As estatuições cumulativas são normalmente ligadas pela conjunção copulativa "e" ou pela conjunção adversativa "mas", enquanto que as estatuições alternativas são usualmente ligadas pela conjunção alternativa "ou".

Exemplo: "O que exigir de terceiro coisa por este comprada, de boa fé, a comerciante que negoceie em coisa do mesmo ou semelhante género é obrigado a restituir o preço que o adquirente tiver dado por ela, mas goza do direito de regresso contra aquele que culposamente deu causa ao prejuízo" (artigo 1301.º do Código Civil). Esta norma contém duas estatuições cumulativas: a obrigação de restituir o preço que o adquirente tiver dado pela coisa e o direito de regresso contra aquele que culposamente tiver dado causa ao prejuízo.

Outro exemplo: "Quem, por qualquer forma, ofender gravemente a memória de pessoa falecida, é punido com pena de prisão até 6 meses ou com pena de multa até 240 dias" (artigo 185.º/1 do Código Penal). Esta norma contém duas estatuições alternativas: a pena de prisão até 6 anos e a multa até 240 dias.

Vide "previsão".

Ex nunc
Vide "eficácia *ex nunc*" e "efeito *ex nunc*".

Ex tunc
Vide "eficácia *ex tunc*" e "efeito *ex tunc*".

Excepção (em direito civil) Situação jurídica activa que confere ao respectivo sujeito o poder de se recusar a cumprir uma obrigação.

Exemplo: por força de um contrato de compra e venda, o vendedor tem a obrigação de entregar ao comprador a coisa vendida, mas pode recusar-se a cumprir essa obrigação enquanto o comprador não lhe pagar o preço acordado. Este poder chama-se "excepção de não cumprimento do contrato" ou "excepção do contrato não cumprido" (em latim: *exceptio non adimpleti contractus*). Ele é atribuído pelo artigo 428.º/1 do Código Civil.

Excepção de não cumprimento do contrato Excepção que permite a qualquer das partes num contrato sinalagmático recusar-se a realizar a prestação a que está adstrita enquanto a outra não realizar a sua ou não oferecer o seu cumprimento simultâneo.

Esta excepção é reconhecida pelo artigo 428.º/1 do Código Civil sempre que não haja prazos diferentes para o cumprimento das prestações.

Exemplo: num contrato de compra e venda em que não seja estipulado qualquer prazo, o vendedor pode recusar-se a entregar ao comprador a coisa vendida enquanto este não lhe pagar o preço devido.

A excepção de não cumprimento do contrato não se deve confundir com a condição resolutiva tácita. Ambas actuam no caso de uma das partes não cumprir atempadamente o contrato; mas, enquanto que a segunda permite à contraparte resolvê-lo, a primeira apenas lhe permite não o cumprir também, enquanto a parte remissa não efectuar a sua prestação.

A excepção de não cumprimento do contrato também se pode designar por "excepção do contrato não cumprido" ou pela expressão latina *"exceptio non adimpleti contractus"*.

Dicionário da Parte Geral do Código Civil Português

Excepção do contrato não cumprido O mesmo que "excepção de não cumprimento do contrato".

Exceptio non adimpleti contractus (expressão latina)
O mesmo que "excepção de não cumprimento do contrato".

Expectativa Situação jurídica activa provisória de que é titular uma pessoa que, por força de certo acto jurídico, poderá previsivelmente vir a adquirir uma outra situação jurídica activa, em consequência de um facto jurídico naquele previsto, mas que ainda não ocorreu.

Exemplo: uma pessoa cujo pai ainda esteja vivo virá previsivelmente a adquirir alguns dos direitos que integram o património do seu pai, quando este morrer. Isto, porque a lei dá aos filhos do autor da sucessão o direito a uma parte da herança (artigo 2157.º do Código Civil). Isto significa que, antes de o pai morrer, há a previsão de que, quando essa morte ocorrer, os filhos do autor da sucessão adquirirão determinados direitos, integrados no património deixado pelo autor da sucessão. Ou seja, a lei prevê um determinado facto – a morte do pai – e estatui que um dos efeitos desse facto será a aquisição, pelos seus filhos, de certos direitos. A previsão de vir a adquirir no futuro esses direitos é, para os filhos, uma expectativa.

Há algumas disposições legais que atribuem aos sujeitos de expectativas outras situações jurídicas activas, seja para poderem ver compensada a frustração dessas expectativas, seja para poderem defender antecipadamente as situações jurídicas activas que esperam vir a adquirir no futuro.

Exemplo: o artigo 81.º/2 do Código Civil determina que, se uma pessoa que limitou voluntariamente um direito de personalidade vier a revogar essa limitação, deverá indemnizar a outra parte pelos prejuízos que tiver causado às suas legítimas expectativas. Neste caso, o sujeito da expectativa é também sujeito de um direito de crédito, que lhe é atribuído como compensação pela frustração da sua expectativa.

Outro exemplo: o artigo 242.º/2 do Código Civil dá os herdeiros legitimários legitimidade para, ainda em vida do autor da sucessão, arguirem a nulidade dos negócios por ele simuladamente feitos com o intuito de os prejudicar. Neste caso, os sujeitos das expectativas são também titulares de um poder jurídico que lhes permite defender antecipadamente os direitos patrimoniais que hão-de adquirir do autor da sucessão quando este morrer.

Extraterritorialidade (de uma lei) Produção de efeitos, por parte de uma lei, fora do território de cujos órgãos ela emana.

Extraterritorialidade (de uma pessoa ou coisa) Não-sujeição de certa pessoa ou coisa à lei e/ou aos tribunais do estado ou região onde se encontra.

O termo "extraterritorialidade" usado neste sentido designa habitualmente as posições de imunidade em que se encontram os agentes diplomáticos relativamente ao ordenamento jurídico e ao poder judicial do estado onde estão acreditados.

Facto condicionante
Vide "condição" (2.).

Facto constitutivo Facto jurídico que origina a constituição de uma situação jurídica.

Exemplo: o facto constitutivo de uma relação jurídica matrimonial é o contrato de casamento.

Facto extintivo Facto jurídico que determina a extinção de uma situação jurídica.

Exemplo: duas pessoas estão casadas e uma delas morre. A relação matrimonial que existia entre elas extingue-se. O facto extintivo dessa relação é a morte (a morte do cônjuge que faleceu primeiro).

Facto jurídico Evento ao qual o direito associa determinados efeitos[63], seja atribuindo-lhos directamente, através das suas próprias normas, seja reconhecendo aqueles que lhe sejam atribuídos por algum acto jurídico.

Exemplo: um cão devora um porco. Se tanto o cão como o porco tiverem dono, e os donos forem pessoas diferentes, a agressão do cão é um facto jurídico, pois, segundo o artigo 502.° do Código Civil, o dono do cão tem a obrigação de indemnizar o dono do porco. Se o cão não tiver dono mas o porco o tiver, e se este estiver protegido por um contrato de seguro, a agressão também constitui um facto jurídico, na medida em que dela emergem os direitos e obrigações relativos ao seguro. Se, pelo contrário, nem o cão nem o porco tiverem dono, ou se este o tiver mas não beneficiar de qualquer contrato de seguro, a agressão do cão é simplesmente um facto natural, destituído de qualquer relevância jurídica, dado que o direito não lhe atribui qualquer consequência.

Outro exemplo: duas pessoas combinam realizar uma competição de ciclismo entre elas e estipulam que quem perder dará ao vencedor a quantia de 100 euros. Em princípio, uma corrida de bicicletas não seria um facto jurídico. Mas, neste caso, há um acto jurídico – o contrato de jogo celebrado entre os dois competidores – que atribui a essa corrida um determinado efeito: a obrigação de a parte vencida entregar à parte vencedora a importância de 100 euros. Ora, o direito reconhece esse efeito. Este reconhecimento resulta, desde logo, da combinação entre dois princípios gerais do direito civil – o princípio da liberdade contratual (artigo 405.° do

Código Civil) e o princípio de que quem celebra um contrato o deve cumprir (artigo 406.°/1 do Código Civil); e resulta ainda, adicionalmente, da não-sujeição daquele contrato à regra excepcional segundo a qual os contratos de jogo não constituem fonte de obrigações civis (cfr. artigos 1245.° e 1246.° do Código Civil). A competição em causa é, portanto, um facto jurídico.

[63] António Menezes Cordeiro, *Teoria Geral do Direito Civil*, 1.° volume, 2.ª edição, Associação Académica da Faculdade de Direito de Lisboa, 1990, página 465.

O efeito produzido pelo facto jurídico pode ser a constituição, modificação, transmissão, suspensão (este efeito é relativamente raro) ou extinção de uma situação jurídica.

Exemplo: uma pessoa constrói um prédio e vende-o a outra. Esta, por sua vez, cria a favor de uma terceira um direito de usufruto sobre o prédio. Mais tarde, há um incêndio e o prédio fica completamente destruído. O trabalho de construção é o facto constitutivo do direito de propriedade da primeira pessoa sobre o prédio. O contrato de compra e venda celebrado entre a primeira pessoa e a segunda é um facto transmissivo do mesmo direito. O contrato mediante o qual esta cria a favor da terceira um direito de usufruto é simultaneamente um facto constitutivo do direito de usufruto e um facto modificativo do direito de propriedade (já que este passa a estar onerado pelo direito de usufruto). A destruição do prédio pelo incêndio é um facto extintivo, quer do direito de propriedade, quer do direito de usufruto.

O conceito de facto jurídico comporta os seguintes desdobramentos:
– facto jurídico *stricto sensu*
– acto jurídico
  – acto jurídico de direito público
  – acto jurídico de direito privado
    – acto jurídico *stricto sensu*
      – acto jurídico quase negocial
      – acto material
    – negócio jurídico
      – negócio jurídico unilateral
      – contrato

Um facto jurídico *stricto sensu* é independente de qualquer vontade humana, ao passo que um acto jurídico é uma manifestação da vontade de uma ou mais pessoas.

Exemplo: há um tufão e, por isso, as autoridades ordenam o encerramento das pontes, nos termos da lei. O tufão é um facto jurídico *stricto sensu*, ao passo que a ordem de encerramento das pontes é um acto jurídico (mais precisamente um acto jurídico de direito público e, mais especificamente ainda, um acto administrativo).

Sobre as diferentes modalidades de actos jurídicos, *vide* as entradas respectivas.

Facto modificativo Facto jurídico que determina a alteração do conteúdo de uma situação jurídica já constituída.

Exemplo: a simples separação judicial de bens, prevista no artigo 1767.º do Código Civil. Este facto jurídico (que é, no caso, um acto jurídico de direito público e, mais precisamente, um acto jurisdicional) tem por efeito uma modificação do conteúdo da relação jurídica matrimonial, traduzida na substituição de um regime de comunhão de bens (comunhão geral ou comunhão de adquiridos) pelo regime da separação de bens (artigo 1770.º do Código Civil).

Facto suspensivo Facto jurídico que determina a cessação temporária de uma situação jurídica.

Exemplo: o acto administrativo pelo qual, dentro da Administração Pública, um superior hierárquico impõe a um subalterno a pena de suspensão, em virtude de uma infracção disciplinar por este cometida. Nos termos do artigo 13.º/2 do Estatuto Disciplinar dos Funcionários e Agentes da Administração Central, Regional e Local, aprovado pelo Decreto-Lei n.º 24/84, de 16 de Janeiro, "a pena de suspensão determina o não exercício do cargo ou função e a perda, para efeitos de remuneração, antiguidade e aposentação, de tantos dias quantos tenha durado a suspensão". Assim sendo, aquele acto administrativo é um facto suspensivo desta relação jurídica de emprego.

Facto transmissivo Facto jurídico que determina a transmissão de uma situação jurídica de um sujeito para outro.

Exemplo: uma pessoa doa a outra uma bicicleta. Daqui resulta que o direito de propriedade se transmite da primeira pessoa (doador) para a segunda (donatário). O facto transmissivo desse direito é o contrato de doação celebrado entre ambas.

Factor hermenêutico O mesmo que "elemento de interpretação".

Faculdade Conjunto de poderes ou de outras situações jurídicas activas, unificado numa designação comum.[64]

Exemplo: o direito de propriedade sobre um terreno contém a faculdade de construir. Esta faculdade implica múltiplos poderes. Pode implicar, nomeadamente, o poder de destruir uma obra previamente existente, o poder de definir o tipo, as características e a localização da nova obra e o poder de celebrar um contrato de empreitada para a execução dessa obra.

[64] António Menezes Cordeiro, *Teoria Geral do Direito Civil*, 1.º volume, 2.ª edição, Associação Académica da Faculdade de Direito de Lisboa, 1990, página 256.

Podem, assim, distinguir-se os conceitos de faculdade e de poder. Há, no entanto, autores portugueses que os utilizam como sinónimos (*v.g.* Carlos Alberto da Mota Pinto).

Falta de consciência da declaração Divergência não intencional entre a vontade real de uma pessoa e a vontade que lhe é imputada em virtude de um comportamento que ela adoptou voluntariamente, mas sem saber que estava através dele a emitir uma declaração de vontade.

Exemplo: antes de dar início a um leilão, o pregoeiro diz aos presentes que, quando quiserem cobrir um lanço por ele proposto, deverão levantar o braço direito; no decurso do leilão, um dos presentes avista ao longe um amigo e, num impulso, levanta o braço direito para o saudar, sem se dar conta de que está simultaneamente a cobrir um sobrelanço proposto pelo leiloeiro.

A falta de consciência da declaração é uma forma não intencional de falta de vontade, ou seja, é uma divergência não intencional entre a vontade declarada e a vontade real do declarante. Assim caracterizada, ela aproxima-se, por um lado, da coacção física e, por outro, do erro na declaração, embora se distinga de ambas.
Da coacção física ela distingue-se por isto: na primeira, o decla-

rante não só não tem vontade de emitir uma declaração de vontade, como nem sequer tem vontade de adoptar o comportamento do qual aquela declaração resulta; na segunda, o declarante tem vontade de adoptar aquele comportamento, mas não de emitir a declaração de vontade que dele resulta.

Exemplo: no caso apresentado no exemplo anterior, a pessoa aí mencionada ergueu o braço por sua própria vontade, havendo, por isso, mera falta de consciência da declaração, e não coacção física; se, ao invés, o braço dessa pessoa tivesse sido alçado compulsivamente por alguém que estivesse sentado a seu lado, já teria havido coacção física.

Do erro na declaração a falta de consciência da declaração distingue-se pelo seguinte: o primeiro ocorre quando o declarante deseja emitir uma declaração de vontade, mas, por engano, emite uma declaração com conteúdo diferente daquela que queria emitir; a segunda verifica-se quando o declarante não deseja emitir qualquer declaração de vontade, mas adopta, voluntariamente, um comportamento que, perante as circunstâncias, vale como declaração de vontade.

Exemplo: uma pessoa recebe uma proposta contratual, mas não pretende aceitá-la. Se ela se preparar para pronunciar a palavra "não", mas, em virtude de um *lapsus linguae*, pronunciar a palavra "sim", haverá um erro na declaração. Se ela, pelo contrário, optar por não dar qualquer resposta, mas acenar com a cabeça, como se estivesse a responder afirmativamente, apesar de não ser essa a sua intenção, haverá uma falta de consciência da declaração. No primeiro caso, ela pretende emitir uma declaração de vontade de rejeição, mas, por engano, emite uma declaração de vontade de aceitação. No segundo, ela não pretende emitir qualquer declaração de vontade – nem de aceitação, nem de rejeição –, mas faz com a cabeça um movimento socialmente interpretável como uma aceitação.

Falta de vontade Divergência entre a vontade declarada e a vontade real do declarante no momento da declaração.

Exemplo: uma pessoa redige um contrato de doação de um prédio alheio em seu próprio benefício e, manipulando a mão do proprietário desse prédio, compele-o a apor a sua assinatura no dito documento. Trata-se de um caso de coacção física. A vontade de efectuar a doação, expressa no contrato através da assinatura do doador, não corresponde à vontade que este realmente tem no momento da assinatura. Diz-se, por isso, que neste caso há uma falta de vontade.

A divergência entre a vontade declarada e a vontade real do declarante pode ser intencional (isto é, criada intencionalmente pelo próprio declarante) ou não intencional.

A divergência intencional pode ser enganosa (isto é, criada pelo declarante com o intuito de enganar o declaratário ou um terceiro) ou não enganosa. A divergência enganosa pode ser unilateral (reserva mental) ou bilateral ou multilateral (simulação). A divergência não enganosa verifica-se quando há uma declaração não séria.

A divergência não intencional ocorre nos casos de falta de vontade de acção, falta de consciência da declaração, coacção física, erro na declaração, erro na transmissão, erro no entendimento e dissenso.

A falta de vontade não se confunde com a existência de um vício da vontade. A expressão "vício da vontade" é utilizada para designar as situações em que a vontade declarada coincide com a vontade real, mas em que esta última foi formada sem a liberdade e o esclarecimento necessários. Como se vê, tanto a falta de vontade como o vício da vontade dizem respeito a uma divergência existente entre a vontade real do declarante no momento da declaração e uma outra vontade, só que na primeira essa outra vontade é a vontade declarada, ao passo que no segundo é uma vontade hipotética.

Exemplo: se, no caso apresentado no exemplo anterior, a pessoa interessada no prédio, em vez de manipular

Dicionário da Parte Geral do Código Civil Português

a mão do proprietário do prédio, se limitasse a apontar-lhe uma pistola e ameaçasse disparar no caso de ele não assinar o contrato, já não estaríamos perante uma situação de coacção física, mas de coacção moral. O doador, ao assinar o contrato, exprimiria uma vontade de doar o prédio, e esta vontade, assim declarada, corresponderia à vontade real que ele tinha naquele preciso momento. Só que esta vontade não se teria formado de um modo livre, mas a partir do receio de ser alvejado. Dir-se-ia, por isso, que ela estava viciada. A coacção moral é um vício da vontade.

A falta de vontade determina, em regra, a invalidade do acto jurídico corporizado na declaração, nos termos da lei.

Falta de vontade de acção Pressão dum facto natural que leva uma pessoa, independentemente da sua vontade, a assumir certo comportamento objectivamente declarativo.

Exemplo: está reunida a assembleia geral de uma associação para discutir e deliberar sobre uma proposta tendente a dissolvê-la. Chegado o momento da votação, o presidente da mesa da assembleia geral profere a seguinte exortação: "Quem vota a favor da proposta de dissolução faça o favor de se levantar!". Nesse preciso momento, o sócio que mais encarniçadamente tem opugnado a projectada dissolução avista uma enorme ratazana junto à sua cadeira. Em sobres-

salto, e numa reacção imediata e puramente impulsiva, ergue-se da cadeira, mas logo retoma a sua posição sentada, ao verificar que o asqueroso roedor se sumiu tão depressa como aparecera. O facto de ele se ter levantado, ainda que por um brevíssimo lapso de tempo, representa objectivamente uma declaração de vontade favorável à dissolução da associação. O comportamento declarativo é, neste caso, um simples movimento reflexo, impelido por um sentimento extremo e irreprimível de temor ou de asco perante uma ratazana; resulta, portanto, da pressão de um facto natural.

A falta de vontade de acção é, como resulta claramente da sua designação, um tipo de falta de vontade, e aproxima-se bastante da coacção física. Aliás, o Código Civil português nem sequer distingue as duas figuras. A diferença entre elas radica no tipo de força que impele a pessoa em causa a adoptar o comportamento objectivamente declarativo: na falta de vontade de acção, essa força é um facto natural, ao passo que na coacção física é uma acção humana.

Fidúcia Celebração de um negócio fiduciário e de um *pactum fiduciae* pelos mesmos sujeitos e com o mesmo objecto.

Exemplo: uma pessoa, pretendendo ausentar-se de Portugal por 5 anos, vende o prédio que aí possui a um amigo seu, combinando com ele que este o destinará a arrendamentos por prazos não superiores a um ano, que transferirá o montante das rendas para a conta bancária da primeira, que não alienará o prédio a terceiro e que o revenderá à primeira, pelo preço da compra, logo que esta regresse a Portugal. Na situação assim descrita, temos, por um lado, um contrato de compra e venda de um prédio e, por outro lado, um acordo sobre a utilização dos poderes decorrentes desse contrato. Pelo contrato de compra e venda o proprietário do prédio transmite ao vendedor o direito de propriedade sobre esse prédio. Só que ele não tem a intenção de realmente abdicar do seu prédio: ele apenas deseja confiá-lo à prudente gestão do seu amigo. Por isso, ele faz com este um acordo no sentido de o segundo actuar, não como novo proprietário do prédio, mas apenas como mandatário do vendedor, como se o contrato celebrado entre eles fosse o de um mero mandato (neste caso, um mandato sem representação). O contrato de compra e venda é um negócio fiduciário; o acordo sobre a actuação do comprador é um *pactum fiduciae*.

A pessoa que confere o poder chama-se "fiduciante"; a que o recebe, "fiduciário".

Exemplo: no caso apresentado no exemplo anterior, o vendedor do prédio é o fiduciante, enquanto que o seu comprador é o fiduciário.

A fidúcia é uma figura afim da simulação relativa, distinguindo-se desta por não ser determinada por qualquer intuito de enganar terceiros.[65]

Entre os tipos de fidúcia referidos pela doutrina destacam-se a *fiducia cum amico* e a *fiducia cum creditore*, as quais se distinguem pelo conteúdo do respectivo *pactum fiduciae*.

[65] João de Castro Mendes, *Teoria Geral do Direito Civil*, volume II, Associação Académica da Faculdade de Direito de Lisboa, Lisboa, 1985, página 166.

Fiducia cum amico Fidúcia de que resulta para o fiduciário a obrigação de actuar apenas segundo um contrato de mandato, depósito ou prestação de serviços, apesar de ter recebido poderes mais amplos.[66]

[66] João de Castro Mendes, *Teoria Geral do Direito Civil*, volume II, Associação Académica da Faculdade de Direito de Lisboa, Lisboa, 1985, página 165. Este autor define a *fiducia cum amico* como "o negócio fiduciário a escopo de mandato – mandato de alienar ou mandato de administrar –, depósito ou prestação de serviços".

Fiducia cum creditore Fidúcia de que resulta para o fiduciário, credor do fiduciante, a obrigação de actuar sobre o objecto do negócio fiduciário como mero titular de um direito de garantia, apesar de ter adquirido sobre ele um direito de conteúdo mais amplo.[67]

Exemplo: uma pessoa doa o seu automóvel a um credor seu, combinando com ele que este não o utili-

Dicionário da Parte Geral do Código Civil Português 112

zará, não deixará nenhum terceiro utilizá-lo e lho restituirá logo que ela pague a dívida. A doação do automóvel é, neste caso, um negócio fiduciário: dele resulta a transmissão do direito de propriedade sobre o automóvel a favor do comprador, mas este, em virtude do *pactum fiduciae* que celebrou com o vendedor, não poderá exercer a plenitude desse direito de propriedade, antes terá de tratar o automóvel como objecto de um simples direito de garantia (de um penhor, por exemplo).

[67] Cfr. João de Castro Mendes, *Teoria Geral do Direito Civil*, volume II, Associação Académica da Faculdade de Direito de Lisboa, Lisboa, 1985, página 165. Este autor define a *fiducia cum creditore* como "o negócio fiduciário a escopo de garantia de uma obrigação".

Fiduciante Pessoa que confere a outra um conjunto de poderes através de um negócio fiduciário, para serem exercidos nos limites de um *pactum fiduciae*.

A pessoa que recebe os sobreditos poderes chama-se "fiduciário".

Vide "fidúcia".

Fiduciário Pessoa que recebe de outra um conjunto de poderes através de um negócio fiduciário, para os exercer nos limites de um *pactum fiduciae*.

A pessoa que confere os sobreditos poderes chama-se "fiduciante".

Vide "fidúcia".

Fonte do direito
1. Sentido filosófico ou metafísico: causa última explicativa da existência e da criação do Direito.[68]

Exemplo: para Thomas Hobbes, o Direito surge do desejo de autoconservação dos seres humanos, ao passo que para Karl Marx resulta directamente da divisão da sociedade em classes, a qual, por sua vez, é consequência do aparecimento do excedente na produção, gerado pelo desenvolvimento das forças produtivas. Pode-se, por isso, dizer que, para Hobbes, a fonte do direito em sentido filosófico ou metafísico é o desejo de autoconservação dos seres humanos, enquanto que para Marx essa fonte é o desenvolvimento das forças produtivas.

[68] Marcelo Rebelo de Sousa (com a colaboração de Sofia Galvão), *Introdução ao Estudo do Direito*, Publicações Europa-América, Mem Martins, Portugal, 1991, página 131.

2. Sentido histórico: realidade jurídica ou teoria a partir das quais se originou certa regra, regime, instituto, diploma ou ordenamento jurídico.

Exemplo: o Código Civil de Macau, que entrou em vigor em 1 de Novembro de 1999, teve por base o actual Código Civil português, que vigorara naquele território até então. Isto significa que o Código Civil português foi a principal fonte histórica do Código Civil de Macau.

Outro exemplo: a Constituição dos Estados Unidos é baseada nas teorias políticas de Montesquieu e John Locke. Isto significa que as teorias políticas de Montesquieu e John Locke são duas das fontes históricas da Constituição dos Estados Unidos.

3. Sentido sociológico: estrutura ou conjuntura económica, social, cultural ou política que determina a criação de certa regra, regime, diploma ou instituto jurídico.

Exemplo: a Constituição portuguesa, no seu texto originário de 1976, foi aprovada por uma Assembleia Constituinte democraticamente eleita no decurso do chamado "Processo Revolucionário em Curso" (PREC). Este processo desencadeou-se a partir da Revolução dos Cravos, que derrubou, em 25 de Abril de 1974, o regime fascista instaurado em 1926. No decurso do PREC, foram liquidadas as principais estruturas fascistas, libertados os presos políticos, aprovadas leis garantindo os direitos fundamentais dos cidadãos, incluindo vários direitos específicos dos trabalhadores, descolonizadas as chamadas "províncias ultramarinas", ocupados e divididos numerosos latifúndios, criadas cooperativas de diversos tipos, nacionalizadas várias empresas, instituídas comissões de trabalhadores, formados diversos partidos políticos e sindicatos e instituída a gestão democrática das escolas e hospitais. Todas estas conquistas revolucionárias foram legitimadas e garantidas no texto originário da actual Constituição portuguesa. Assim sendo, pode-se dizer que a fonte sociológica dessa Constituição foi o PREC.

4. Sentido instrumental: documento em que se materializam as regras jurídicas.[69]

Exemplo: o Código Civil é um diploma onde estão contidas normas jurídicas; logo, ele é uma fonte do Direito em sentido instrumental.

[69] *Ibidem.*

5. Sentido orgânico: órgão competente para criar regras jurídicas.

Exemplo: em Portugal, a Assembleia da República é um órgão competente para aprovar leis; logo, ela é uma fonte do direito português em sentido orgânico.

6. Sentidos técnico-jurídicos (ou formais):
a) Modo de criação das regras jurídicas[70];
b) Modo de revelação das regras jurídicas;
c) Modo de criação e revelação das regras jurídicas.
As fontes em sentido técnico-jurídico normalmente mencionadas nos manuais de Direito são a lei, o costume, o uso, a jurisprudência, a doutrina e a equidade.
Quando designem os modos de criação das regras jurídicas, as fontes do Direito classificam-se em imediatas e mediatas. São imediatas as fontes cuja força jurídica não se funda em qualquer outra fonte nem necessita da mediação de qualquer outra fonte para se mani-

Dicionário da Parte Geral do Código Civil Português 114

festar, e mediatas aquelas cuja força jurídica se funda em outra fonte ou se manifesta apenas por seu intermédio (*vide* "fonte imediata do direito" e "fonte mediata do direito").

[70] *Ob. cit.*, página 132.

Fonte imediata do direito Fonte do direito, em sentido técnico-jurídico, cuja força jurídica se não funda em qualquer outra fonte nem necessita da mediação de qualquer outra fonte para se manifestar.

Exemplo: a lei. É o próprio artigo 1.º/1 do Código Civil que o reconhece, ao declarar: "São fontes imediatas do direito as leis e as normas corporativas".

Note-se que a autonomia e a auto-suficiência que, segundo a definição acima enumerada, caracterizam as fontes imediatas do direito se referem a cada uma das espécies de fontes e não a cada acto ou facto normativo individualmente considerado.

Exemplo: quando se diz que a força jurídica da lei não se funda em qualquer outra fonte e que ela não carece da mediação de qualquer outra fonte para se manifestar, isto refere-se à lei enquanto espécie de fonte do direito, ou seja, à lei como conjunto de todas as leis em sentido material, e não a cada diploma legal individualmente considerado. Com efeito, os di-

plomas individualmente considerados dependem muitas vezes de diplomas de valor hierárquico superior, não sendo, portanto, autónomos (*v.g.* regulamentos de execução); além disso, podem reclamar a mediação de um outro diploma para as suas normas terem aplicação, não sendo, por isso, auto-suficientes (*v.g.* leis de bases compostas exclusivamente por normas não exequíveis por si mesmas). Nada disto, porém, impede que se qualifique a lei (enquanto espécie de fonte) como fonte imediata do direito.

O positivismo jurídico normativista só à lei reconhece a qualidade de fonte imediata do direito. As concepções antipositivistas reconhecem normalmente a mesma qualidade ao costume.

Fonte mediata do direito Fonte do direito, em sentido técnico-jurídico, cuja força jurídica se funda em outra fonte ou se manifesta apenas por seu intermédio.

Exemplo: os usos. O artigo 3.º/1 do Código Civil reza o seguinte: "Os usos que não forem contrários aos princípios da boa fé são juridicamente atendíveis quando a lei o determine". Isto significa que a força jurídica de certo uso depende do seu reconhecimento por parte de uma lei, a qual constitui uma fonte do direito de espécie distinta.
Outro exemplo: a doutrina. A doutrina não vale, por si própria, como direito, mas pode influenciar o legislador. Pode-se, por isso, afirmar que a

sua força jurídica se manifesta por intermédio da lei.

Fraude à lei Criação de uma situação de facto ou de direito com a intenção e o efeito virtual de evitar a aplicação da norma jurídica que sem ela seria aplicável e de, assim, obter um resultado diferente do pretendido por aquela norma.

No direito internacional privado, a fraude à lei concretiza-se na alteração do conteúdo do elemento de conexão, de forma a provocar a mudança da lei material aplicável.

Exemplo: dois cidadãos portugueses desejam fazer um testamento de mão comum. Eles sabem que a admissibilidade deste tipo de testamento é regulada pela lei pessoal dos testadores à data da declaração testamentária (artigo 64.°, c) do Código Civil) e que esta é, em princípio, a lei da sua nacionalidade (artigo 31.°/1 do Código Civil). Eles sabem, por isso, que, se no momento da feitura do testamento forem cidadãos portugueses, a lei aplicável será a portuguesa, que não permite os testamentos de mão comum (artigo 2181.° do Código Civil).). Todavia, eles sabem também que há um país onde a nacionalidade pode legalmente ser comprada, onde o direito sucessório reconhece os testamentos de mão comum e onde o direito de conflitos reconhece como competente para regular a admissibilidade deste tipo de testamento a lei da nacionalidade dos testadores ao tempo da declaração testamentária.

Por isso, eles decidem adquirir a nacionalidade desse país e renunciar à nacionalidade portuguesa, fazendo, então, o seu testamento de mão comum. Tendo realizado o seu objectivo, renunciam à nova nacionalidade e readquirem a cidadania portuguesa.

A norma cuja aplicação o autor da fraude pretende evitar denomina-se "norma fraudada"; aquela que ele pretende fazer aplicar em seu lugar chama-se "norma-instrumento".

Exemplo: na hipótese apresentada no exemplo anterior, a norma fraudada é o artigo 2181.° do Código Civil português, ao passo que a norma-instrumento é o preceito legal do país da nova nacionalidade dos testadores que permite os testamentos de mão comum.

Perante um caso de fraude à lei, o aplicador do direito deve reconstituir mentalmente a situação que existiria sem ela e aplicar a norma correspondente, isto é, a norma fraudada. Neste sentido, o artigo 21.° do Código Civil reza o seguinte: "Na aplicação das normas de conflitos são irrelevantes as situações de facto ou de direito criadas com o intuito fraudulento de evitar a aplicabilidade da lei que, noutras circunstâncias, seria competente."

Exemplo: no caso referido nos exemplos anteriores, o juiz deveria ig-

Dicionário da Parte Geral do Código Civil Português

norar a nacionalidade adquirida pelos testadores em substituição da cidadania portuguesa e recusar a validade do testamento, uma vez que o artigo 2181.º do Código Civil português, aplicável por força do artigo 31.º/1, conjugado com o artigo 64.º, c), ambos também do Código Civil português, proíbe os testamentos de mão comum.

Fruto Aquilo que uma coisa produz periodicamente, sem prejuízo da sua substância.[71]

Pode ser um fruto civil ou um fruto natural.

[71] Código Civil, artigo 212.º/1.

Fruto civil Renda ou interesse que a coisa produz em consequência de uma relação jurídica.[72]

Exemplo: a renda percebida pelo proprietário de um prédio arrendado, em virtude do arrendamento, é um fruto civil desse prédio.

[72] Código Civil, artigo 212.º/2, 3.ª parte.

Fruto natural Fruto que provém directamente de uma coisa[73], de acordo com as leis da natureza.

Exemplo: uma tangerina é um fruto natural de uma tangerineira; um borrego é um fruto natural de uma ovelha.

[73] Código Civil, artigo 212.º/2, 2.ª parte.

Fruto pendente Fruto que ainda não foi separado da coisa que o produziu.

Exemplo: uma ameixa que ainda não foi arrancada da ameixoeira.

Fundação Pessoa colectiva de substrato patrimonial com fins de interesse social.

Exemplo: uma pessoa muita rica, padecendo de cancro na próstata e encontrando-se às portas da morte, tem subitamente a ideia de afectar a quota disponível da sua herança ao financiamento de projectos de investigação científica tendentes a encontrar uma cura para o cancro. Resolve, então, fazer um testamento, nele determinando que os bens que vierem a integrar a quota disponível da sua herança deverão ser afectados à criação de uma fundação com aquele fim. Esta fundação surgirá, portanto, como uma entidade privada instituída com base num património (os bens que integram a quota disponível da herança) destinado a um fim de interesse social (o financiamento da investigação médica na área do cancro). Após o seu reconhecimento, essa entidade será uma pessoa colectiva.

O substrato patrimonial distingue a fundação da associação, já que esta tem um substrato pessoal.

Generalidade Aplicabilidade a um conjunto indeterminado de pessoas.

É uma das características essenciais das normas jurídicas.

Exemplo: a proposição "todos têm direito à liberdade e à segurança" (artigo 27.º/1 da Constituição) é geral, porque se aplica a um conjunto indeterminado de pessoas; a proposição "esta pessoa tem direito à liberdade e à segurança", pelo contrário, é individual, pois refere-se a uma pessoa determinada. A primeira proposição é uma norma; a segunda, não.

Graça pesada Declaração não séria feita em circunstâncias que induzam o declaratário a aceitar justificadamente a sua seriedade.[74]

[74] Código Civil, artigo 245.º/2. A expressão "graça pesada" não aparece no Código, mas é utilizada pela doutrina (*vide* João de Castro Mendes, *Teoria Geral do Direito Civil*, volume II, Associação Académica da Faculdade de Direito de Lisboa, Lisboa, 1985, página 145).

Hermenêutica jurídica Conjunto de regras técnicas que orientam a interpretação jurídica.

Essas regras técnicas (as regras hermenêuticas) podem receber consagração legal, passando, nesse caso, a constituir também normas jurídicas.

Exemplo: o artigo 9.º/1 do Código Civil reza o seguinte: "A interpretação não deve cingir-se à letra da lei, mas reconstituir a partir dos textos o pensamento legislativo, tendo sobretudo em conta a unidade do sistema jurídico, as circunstâncias em que a lei foi elaborada e as condições específicas do tempo em que é aplicada". Trata-se de uma regra hermenêutica adoptada como norma jurídica.

Inabilitação Estatuto jurídico de incapacidade de exercício genérica, suprível mediante assistência, ao qual pode ser submetida uma pessoa maior que se mostre incapaz de reger convenientemente o seu património, embora seja capaz de governar a sua própria pessoa.

Segundo a lei portuguesa, são causas de inabilitação a anomalia psíquica, a surdez-mudez e a cegueira, quando não sejam de tal modo graves que justifiquem a interdição, e ainda a prodigalidade habitual e o abuso de bebidas alcoólicas ou de estupefacientes.

A incapacidade do inabilitado é suprida pela curatela. Trata-se de um regime de assistência que se traduz na sujeição de certos actos jurídicos praticados pelo inabilitado a autorização do curador. Esses actos jurídicos são os actos de disposição de bens entre vivos e todos os que, em atenção às circunstâncias de cada caso, forem especificados na sentença.[75]

[75] Código Civil, artigo 153.º/1.

Inabilitado Pessoa submetida a inabilitação.

Dicionário da Parte Geral do Código Civil Português

Incapacidade
Vide "incapacidade jurídica".

Incapacidade acidental Privação temporária da faculdade duma pessoa de entender o sentido das suas declarações ou de exercer livremente a sua vontade, sendo essa privação independente de qualquer coacção.

Exemplo: a incapacidade provocada por embriaguês.

A incapacidade acidental constitui um vício da vontade.

Incapacidade de exercício Impossibilidade que o direito estabelece para uma pessoa de praticar, pessoal e livremente, actos jurídicos.

Esta impossibilidade pode referir-se à prática de actos jurídicos de certo tipo ou conteúdo (incapacidade de exercício específica) ou, pelo contrário, abranger a prática de qualquer acto jurídico não excepcionado por lei (incapacidade de exercício genérica).

Exemplo: quando se diz que um menor padece de incapacidade de exercício, está-se a referir a incapacidade de exercício genérica; se se disser que, quando uma pessoa colectiva pública necessita da autorização de uma outra pessoa colectiva pública para praticar actos jurídicos com determinado conteúdo, isso significa que ela não tem capacidade de exercí-

cio para praticar actos jurídicos com esse conteúdo, está-se a aludir a uma incapacidade de exercício específica.

Segundo a lei portuguesa, há três situações de incapacidade de exercício genérica, todas elas referentes exclusivamente a pessoas singulares: a menoridade, a interdição e a inabilitação. Por outras palavras, há três categorias de pessoas incapazes: os menores, os interditos e os inabilitados.

Para que os incapazes possam praticar actos jurídicos, existem meios jurídicos destinados a suprir a sua incapacidade. O suprimento da incapacidade faz-se por via de representação legal (para os menores e interditos) ou por via de assistência (para os inabilitados). Os regimes de representação legal são o poder paternal, a tutela e a administração legal de bens. O regime de assistência é a curatela.

A incapacidade de exercício genérica não impede o exercício pessoal e livre de todo e qualquer direito ou o cumprimento pessoal de toda e qualquer obrigação; só os impede na medida em que esse exercício ou cumprimento se traduza na prática de um acto jurídico.

Exemplo: um incapaz que seja proprietário de um prédio não pode, por si próprio, vendê-lo, mas pode usá-lo. Não pode vendê-lo, porque para o vender precisaria de celebrar um contrato de compra e venda, que é um acto jurídico. Pode usá-lo, porque para isso só precisa de praticar actos materiais, não precisa de praticar actos jurídicos. Isto significa que o incapaz pode exercer pessoal e livremente alguns dos poderes contidos no direito de propriedade: os poderes materiais.

Outros exemplos: nenhum incapaz está legalmente impedido de, no exercício da sua liberdade de expressão, falar, escrever ou gesticular como bem lhe aprouver; nenhum incapaz está legalmente impedido de, no exercício dos seus direitos à vida e à integridade física, agir em legítima defesa e repelir uma agressão.

Incapacidade de gozo Impossibilidade que o direito estabelece para uma pessoa de ser sujeito de situações jurídicas com determinado conteúdo.

Exemplo: as pessoas com menos de 16 anos não se podem casar, ou seja, não podem ser sujeitos de relações jurídicas matrimoniais. Esta impossibilidade denomina-se incapacidade matrimonial. A incapacidade matrimonial é uma incapacidade de gozo.

Incapacidade jurídica Incapacidade de gozo ou incapacidade de exercício.

Ineficácia *Vide* "ineficácia jurídica".

Ineficácia absoluta Ineficácia de um acto jurídico ou de uma proposição jurídica perante todos os seus destinatários.

Exemplo: uma lei que não seja publicada no *Diário da República* é juridicamente ineficaz, por força do artigo 119.°/2 da Constituição; esta ineficácia é absoluta, pois aquela lei não produz efeitos perante absolutamente ninguém, nem sequer perante os próprios deputados que a aprovaram.

Ineficácia jurídica Falta de produção dos devidos efeitos jurídicos por parte de um acto jurídico ou de uma proposição jurídica.

Ao contrário da invalidade, a ineficácia jurídica não resulta da carência de um pressuposto ou elemento constitutivo do acto no momento da sua realização, mas da ausência ou deficiência de um elemento extrínseco em momento posterior.

Uma das causas típicas da ineficácia jurídica é o incumprimento ou o cumprimento defeituoso de uma formalidade necessária a proporcionar aos destinatários do acto o conhecimento do seu conteúdo. Essa formalidade é, normalmente, a notificação, o registo ou a publicação.

Exemplo: segundo o artigo 132.°/1 do Código do Procedimento Administrativo, "os actos que constituam deveres ou encargos para os particulares e não estejam sujeitos a publicação começam a produzir efeitos a partir da sua notificação aos destinatários, ou de outra forma de conhecimento oficial pelos mesmos, ou do começo de execução do

Dicionário da Parte Geral do Código Civil Português

acto". Isto significa que, enquanto não houver a notificação ou outra forma de conhecimento oficial pelos destinatários, ou o começo da execução, aqueles actos administrativos, embora válidos, são juridicamente ineficazes.

Outro exemplo: segundo o artigo 5.º/1 do Código do Registo Predial, "os factos sujeitos a registo só produzem efeitos contra terceiros depois da data do respectivo registo". Isto significa que, enquanto não tiverem sido objecto de registo predial, os actos jurídicos legalmente obrigados a esse registo só gozam de eficácia *inter partes*; perante as pessoas que não tenham intervindo neles como partes, esses actos são juridicamente ineficazes (ou seja, são-lhes inoponíveis).

Outro exemplo: segundo o artigo 119.º/2 da Constituição, os diplomas legais que não sejam publicados no *Diário da República* são juridicamente ineficazes.

Uma segunda causa típica de ineficácia jurídica é a não-verificação de uma condição suspensiva ou a não-expiração de um termo suspensivo à qual ou ao qual a eficácia do acto tenha sido subordinada (*vide* "condição suspensiva" e "termo suspensivo"). Neste caso, a ineficácia jurídica não pode ser considerada como uma sanção, pois a não-verificação de uma condição e a não-expiração de um prazo, não sendo factos ilícitos, não constituem vícios jurídicos.

Uma terceira causa típica de ineficácia de um acto jurídico é a

falta de um segundo acto jurídico, de natureza confirmativa, ao qual esteja subordinada a eficácia jurídica do primeiro acto.

Exemplo: segundo o artigo 268.º/1 do Código Civil, "o negócio que uma pessoa, sem poderes de representação, celebre em nome de outrem é ineficaz em relação a este, se não for por ele ratificado."

Outro exemplo: o artigo 129.º, a) do Código do Procedimento Administrativo afirma que, "quando estiver sujeito a aprovação ou referendo", "o acto administrativo tem eficácia diferida". Isto significa que os actos administrativos que a lei sujeite a aprovação ou referendo são juridicamente ineficazes enquanto não for feita essa aprovação ou referendo.

Uma quarta causa típica de ineficácia jurídica – mas, agora, de ineficácia jurídica temporária – é a suspensão da eficácia determinada por um outro acto jurídico.

Exemplo: o órgão competente para revogar um acto administrativo pode igualmente suspender a sua eficácia, mediante um novo acto administrativo; enquanto estiver suspenso, aquele acto será juridicamente ineficaz.

Outro exemplo: a Assembleia da República pode, por lei, suspender a vigência de uma outra lei; enquanto estiver suspensa, esta última será juridicamente ineficaz.

A ineficácia jurídica pode significar a falta de produção de efeitos jurídicos perante toda e qualquer pessoa ou apenas perante certa pessoa ou categoria de pessoas: no primeiro caso, trata-se da ineficácia absoluta; no segundo, da ineficácia relativa, normalmente chamada de "inoponibilidade".

Ineficácia relativa O mesmo que "inoponibilidade".

Inexistência jurídica Desconsideração absoluta de um acto ou de uma proposição pretensamente jurídicos pelo direito, ao ponto de nem sequer serem havidos por este como um acto jurídico ou uma proposição jurídica inválidos.

É a mais grave das sanções jurídicas, impedindo de modo absoluto e sem qualquer excepção a produção de efeitos jurídicos.

Exemplo: o artigo 1630.º/1 do Código Civil diz que "o casamento juridicamente inexistente não produz qualquer efeito jurídico e nem sequer é havido como putativo". O casamento anulável, pelo contrário, pode ser havido como putativo (artigo 1647.º do Código Civil), produzindo, portanto, alguns efeitos jurídicos.

Por estarem absolutamente impossibilitados de produzir quaisquer efeitos jurídicos, os actos juridicamente inexistentes são totalmente insusceptíveis de aprovei-tamento, não podendo ser reduzidos nem convertidos, ao contrário dos actos inválidos (*vide* "redução (de um acto jurídico)" e "conversão (de um acto jurídico)").

A inexistência jurídica pode ser invocada por qualquer pessoa mesmo que não tenha sido declarada por nenhum tribunal ou por qualquer outra autoridade, e essa invocação pode ser feita a todo o tempo, sem dependência de prazo. Assim, perante um acto juridicamente inexistente, qualquer pessoa tem o direito de não cumprir o que nele se dispõe, não incorrendo em qualquer sanção por causa desse incumprimento.

Exemplo: o artigo 1630.º/2 do Código Civil, relativo ao casamento juridicamente inexistente, afirma que "a inexistência pode ser invocada por qualquer pessoa, a todo o tempo, independentemente de declaração judicial"; o artigo 1632.º do mesmo diploma, relativo ao casamento anulável, afirma, pelo contrário, que "a anulabilidade do casamento não é invocável para nenhum efeito, judicial ou extrajudicial, enquanto não for reconhecida por sentença em acção especialmente intentada para esse fim".

Um acto ou uma proposição pretensamente jurídicos são juridicamente inexistentes quando lhes falta um elemento absolutamente imprescindível para serem reconhecidos, respectivamente,

Dicionário da Parte Geral do Código Civil Português

como um acto jurídico ou como uma proposição jurídica.

No direito português, esta sanção é expressamente cominada para certos vícios do casamento, do registo civil e do registo predial.

Exemplo: um casamento contraído por duas pessoas do mesmo sexo é juridicamente inexistente (artigo 1628.º, e) do Código Civil), pois em tal acto falta um elemento que, para o direito português, faz parte integrante do próprio conceito de casamento: a presença de duas pessoas de sexos diferentes. Com efeito, o artigo 1577.º do Código Civil define o casamento como "o contrato celebrado entre duas pessoas de sexo diferente que pretendem constituir família mediante uma plena comunhão de vida, nos termos das disposições deste Código".

Outro exemplo: um registo civil que tenha sido assinado por quem não tinha competência funcional para o fazer é juridicamente inexistente, se a falta dessa competência resultar do próprio contexto (artigo 108.º/1, b) do Código do Registo Civil).

Outro exemplo: um registo predial que tenha sido lavrado em conservatória territorialmente incompetente é juridicamente inexistente (artigo 14.º, a) do Código do Registo Predial).

Inoponibilidade

1. Ineficácia de um acto jurídico ou de uma proposição jurídica perante certa pessoa ou categoria de pessoas.

Trata-se, pois, de uma ineficácia relativa.

Exemplo: o artigo 996.º/2 do Código Civil, relativo às relações das sociedades civis com terceiros, afirma que, "quando não estiverem sujeitas a registo, as deliberações sobre a extinção ou modificação dos poderes dos administradores não são oponíveis a terceiros que, sem culpa, as ignoravam ao tempo em que contrataram com a sociedade". Isto significa que as deliberações gozam de eficácia jurídica perante os próprios sócios, perante os terceiros que as conhecessem no momento em que contrataram com a sociedade e ainda perante os terceiros que nesse momento as ignorassem, mas por sua própria culpa, sendo juridicamente ineficazes perante todas as outras pessoas.

A inoponibilidade, embora seja uma ineficácia relativa, pode subdividir-se em inoponibilidade absoluta e inoponibilidade relativa.

2. Ineficácia de um acto jurídico perante certo património.

Exemplo: "Os negócios jurídicos realizados pelo falido posteriormente à declaração de falência são inoponíveis à massa falida" (1.ª parte do artigo 155.º/1 do Decreto-Lei n.º 132/93, de 23 de Abril, que regula os processos especiais de recuperação de empresas e de falência).

3. Insusceptibilidade de um facto, efeito, situação ou vício jurídicos de serem invocados perante certa pessoa.

Exemplo: segundo o artigo 635.º/1 do Código Civil, "o caso julgado entre credor e devedor não é oponível ao fiador (...)".

Inoponibilidade absoluta Inoponibilidade de um acto jurídico ou de uma proposição jurídica a todas as pessoas que não sejam seus autores.

Exemplo: segundo o artigo 5.º do Código do Registo Predial, cuja epígrafe é "oponibilidade a terceiros", "os factos sujeitos a registo só produzem efeitos contra terceiros depois da data do respectivo registo". Isto significa, nomeadamente, que os contratos de compra e venda de coisas imóveis, enquanto não tiverem sido registados, só gozam de eficácia *inter partes*, sendo juridicamente ineficazes perante absolutamente todas as pessoas que não tenham intervindo neles como partes. Por outras palavras, esses contratos são absolutamente inoponíveis.

A inoponibilidade absoluta distingue-se da ineficácia absoluta pelo seguinte: um acto absolutamente ineficaz não produz efeitos perante absolutamente ninguém, nem sequer perante o seu autor ou autores; um acto absolutamente inoponível produz efeitos perante o seu autor ou autores, só não os produzindo perante terceiros.

Exemplo: um contrato de compra e venda de coisa imóvel não registado é, como se referiu no exemplo anterior, ineficaz perante a totalidade dos terceiros, mas é eficaz perante as pessoas que o celebraram, sendo, por isso, absolutamente inoponível, mas não absolutamente ineficaz; pelo contrário, uma lei que não tenha sido publicada é ineficaz perante todas as pessoas, incluindo os próprios deputados que a aprovaram, sendo, por conseguinte, absolutamente ineficaz, e não apenas absolutamente inoponível.

A inoponibilidade absoluta contrapõe-se à inoponibilidade relativa, que só atinge uma parte dos terceiros.

Exemplo: o artigo 996.º/2 do Código Civil, relativo às relações das sociedades civis com terceiros, afirma que, "quando não estiverem sujeitas a registo, as deliberações sobre a extinção ou modificação dos poderes dos administradores não são oponíveis a terceiros que, sem culpa, as ignoravam ao tempo em que contrataram com a sociedade". Como se vê, só a uma parte dos terceiros é que as deliberações são inoponíveis; aos restantes, elas serão oponíveis, tal como aos próprios sócios.

Inoponibilidade relativa Inoponibilidade de um acto jurídico ou de uma proposição jurídica a determinada pessoa ou a certa categoria de pessoas que não compreenda a totalidade dos terceiros.

Exemplo: o artigo 577.º/2 do Código Civil, relativo à cessão de créditos, diz que "a convenção pela qual se proíba ou restrinja a possibilidade da cessão não é oponível ao cessionário, salvo se este a conhecia no momento da cessão". Esta norma determina a inoponibilidade de uma convenção a uma certa pessoa – o cessionário. Trata-se, por isso, de uma inoponibilidade relativa.

Outro exemplo: o artigo 291.°/1 do Código Civil dispõe que "a declaração de nulidade ou a anulação do negócio jurídico que respeite a bens imóveis, ou a móveis sujeitos a registo, não prejudica os direitos adquiridos sobre os mesmos bens, a título oneroso, por terceiro de boa fé, se o registo da aquisição do terceiro for anterior ao registo da acção de nulidade ou anulação ou ao registo do acordo entre as partes acerca da invalidade do negócio". Esta norma, embora não determine a inoponibilidade a apenas uma pessoa, como no exemplo anterior, também não estende essa inoponibilidade a todos os terceiros. Pelo contrário, ela circunscreve o universo dos beneficiários da dita inoponibilidade através da cumulação de diversas condições. Por conseguinte, também aqui a inoponibilidade é relativa.

A inoponibilidade relativa contrapõe-se à inoponibilidade absoluta, que atinge a totalidade dos terceiros.

Integração de uma lacuna Utilização de um meio idóneo para contornar uma lacuna e assim resolver um caso omisso.

São três os meios idóneos previstos na lei portuguesa para esse fim: a equidade, a analogia *legis* e a analogia *juris*.

A equidade só é admitida estando reunidos certos pressupostos fixados na lei.

A analogia *juris* só pode ter lugar quando não seja possível recorrer à analogia *legis*.

Inter partes (expressão latina) *Vide* "eficácia *inter partes*".

Interdição Estatuto jurídico de incapacidade de exercício genérica, suprível mediante representação legal, ao qual pode ser submetido quem, embora maior, seja incapaz de governar a sua pessoa e os seus bens.

Segundo a lei portuguesa, são causas de interdição a anomalia psíquica, a surdez-mudez e a cegueira.

A incapacidade do interdito é suprida pelo poder paternal ou pela tutela, que podem ser complementadas pela administração legal de bens. Trata-se de regimes de representação legal: os actos jurídicos que o interdito não pode praticar por si próprio (e que são todos, salvo os exceptuados por lei) podem ser praticados, em nome dele, pela pessoa incumbida de exercer o poder paternal, a tutela ou a administração legal de bens.

Interdito Pessoa submetida a interdição.

Interpelação Acto pelo qual o credor adverte o devedor para que cumpra a obrigação a que está vinculado.

A interpelação pode ser judicial ou extrajudicial.

Interposição fictícia de pessoas O mesmo que "simulação subjectiva".

Interpretação
Vide "interpretação jurídica".

Interpretação ab-rogante Interpretação pela qual se conclui que a proposição jurídica interpretanda carece de qualquer sentido útil.

Exemplo: uma disposição legal incriminadora, na parte da estatuição, diz unicamente "é condenado", não indicando o tipo de pena a que o infractor deverá ser condenado. Perante isto, e atendendo aos princípios *nulla poena sine lege* e *nullum crimen sine poena legali*, o intérprete conclui que aquela disposição está totalmente privada de sentido útil. Ao concluir assim, ele está a fazer dessa disposição uma interpretação ab-rogante.

Interpretação actualista Interpretação que tem por fim principal determinar o sentido que a proposição jurídica interpretanda deve ter no momento em que é interpretada, atenta a evolução histórica ocorrida entre o momento da sua elaboração e o momento da sua interpretação.

Opõe-se à interpretação histórica.

Interpretação autêntica Interpretação de uma proposição contida num acto jurídico de direito público por via de um outro acto jurídico de direito público, de valor hierárquico igual ou superior.

Exemplo: interpretação de uma norma constante de uma lei da Assembleia da República por via de outra lei da Assembleia da República.

Interpretação correctiva Interpretação que atribui à proposição jurídica interpretanda um sentido divergente do seu teor literal, não constituindo essa divergência uma simples diferença de âmbito.

Exemplo: numa cláusula testamentária, o testador afirma legar à sua irmã mais nova a rã que possui. A verdade, porém, é que o único animal que o testador possuía, quer à data da feitura do testamento, quer à data da sua morte, é um sapo, e não uma rã. Reconhecendo ter havido um lapso, os herdeiros acordam em entregar à legatária esse sapo. Ou seja, acordam em fazer uma interpretação correctiva da cláusula testamentária.

Interpretação declarativa Interpretação que atribui à proposição jurídica interpretanda um sentido coincidente com o seu teor literal, ou com um deles.

Dicionário da Parte Geral do Código Civil Português

Interpretação doutrinal Interpretação feita por um jurista[76] nessa qualidade.

Exemplo: interpretação de uma norma do Código Civil relativa ao enriquecimento sem causa feita por um ilustre civilista numa monografia dedicada a esse tema.

> [76] José Dias Marques, *Introdução ao Estudo do Direito*, Editora Danúbio, Lisboa, 1986, página 136. Ao contrário de Dias Marques, Castro Mendes não distingue a interpretação doutrinal da interpretação particular, utilizando estas duas expressões em sinonímia para designar qualquer interpretação que não seja nem autêntica, nem oficial, nem judicial (João Castro Mendes, *Introdução ao Estudo do Direito*, Livraria Petrony, Lisboa, 1984, página 239). Oliveira Ascensão também não faz a referida diferenciação, considerando que "interpretação doutrinal é a que não tem qualquer repercussão sobre as fontes em causa", contrapondo-se à interpretação autêntica. Acrescenta este autor que a interpretação doutrinal é a interpretação realizada por qualquer pessoa ou pelo julgador (José de Oliveira Ascensão, *O Direito – Introdução e Teoria Geral (Uma Perspectiva Luso-Brasileira)*, 10ª edição, Livraria Almedina, Coimbra, 1997, página 382).

Interpretação enunciativa Interpretação feita com recurso a um elemento lógico.
Vide "elemento lógico".

Interpretação extensiva Interpretação que atribui à proposição jurídica interpretanda um sentido mais abrangente que o seu teor literal.

Exemplo: uma certa norma jurídica refere-se a pais e avós, mas o intérprete, atendendo ao elemento teleológico, conclui que no espírito da norma também cabem os bisavós e outros ascendentes que porventura ainda estejam vivos.

Interpretação histórica Interpretação que tem por fim principal determinar o sentido que a proposição jurídica interpretanda tinha no momento em que foi elaborada, desconsiderando a evolução histórica ocorrida entre o dito momento e aquele em que a proposição é interpretada.

Opõe-se à interpretação actualista.

Interpretação judicial Interpretação feita pelo tribunal num determinado processo.

Interpretação jurídica Determinação do sentido de uma proposição jurídica.

Para determinar o sentido de uma proposição jurídica, o seu intérprete deve recorrer a diversos factores, denominados "elementos de interpretação" ou "factores hermenêuticos" (*vide* "elemento de interpretação").

A interpretação jurídica pode ser classificada em diversos tipos. Com base na relação entre a letra da proposição e o sentido que lhe é atribuído pelo intérprete, a interpretação classifica-se em declarativa, extensiva, restritiva, ab-rogante e correctiva. Consoante o elemento de interpretação que prepondere na fixação do sentido da proposição, a interpretação classifica-se em literal, teleológica, sistemática ou enunciativa. Segundo a finalidade da interpretação, esta classifica-se, por um lado, em subjectivista e objectivista e, por outro lado, em histórica e actualista. Consoante o estatuto do intérprete ou a forma jurídica utilizada para a interpretação, a interpretação classifica-se em autêntica, oficial, judicial, doutrinal e particular.

Interpretação literal Interpretação essencialmente baseada no elemento literal.

Interpretação objectivista Interpretação que tem por fim determinar o sentido objectivo da proposição jurídica interpretanda, e não a vontade real da pessoa ou pessoas que a elaboraram.
Opõe-se à interpretação subjectivista.

Interpretação oficial Interpretação de uma proposição contida num acto jurídico de direito público por via de um outro acto jurídico de direito público, mas de valor hierárquico inferior.

Exemplo: interpretação de uma norma legal por via de despacho.

Interpretação particular Interpretação feita por um particular sem ser na condição de jurista.

Exemplo: interpretação de uma norma do Código do Trabalho feita pela entidade patronal.

Interpretação restritiva Interpretação que atribui à proposição jurídica interpretanda um sentido menos abrangente que o seu teor literal.

Exemplo: uma certa norma jurídica menciona os menores, mas, atendendo a elementos de interpretação sistemáticos, o intérprete chega à conclusão de que só são visados os menores não emancipados.

Interpretação sistemática Interpretação essencialmente baseada em elementos sistemáticos.

Interpretação subjectivista Interpretação que tem por fim determinar a vontade real da pessoa ou pessoas que elaboraram a proposição jurídica interpretanda, e não o sentido objectivo desta.
Opõe-se à interpretação objectivista.

Interpretação teleológica Interpretação essencialmente baseada no elemento teleológico.

Interrupção da prescrição Interrupção do prazo prescricional.

Dicionário da Parte Geral do Código Civil Português

Vide "interrupção do prazo". Cfr. "suspensão da prescrição".

Interrupção do prazo Cessação do curso do prazo provocada pela ocorrência de certo facto, após a qual o prazo inicia novo curso, não se contando o tempo anteriormente decorrido.

Exemplo: um certo prazo, de três anos, começa a correr no dia 1 de Janeiro de 2001; no dia 1 de Janeiro de 2003 ocorre um facto que, por força da lei, determina a interrupção do prazo; no dia seguinte, inicia-se uma nova contagem do prazo. O facto de antes da interrupção o prazo já ter corrido durante dois anos é irrelevante. Será, portanto, necessário deixar correr o prazo por mais três anos, o que significa que ele só expirará no dia 2 de Janeiro de 2006.

A interrupção distingue-se, pois, da suspensão, já que, após o fim da suspensão, o tempo decorrido antes dela também é contado.

Invalidade Inaptidão intrínseca de um acto jurídico ou de uma proposição jurídica para a produção dos efeitos devidos.
A invalidade é uma inaptidão intrínseca, porque é causada pela falta, no momento da realização do acto, de um pressuposto ou de um elemento cuja presença nesse momento é juridicamente exigida. Distingue-se, assim, da ineficácia jurídica, que é causada pela falta ou deficiência de um elemento num momento posterior à realização do acto.

Consoante derive de um vício material, formal ou orgânico, a invalidade é também material, formal ou orgânica.

A invalidade dos actos jurídicos de conteúdo individual e concreto (actos jurídicos de direito privado, actos administrativos e actos jurisdicionais) e das proposições jurídicas neles contidas comporta duas modalidades típicas: a nulidade e a anulabilidade.

Em princípio, a lei comina a sanção da nulidade para os vícios que considera mais graves, nomeadamente para os que podem lesar o interesse público, e a anulabilidade para os vícios menos graves, nomeadamente para os que só afectam interesses privados.

Na realidade, porém, em cada ramo do direito há uma das modalidades de invalidade que funciona como sanção de aplicação geral, ou residual, só sendo aplicável a outra quando seja expressamente cominada para certo vício ou categoria de vícios.

Assim, no actual direito civil português, a sanção de aplicação geral é a nulidade. Com efeito, o artigo 294.° do Código Civil afirma que "os negócios jurídicos celebrados contra disposição legal de carácter imperativo são nulos, salvo nos casos em que outra solução resulte da lei". Esta regra é estendida pelo artigo 295.° do mesmo diploma aos restantes actos jurídicos de direito privado. No entanto, a cominação da anulabilidade é muito frequente, havendo mesmo actos jurídicos para os quais essa é a única modalidade de invalidade cominada (*v.g.* o casamento).

No direito administrativo, a anulabilidade funciona como sanção de aplicação residual. Isto resulta da conjugação dos artigos 133.°/1 e 135.° do Código do Procedimento Administrativo. O primeiro dispõe que "são nulos os actos a que falte qualquer dos elementos essenciais ou para os quais a lei comine expressamente essa forma de invalidade". O segundo preceitua que "são anuláveis os actos administrativos praticados com ofensa dos princípios ou normas jurídicas aplicáveis para cuja violação se não preveja outra sanção".

No direito processual civil, só é cominada a sanção da nulidade, quer para os actos processuais (artigos 193.° a 208.° do Código do Processo Civil), quer para a sentença (artigo 668.° do Código do Processo Civil).

Também no direito dos registos e do notariado a única modalidade de invalidade cominada é a nulidade (artigos 110.° do Código do Registo Civil, 16.° do Código do Registo Predial e 84.° e 85.° do Código do Notariado).

Além da nulidade e da anulabilidade, há ainda invalidades cujo regime conjuga elementos típicos dos regimes de ambas as modalidades: são as invalidades mistas.

Antes da entrada em vigor do Código Civil actual, a nulidade era designada por "nulidade absoluta" e a anulabilidade por "nulidade relativa". O termo "nulidade" era, pois, sinónimo de "invalidade", ao contrário do que sucede na terminologia jurídica actual.

Invalidade formal Invalidade causada por um vício formal.

Invalidade material Invalidade causada por um vício material.

Invalidade mista Modalidade atípica de invalidade para a qual a lei estabelece um regime que contém elementos típicos dos regimes da nulidade e elementos típicos dos regimes da anulabilidade.

Normalmente, trata-se de uma nulidade cujo regime é desagravado pela presença de algum ou alguns elementos típicos dos regimes da anulabilidade. Este tipo de invalidade mista também se pode designar por "nulidade mista".

Por vezes, sucede o contrário: trata-se de uma anulabilidade cujo regime é agravado pela presença de algum ou alguns elementos típicos dos regimes da nulidade. Este tipo de invalidade mista tam-

Dicionário da Parte Geral do Código Civil Português

bém se pode designar por "anulabilidade mista".

Invalidade orgânica Invalidade causada por um vício orgânico.

Inversão do ónus da prova Transferência do ónus da prova para a parte que, segundo a norma geral, dele estaria desonerada.

Esta transferência pode ser determinada por uma outra norma jurídica, de carácter especial ou excepcional em relação à primeira, ou por uma disposição contratual.[77]

Exemplo: se o credor de uma prestação quiser exigir do devedor inadimplente uma indemnização pelo prejuízo causado pelo incumprimento da obrigação, teria, por força da regra geral constante do artigo 342.º/1 do Código Civil, de provar a culpa do devedor por esse incumprimento; mas, como existe uma presunção legal de culpa do devedor pelo incumprimento, estabelecida pelo artigo 799.º/1 do Código Civil, é, afinal, ao devedor que caberá provar que não tem culpa. Diz-se, neste caso, que há uma inversão do ónus da prova: o ónus da prova caberia, por força da regra geral, ao credor, mas, por força de uma regra especial, transfere-se para o devedor.

[77] Artigo 344.º/1 do Código Civil.

Irregularidade
1. Sentido amplo: inobservância de uma norma jurídica ocor-

rida na realização de um acto jurídico, ou no processo a ela conducente.

2. Sentido restrito: inobservância de uma norma jurídica ocorrida na realização de um acto jurídico, ou no processo a ela conducente, que não afecta a existência jurídica, nem a validade, nem a eficácia jurídica desse acto.

A irregularidade (em sentido restrito) de um acto jurídico não acarreta, portanto, qualquer sanção para o próprio acto. Pode, contudo, acarretar sanções para os autores do acto.

Exemplo: se uma pessoa de 16 ou 17 anos de idade quiser contrair casamento, necessita da autorização dos pais. A falta dessa autorização constitui impedimento impediente ao casamento (artigo 1604.º, a) do Código Civil). Se o casamento for contraído sem essa autorização, ele é válido, mas o cônjuge menor continua a ser considerado menor quanto à administração de bens que leve para o casal ou que posteriormente lhe advenham por título gratuito até à maioridade (artigo 1649.º/1 do Código Civil), vendo, portanto, restringido o efeito da emancipação que o artigo 132.º do Código Civil atribui ao casamento. A falta de autorização dos pais representa, assim, uma irregularidade. Esta irregularidade não acarreta qualquer sanção para o casamento em si (acto jurídico), mas envolve a aplicação de uma sanção para o cônjuge menor (um dos autores do acto).

Jogo Contrato aleatório pelo qual as partes se comprometem reciprocamente a fazer uma prestação, que constitui, para o que a faz, uma perda e, para o que a recebe, um lucro, dependentemente do resultado de uma actividade competitiva por elas levada a cabo.[78]

[78] Ana Prata, *Dicionário Jurídico*, 3.ª edição, Livraria Almedina, Coimbra, 1995, página 583.

Jurisprudência
1. Conjunto das decisões judiciais.

Exemplo: é este o sentido da palavra "jurisprudência" em expressões como "colectânea de jurisprudência" ou "consultar a jurisprudência".

2. Orientação doutrinária dominante no conjunto das decisões de um tribunal ou de um aparelho juridicial.

Exemplo: é este o sentido da palavra "jurisprudência" em expressões como "consagrar legalmente a jurisprudência do Supremo Tribunal de Justiça", "contrariar a jurisprudência do Supremo Tribunal Administrativo" ou "analisar a evolução da jurisprudência constitucional alemã".

3. Ciência do direito.
4. Doutrina.
As primeiras duas definições exprimem os sentidos com que a palavra "jurisprudência" é actualmente utilizada na terminologia jurídica portuguesa, os quais coincidem com os sentidos actuais das palavras francesa *jurisprudence*[79] e espanhola *jurisprudencia*[80].

As duas últimas definições, embora ainda figurem nos dicionários gerais de língua portuguesa, exprimem sentidos com os quais a palavra "jurisprudência" já não é correntemente empregue na terminologia jurídica portuguesa. Elas correspondem, todavia, aos sentidos que possuía no direito romano a palavra latina *jurisprudentia*[81] e aos sentidos actuais – ou a alguns dos sentidos actuais – que possuem as palavras dela derivadas em outras línguas europeias, nomeadamente a palavra inglesa *jurisprudence*[82], a palavra alemã *Jurisprudenz*[83], a palavra italiana *giurisprudenza*[84] e a palavra russa *yurisprudentsiya*[85].

[79] Raymond Guillien e Jean Vincent, *Lexique de Termes Juridiques*, 8.ª edição, Dalloz, Paris, 1990, página 294.

[80] Luis Ribó Durán, *Diccionario de Derecho*, 2.ª edição, Bosch-Casa Editorial, Barcelona, 1995, página 532. Nesta obra também se faz referência a um outro sentido da palavra espanhola *jurisprudencia* – o de "ciência do Direito" (*ciencia del Derecho*) –, mas logo se esclarece que este é próprio dos ordenamentos jurídicos da família do *common law*.

[81] J. Cretella Junior, *Curso de Direito Romano*, 17.ª edição, Forense, Rio de Janeiro, 1994, página 46.

[82] L.B. Curzon, *Dictionary of Law*, 3.ª edição, Pitman, Londres, 1988, página 244.

[83] Creifelds, *Rechtswörterbuch*, 9.ª edi-

ção, C. H. Beck'sche Verlagsbuchhandlung, Munique, 1988, página 611.
[84] *Dizionario Italiano-Cinese/Yi-Han Cidian*, Beijing Waiguoyu Xueyuan, Shangwu Yinshuguan, Pequim, 1987, página 344; *Dicionário de Italiano-Português*, Dicionários Editora, Porto Editora, página 426.
[85] S. I. Ojegov, *Slovar' Russkogo Yazyka*, Izdatel'stvo Russkiy Yazyk, Moscovo, 1978, página 838.

Lacuna Falta de regulação jurídica de um facto ou de uma matéria que, por não serem excluídos pelo direito nem irrelevantes para ele, deveriam ser objecto dessa regulação.

Se o facto ou a matéria omissos forem excluídos pelo direito, a falta da sua regulação não é uma lacuna.

Exemplo: em Portugal não está regulado o casamento poligâmico, mas esta falta não constitui uma lacuna, uma vez que a poligamia está excluída da ordem jurídica portuguesa, por força dos artigos 1577.º e 1601.º, c) do Código Civil (a primeira disposição define o casamento como um contrato celebrado entre duas pessoas e a segunda inclui entre os impedimentos matrimoniais dirimentes a existência de um casamento anterior não dissolvido).

Se o facto ou a matéria omissos forem irrelevantes para o direito, a falta de regulação também não é uma lacuna.

Exemplo: a lei não regula a relação entre os animais e as suas crias, ao contrário do que faz com a relação entre as pessoas e os seus filhos; mas a falta de regulação desta matéria não é uma lacuna, pois a relação entre os animais e as suas crias é irrelevante para o direito.

Se um facto ou uma matéria aparentemente estiverem omissos, mas couberem no âmbito de uma norma jurídica mediante uma interpretação extensiva desta, ou mesmo mediante uma interpretação enunciativa, eles não serão, afinal, omissos, pelo que também não haverá lacuna.

Um das circunstâncias que pode dar origem a uma lacuna é o facto de uma norma jurídica ser incompleta ou não ser completada por outra norma que se afigure necessária para lhe dar sentido útil. A lacuna assim surgida denomina-se "lacuna normativa".[86]

Outra circunstância geradora de lacunas é a contradição entre duas normas igualmente aplicáveis a determinado facto. Se um facto cabe igualmente na previsão de duas normas, mas as estatuições destas são incompatíveis entre si, não é possível a aplicação simultânea de ambas as normas. Se elas possuírem valor hierárquico diferente, o problema resolve-se pela prevalência da norma de valor hierárquico superior. Se ambas forem de igual valor hierárquico, mas uma for de carácter geral e a outra de carácter especial ou excepcional, prevalece a segunda. Se ambas forem igualmente gerais, especiais ou excepcionais, mas uma for posterior à outra, prevalece a posterior. Se, porém, ambas tiverem entrado em vigor no mesmo momento (nomeadamente por fazerem parte do mesmo diploma), nenhuma delas prevalece sobre a outra, pelo que o princípio da não-contradição exigirá a interpretação ab-rogante de ambas. Esta interpretação dará origem a uma lacuna. Uma lacuna surgida assim denomina-se "lacuna de colisão".

Outra circunstância geradora de lacunas é a sujeição de uma determinada matéria a um certo regime jurídico, mas com a omissão da regulação de determinada questão relativa a essa matéria. A lacuna assim originada é uma "lacuna de regulação".[87]

Outra circunstância ainda é a falta de regulamentação legal de toda uma matéria. Uma lacuna deste tipo denomina-se "lacuna do direito".[88]

A lacuna pode consistir apenas na falta de estatuição (lacuna de estatuição) ou consistir na falta tanto de previsão como de estatuição (lacuna de previsão).

A existência de uma lacuna não permite à pessoa incumbida de resolver um caso segundo o direito que se abstenha de decidir: ela tem de proceder à integração da lacuna (*vide* "integração de lacunas").

[86] Karl Larenz, *Methodenlehre der Rechtswissenschaft*, 5.ª edição, Springer-Verlag, Berlin (tradução portuguesa: *Metodologia da Ciência do Direito*, 2.ª edição, Fundação Calouste Gulbenkian, Lisboa, página 450).

[87] *Ibidem.*

[88] Ob. cit., página 455.

Lacuna de colisão Lacuna emergente da circunstância de determinado facto caber simultaneamente na previsão de duas normas jurídicas diferentes e de as estatuições destas serem incompatíveis entre si, sem que uma das normas prevaleça sobre a outra.

Exemplo: duas disposições diferentes de uma mesma lei atribuem competência exclusiva para a emissão de certo tipo de licença a duas entidades públicas distintas. Ambas as disposições têm o mesmo valor hierárquico e entram em vigor simultaneamente, pelo que nenhuma delas pode afastar a outra. Perante isto, as respectivas estatuições eliminam-se reciprocamente, por força do princípio da não-contradição. Essa eliminação dá origem a uma lacuna – uma lacuna de colisão.

Lacuna de estatuição Falta de estatuição normativa para um facto normativamente previsto ou de fixação de um regime jurídico para uma matéria mencionada em alguma norma jurídica, tratando-se de facto ou de matéria que, por não serem excluídos pelo direito nem irrelevantes para ele, deveriam ser regulados juridicamente.

É um dos dois tipos de lacunas; o outro é a lacuna de previsão.

Lacuna de previsão Falta de previsão normativa de um facto ou de uma matéria que, por não serem excluídos pelo direito nem irrelevantes para ele, deveriam ser regulados juridicamente.

É um dos dois tipos de lacunas; o outro é a lacuna de estatuição.

Lacuna de regulação Lacuna traduzida na omissão de regulação de determinado facto.

Lacuna do direito Lacuna traduzida na omissão de regulamentação de toda uma matéria.

Lacuna normativa Lacuna emergente do facto de uma norma jurídica ser incompleta ou não ser completada por outra norma que se afigure necessária para lhe dar sentido útil.

Exemplo: uma norma diz que determinado acto deve ser praticado dentro de certo prazo, mas nem ela própria nem qualquer outra norma fixam esse prazo. A falta de fixação desse prazo é uma lacuna normativa.

Lapsus calami (expressão latina) O mesmo que "erro material".

Lapsus linguae (expressão latina) O mesmo que "erro material".

Lei
1. Sentido material colectivo: parte do direito objectivo constituída pelas normas e princípios consignados em diplomas legais.

Neste sentido, a palavra "lei" é um substantivo colectivo, sendo sinónima de "legislação".

Exemplo: em expressões como "nos termos da lei", "nos casos previstos na lei", "salvas as excepções previstas na lei" e outras semelhantes, a palavra "lei" significa "legislação".

2. Sentido material individual: acto jurídico unilateral de direito público interno dotado de conteúdo normativo e de eficácia externa.

Neste sentido, a palavra "lei" já não é um substantivo colectivo, mas um substantivo individual, sendo sinónimo de "diploma".

A lei é um acto jurídico de direito público, e não de direito privado. Nisto se distingue, por exemplo, das deliberações de conteúdo normativo aprovadas por órgãos de associações, sociedades ou fundações.

Entre os actos jurídicos de direito público, a lei é um acto jurídico de direito interno, e não de direito internacional. Nisto se distingue, por exemplo, das resoluções emanadas de organizações internacionais.

Entre os actos jurídicos de direito público interno, a lei caracteriza-se por ser unilateral. Nisto se distingue dos contratos administrativos.

Entre os actos jurídicos unilaterais de direito público interno, a lei ainda se caracteriza por ser composta de normas, e não de disposições individuais e concretas. Nisto difere dos actos administrativos.

Finalmente, entre os actos jurídicos unilaterais de direito público interno dotados de conteúdo normativo, a lei distingue-se por possuir uma eficácia externa. Esta eficácia externa significa a produção de efeitos jurídicos perante outras pessoas além das que se encontrem numa situação de dependência funcional em relação ao órgão que praticou o acto. É nisto que a lei se distingue do regulamento interno. Nos sistemas jurídicos contemporâneos, a eficácia externa da lei traduz-se, normalmente, numa eficácia territorial.

A lei em sentido material individual pode revestir uma de duas formas: a de lei em sentido formal e a de regulamento.

3. Sentido formal: acto materialmente legislativo praticado no âmbito da função legislativa.

Neste sentido, a lei contrapõe-se ao regulamento, que também é um acto materialmente legislativo, mas praticado no âmbito da função executiva ou administrativa.

Em Portugal, há três categorias de leis em sentido formal: as "leis", aprovadas pela Assembleia da República, os decretos-leis, aprovados pelo Governo, e os decretos legislativos regionais, aprovados pelas assembleias legislativas das regiões autónomas dos Açores e da Madeira (artigo 112.°/1 da Constituição).

Na linguagem jurídico-constitucional portuguesa, as leis em sentido formal são normalmente designadas pela expressão "actos legislativos" (como no supracitado artigo 112.°/1 da Constituição).

4. Sentido nominal: acto jurídico de direito público cujo *nomen juris* é "lei".

Em Portugal apenas cabem neste conceito de lei os actos legislativos aprovados pela Assembleia da República.

Lei competente Lei que, ou por conter a previsão na qual a situação em causa se enquadra, ou por ter sido convocada por uma norma remissiva, é aquela da qual a solução jurídica deve ser extraída.

No Direito Internacional Privado, lei competente é a lei material que, depois de conjugadas todas as regras de conflitos e de devolução aplicáveis, se apresenta como aquela que efectivamente deve ser aplicada ao caso *sub judice*.

Dicionário da Parte Geral do Código Civil Português

Lei do foro Lei do lugar onde o caso é julgado.

A lei do foro também é designada pela expressão latina *"lex fori"*.

Nos esquemas utilizados nos livros de Direito Internacional Privado, a lei do foro é normalmente representada pelo símbolo "L1".

Lei interpretativa
Vide "norma interpretativa".

Lei pessoal (em direito internacional privado)

Lei determinada através de um elemento de conexão atinente ao sujeito da situação jurídica.

No direito português, este elemento de conexão é, em regra, a nacionalidade (artigo 31.º/1 do Código Civil), mas também pode ser, em certos casos, a residência habitual (artigo 31.º/2 do Código Civil).

Lei territorial (em direito internacional privado) Lei do lugar onde se situa a coisa que é objecto da situação jurídica *sub judice* ou onde ocorre o facto constitutivo da situação jurídica *sub judice*.

A lei do lugar da situação da coisa é normalmente designada pela expressão latina *lex rei sitae*.

A lei do lugar da ocorrência do facto é habitualmente designada pela expressão latina *lex loci*.

Lex fori O mesmo que "lei do foro".

Lex loci (expressão latina) Lei do lugar onde ocorre o facto jurídico constitutivo da situação jurídica *sub judice*.

Lex rei sitae (expressão latina) Lei do lugar onde se encontra situada a coisa que ó objecto da situação jurídica *sub judice*.

Liberalidade Acto gratuito.

Maior Pessoa que já atingiu a maioridade.

Segundo o direito português, são maiores as pessoas que tenham completado 18 anos.

Maioridade Estatuto jurídico de uma pessoa que já atingiu a idade legalmente fixada para a aquisição da capacidade jurídica plena.

No direito português, essa idade é de 18 anos.

Atingida a maioridade, a pessoa fica habilitada a reger a sua pessoa e a dispor dos seus bens[89], deixando de sofrer da incapacidade de exercício e das restrições à capacidade de gozo de que padecia quando era menor. Tal não acontecerá, porém, se ela incorrer noutra situação de incapacidade jurídica: a interdição ou a inabilitação.

[89] Código Civil, artigo 130.º.

Menor Pessoa que ainda não atingiu a maioridade.

Segundo o direito português, são menores as pessoas que ainda não tenham completado 18 anos.

Menoridade Estatuto jurídico de uma pessoa singular que ainda não atingiu a maioridade.

A menoridade é uma das situações de incapacidade de exercício genérica. Esta incapacidade é suprida pela representação legal, através de um de dois regimes: o poder paternal e a tutela. Qualquer destes regimes pode ser combinado com um outro: o da administração legal de bens.

A menoridade também afecta a capacidade de gozo em alguns domínios, como o eleitoral, o matrimonial, o sucessório e o das relações de filiação.

As incapacidades dos menores cessam, ainda durante a menoridade, no caso de o menor se emancipar, ressalvadas aquelas para cuja cessação a lei exija uma idade específica (*vide* "emancipação").

Modo Cláusula acessória de um acto jurídico gratuito pela qual se impõe ao seu beneficiário uma obrigação a favor do autor do acto, do próprio beneficiário ou de terceiro.

Exemplo: duas pessoas celebram um contrato de doação de um prédio.

Neste contrato estabelece-se o seguinte: a primeira doa à segunda o prédio; a segunda construirá e manterá nesse prédio uma piscina descoberta; esta piscina poderá ser utilizada pelo donatário, pelo doador e pelos parentes e convidados de qualquer deles.

O modo não se deve confundir com uma condição suspensiva que tenha como facto condicionante o cumprimento de uma obrigação. Neste segundo caso, o acto jurídico só produzirá efeitos após o cumprimento da obrigação. No primeiro, pelo contrário, ele produz efeitos logo após a sua realização, sendo a obrigação nele referida, precisamente, um desses efeitos. Isto significa que, no segundo caso, o incumprimento da obrigação determina a ineficácia jurídica do acto, ao passo que no primeiro caso ele corresponde à inexecução parcial do acto, acarretando as consequências previstas para esse inadimplemento pela lei e pelo próprio acto jurídico ao qual o modo foi aposto (direito de requerer a execução específica, direito de resolução, obrigação de indemnização, etc.).

Exemplo: retomando o caso apresentado no exemplo anterior, se se tivesse previsto a construção da piscina como condição suspensiva da doação, a propriedade do prédio só se teria transferido para o donatário após a conclusão dessa construção; mas,

Dicionário da Parte Geral do Código Civil Português

como essa construção foi imposta a título de modo, a propriedade do prédio foi transferida para o donatário logo no momento da celebração do contrato de doação, pelo que não será impedida pela não-construção da piscina. No entanto, se o donatário não cumprir esta obrigação, o doador poderá requerer, em execução específica, a construção da piscina à custa do devedor (artigo 828.° do Código Civil). Em alternativa, poderá resolver o contrato, se neste estiver previsto tal direito (artigo 966.° do Código Civil). Em qualquer caso, terá direito a ser ressarcido dos danos sofridos (artigo 798.° do Código Civil).

O modo também se denomina "cláusula modal".

A obrigação imposta por este tipo de cláusula chama-se "encargo".

Morte presumida *Vide* "declaração de morte presumida".

Mútuo dissenso O mesmo que "distrate".

Negócio consigo mesmo Contrato celebrado por uma única pessoa, que intervém, a um tempo, a título pessoal e em representação da outra parte, ou que actua simultaneamente como representante de ambas as partes.[90]

Exemplo da primeira situação: uma determinada pessoa colectiva pública celebra um contrato de arrendamento com o proprietário de um prédio, fazendo-se representar na celebração do contrato pelo respectivo representante legal, que também é, por coincidência, o próprio proprietário do prédio.

Exemplo da segunda situação: uma determinada pessoa colectiva pública celebra um contrato de arrendamento com uma sociedade comercial proprietária de um prédio, fazendo-se ambas representar na celebração do contrato pelos respectivos representantes legais e sendo estes, por coincidência, uma mesma pessoa.

[90] Ana Prata, *Dicionário Jurídico*, 3.ª edição, Livraria Almedina, Coimbra, 1995, página 658. No entanto, onde a autora diz "parte", nós dizemos "pessoa", e onde ela diz "pessoas", nós dizemos "partes".

Negócio fiduciário Negócio jurídico pelo qual uma parte confere a outra, com um determinado fim, um conjunto de poderes mais amplo do que aquele que seria necessário para prosseguir esse fim, sendo esse negócio acompanhado de um outro, designado *pactum fiduciae*, no qual se convenciona que os sobreditos poderes serão utilizados dentro dos limites do estritamente necessário à prossecução do fim visado.

Exemplo: uma pessoa, pretendendo ausentar-se de Portugal por 5 anos, vende o prédio que aqui possui a um amigo seu, combinando com ele que este destinará o prédio a arrendamentos por prazos não superiores a um ano, que transferirá o montante das rendas para a conta bancária da primeira, que não alienará o prédio a terceiro e que o revenderá à primeira, pelo preço da compra, logo que esta regresse a Portugal. Neste caso, o contrato de compra e venda é um negócio fiduciário, porquanto, embora implique a transmissão ao comprador do direito de propriedade sobre o prédio, tem por única finalidade conferir-lhe o estatuto de mandatário do vendedor. Para lhe conferir este poder nos termos acordados teria sido suficiente um contrato de mandato sem representação. O acordo feito entre ambas as partes sobre o modo como o comprador deverá actuar é um *pactum fiduciae*.

Vide "fidúcia".

Negócio jurídico Declaração de vontade, ou conjunto de declarações de vontade convergentes, a que o direito associa efeitos, reconhecendo aqueles que tenham sido estipulados naquela mesma declaração, ou declarações, sem ofensa de normas legais imperativas.

O negócio jurídico é, pois, um facto jurídico e, mais precisamente, um acto jurídico. Aproxima-se do acto jurídico quase negocial (subespécie do acto jurídico *stricto sensu*), na medida em que os seus efeitos necessários se cingem à constituição, modificação, transmissão, suspensão ou extinção de uma situação jurídica, não implicando qualquer modificação da realidade extrajurídica. Mas distingue-se dele porque, enquanto que os efeitos do acto jurídico quase negocial (como de qualquer acto jurídico *stricto sensu*) são, por força da lei, aqueles que estiverem fixados em normas legais ou em outro acto jurídico, normalmente anterior, os efeitos do negócio jurídico podem ser determinados, pelo menos em parte, nele mesmo.

Exemplo: um contrato de doação mediante o qual o doador cede gratuitamente ao donatário um crédito seu sobre um terceiro, ao abrigo do artigo 577.º/1 do Código Civil, é um negócio jurídico, pois os efeitos desse contrato são fixados, pelo menos em parte, pelos próprios contraentes; ao invés, a notificação da cessão ao devedor, prevista no artigo 583.º/1 do Código Civil, é um acto jurídico quase negocial (e, portanto, um acto jurídico *stricto sensu*), porque os seus efeitos não são mais que os da própria cessão.

Um negócio jurídico pode ser unilateral ou bilateral. Se for bilateral, chama-se "contrato".

Negócio jurídico unilateral Negócio jurídico efectuado por uma única parte.

Contrapõe-se, assim, ao contrato, que é um negócio jurídico bilateral ou multilateral.

Exemplo: o testamento é um negócio jurídico unilateral, ao passo que a doação é um contrato. O testamento

Dicionário da Parte Geral do Código Civil Português 140

consiste apenas numa declaração de vontade do testador (artigo 2179.º/1 do Código Civil). A aceitação da herança ou legado pelo beneficiário é um acto jurídico exterior e posterior ao testamento, não se integra nele. Se se integrasse, o testamento seria um contrato. Como não se integra, o testamento é um acto jurídico unilateral. A doação, pelo contrário, não se basta com a oferta feita pelo doador: pressupõe também a aceitação dessa oferta pelo donatário. Antes desta aceitação, o que há é apenas uma proposta de doação, que caduca "se não for aceita em vida do doador" (artigo 945.º/1 do Código Civil). Isto significa que a doação compreende duas declarações de vontade: uma do doador e outra do donatário. É, por conseguinte, um contrato.

O facto de ser efectuado por mais de uma pessoa não impede que um negócio jurídico seja considerado unilateral. Será unilateral, desde que essas pessoas intervenham conjuntamente como uma única parte, dirigindo as respectivas declarações de vontade a terceiros, e não umas às outras. Se, ao invés, elas actuarem como partes diferentes, intervindo cada uma delas como destinatária da declaração de vontade da outra ou outras, esse negócio será um contrato, e não um negócio jurídico unilateral.

Exemplo: uma promessa pública subscrita por duas pessoas é um acto jurídico unilateral, enquanto que uma promessa bilateral de compra e venda é um contrato. A primeira é um acto jurídico unilateral, e não um contrato, porque os seus dois autores actuam conjuntamente como uma única parte, contraposta aos destinatários da promessa, que são terceiros. A segunda é um contrato, porque os seus dois autores – promitente-comprador e promitente-vendedor – intervêm no negócio como duas partes opostas, sendo cada um deles o destinatário da declaração unilateral de vontade do outro.

Negócio usurário
Vide "acto usurário".

Non liquet (expressão latina)
Vide "proibição do *non liquet*".

Norma de aplicação necessária
(em direito internacional privado)
Norma da lei do foro que, pelo seu objecto e fins específicos, deve ser imperativamente aplicada a todos os casos que, preenchendo a respectiva previsão, sejam julgados dentro do território submetido àquela lei, ainda que tenham por objecto uma situação jurídica plurilocalizada.

As normas de aplicação necessária aplicam-se, pois, às situações jurídicas plurilocalizadas independentemente de serem convocadas por quaisquer normas de conflitos.

As normas de direito público são normalmente consideradas de aplicação necessária.

Norma de aplicação subsidiária

Vide "norma subsidiária".

Norma de conflitos (em direito internacional privado)

Norma referente a situações jurídicas plurilocalizadas e que, em vez de as regular directamente, se limita a indicar a ordem jurídica dentro da qual deverá ser procurado o regime material aplicável ou a estabelecer um critério para a determinação dessa ordem jurídica.

Exemplo: o artigo 53.°/3 do Código Civil. Este preceito, referente à determinação da lei aplicável em matéria de regimes matrimoniais de bens, reza o seguinte: "Se for estrangeira a lei aplicável [por força dos números anteriores] e um dos nubentes tiver a sua residência habitual em território português, pode ser convencionado um dos regimes admitidos neste código". Trata-se de uma norma de conflitos. Esta norma de conflitos indica directamente a ordem jurídica portuguesa como uma daquelas onde pode ser buscado o regime material aplicável.

Outro exemplo: o artigo 46.° do Código Civil. Este artigo diz que "o regime da posse, propriedade e demais direitos reais é definido pela lei do Estado em cujo território as coisas se encontram situadas". Trata-se também de uma norma de conflitos. No entanto, ao contrário da norma reproduzida no exemplo anterior, ela não identifica a ordem jurídica onde deve ser procurado o regime material aplicável, mas apenas apresenta um critério para a determinar: esse critério é o lugar em que se encontra situada a coisa.

Numa norma de conflitos, a previsão contém um elemento designado "conceito-quadro"; a estatuição contém aquilo que se chama "elemento de conexão".

Exemplo: o artigo 43.° do Código Civil diz que "à gestão de negócios é aplicável a lei do lugar em que decorre a principal actividade do gestor". Nesta norma de conflitos, "gestão de negócios" é um conceito-quadro, e "lugar em que decorre a principal actividade do gestor", um elemento de conexão.

As normas de conflitos constituem um tipo de normas remissivas.

Norma fraudada (em direito internacional privado)

Norma jurídica cuja aplicação o sujeito ou sujeitos da situação jurídica *sub judice* pretendem afastar através da fraude à lei.

A norma fraudada pode ser uma norma de conflitos (a norma de conflitos que teria sido aplicada à situação *sub judice* se não tivesse havido fraude à lei) ou uma norma material (a norma material que teria sido convocada por aquela norma de conflitos se esta tivesse sido aplicada).

Dicionário da Parte Geral do Código Civil Português 142

A norma fraudada contrapõe-se à norma-instrumento.

Norma imperativa Norma jurídica cuja aplicação não pode nunca ser preterida em favor da observância de estipulações feitas por actos jurídicos de direito privado.

Exemplo: o artigo 265.º/2 do Código Civil diz: "A procuração é livremente revogável pelo representado, não obstante convenção em contrário ou renúncia ao direito de revogação".

As normas imperativas contrapõem-se às normas supletivas.

Exemplo: se a norma reproduzida no exemplo anterior, em vez de dizer *"não obstante* convenção em contrário ou renúncia ao direito de revogação", dissesse *"salvo* convenção em contrário ou renúncia ao direito de revogação", ela já não seria imperativa, mas supletiva.

Norma inovadora Norma jurídica que importa uma alteração material na ordem jurídica.
As normas inovadoras contrapõem-se às normas interpretativas.

Norma interpretativa Norma jurídica que não importa qualquer alteração material na ordem jurídica, antes se limitando a clarificar o sentido de outras normas jurídicas.
O carácter interpretativo de uma norma jurídica pode estar expresso na própria norma ou ser inferido pelo intérprete mediante a comparação entre essa norma e uma outra, que ela tenha vindo substituir.

Há, assim, dois tipos de normas interpretativas.

O primeiro tipo é composto pelas normas cuja estatuição consiste apenas em esclarecer o sentido de outras normas jurídicas, complementando-as.

Exemplo: "Nenhuma disposição da presente Declaração pode ser interpretada de maneira a envolver para qualquer Estado, agrupamento ou indivíduo o direito de se entregar a alguma actividade ou de praticar algum acto destinado a destruir os direitos e liberdades aqui enunciados" (artigo 30.º da Declaração Universal dos Direitos do Homem). Esta norma concorre para uma determinação mais precisa do sentido dos artigos 1.º a 29.º da Declaração.

O segundo tipo é constituído pelas normas que vêm substituir outras com o mesmo conteúdo, mas com uma redacção diferente, visando clarificar o seu sentido.

Exemplo: o artigo 2094.º do Código Civil de Macau, sob a epígrafe "Pré-legado", diz o seguinte: "O legado a favor de um dos co-herdeiros, e a cargo de toda a herança, vale por inteiro, e não como legado por conta da quota desse herdeiro". Este artigo veio substituir o artigo 2264.º do Código Civil português, anteriormente vigente naquele território, o qual, também sob a epígrafe "Pré-legado", afirma: "O legado a favor de um dos co-herdeiros, e a cargo de toda a herança, vale por inteiro". O conteúdo destas duas disposições é o mesmo, mas a redacção é diferente. A disposição do Código Civil anteriormente vigente continha uma expressão algo obscura: "vale por inteiro". A disposição do Código actualmente em vigor veio esclarecê-la, mostrando que o seu significado é "não vale como legado por conta da quota desse herdeiro". Em face disto, pode-se dizer que a norma constante do artigo 2094.° do Código Civil de Macau é uma norma interpretativa.

As normas interpretativas distinguem-se das normas sobre interpretação jurídica. As normas interpretativas clarificam o sentido de normas determinadas. As normas sobre interpretação fornecem critérios para a interpretação das normas jurídicas em geral. Por outras palavras, as normas interpretativas já são produtos de interpretações jurídicas, ao passo que as normas sobre interpretação resultam da consagração jurídica de regras técnicas elaboradas pela hermenêutica jurídica (as chamadas "regras hermenêuticas").

Exemplo: "A interpretação não deve cingir-se à letra da lei, mas reconstituir a partir dos textos o pensamento legislativo, tendo sobretudo em conta a unidade do sistema jurí-

dico, as circunstâncias em que a lei foi elaborada e as condições específicas do tempo em que é aplicada" (artigo 9.°/1 do Código Civil). Esta norma não é interpretativa, é uma norma sobre interpretação.

As normas interpretativas contrapõem-se às normas inovadoras.

Norma jurídica Proposição que associa, em termos gerais e abstractos, um efeito jurídico a um facto jurídico.

Exemplo: "Quem matar outra pessoa é punido com pena de prisão de 8 a 16 anos" (artigo 131.° do Código Penal). Aqui, o facto jurídico é o homicídio e o efeito jurídico é a pena de prisão de 8 a 16 anos. A palavra "quem" demonstra que a proposição tem um carácter geral, aplicando-se a quem quer que cometa o homicídio. A omissão de qualquer referência a um momento e local precisos revela que a proposição tem um carácter abstracto, aplicando-se a todos os casos de homicídio (salvo, naturalmente, os abrangidos por normas especiais ou excepcionais).

A parte da norma que prevê o facto jurídico chama-se "previsão". A parte da norma que determina o efeito chama-se "estatuição".

Exemplo: na norma acima transcrita, "quem matar outra pessoa" é a previsão, "é punido com pena de prisão de 8 a 16 anos" é a estatuição.

Uma norma jurídica pode conter mais que uma previsão e/ou mais que uma estatuição.

Exemplo: "Constituindo-se o locatário em mora, o locador tem o direito de exigir, além das rendas ou alugueres em atraso, uma indemnização igual ao dobro do que for devido, salvo se o contrato for resolvido com base na falta de pagamento (…)" (artigo 1041.°/1 do Código Civil). Nesta norma, cumulam-se duas previsões: a constituição do locatário em mora e a ausência de resolução do contrato baseada em falta de pagamento.

Outro exemplo: "Quem, por qualquer forma, ofender gravemente a memória de pessoa falecida é punido com pena de prisão até 6 meses ou com pena de multa até 240 dias" (artigo 185.°/1 do Código Penal). Nesta norma, há duas estatuições alternativas: a pena de prisão até 6 anos e a multa até 240 dias.

A relação entre as diversas previsões ou entre as diversas estatuições pode ser de cumulatividade ou de alternatividade. As previsões ou estatuições cumulativas são ligadas, normalmente, pela conjunção copulativa "e" ou pela conjunção adversativa "mas", ao passo que as previsões ou estatuições alternativas são habitualmente ligadas pela conjunção alternativa "ou".

Exemplo: no artigo 1041.°/1 do Código Civil, acima transcrito, as duas previsões são cumulativas; no artigo 185.°/1 do Código Penal, reproduzido no exemplo anterior, as duas estatuições são alternativas.

Nem todas as proposições constantes de artigos inseridos em diplomas legais ou regulamentares são verdadeiras normas jurídicas.

Exemplo: o artigo 397.° do Código Civil diz que "obrigação é o vínculo jurídico por virtude do qual uma pessoa fica adstrita para com outra à realização de uma prestação". Esta proposição não é uma norma, pois não atribui efeitos a factos. O que ela faz é dizer que um certo termo tem um determinado significado. É, portanto, uma definição.

Outro exemplo: um artigo, constante de um decreto-lei, extingue uma determinada entidade pública. O conteúdo deste artigo também não é uma norma, pois, embora fixe um efeito, não o faz em termos gerais e abstractos. O que ele contém é, pelo contrário, uma decisão individual e concreta: individual, porque se aplica a uma única entidade, e concreta, porque produz efeitos num único momento. Por isso, esta decisão, apesar de assumir a forma de decreto-lei, é, materialmente, um acto administrativo.[91]

[91] Note-se, porém, que o diploma em que esta decisão se encontra inscrita pode ter um conteúdo normativo: tê-lo-á, por exemplo, na parte em que revogue (ainda que tacitamente) as disposições relativas à organização e funcionamento da entidade a extinguir, na parte em que regule a transição do respectivo pessoal, na parte em que defina o destino do seu património, etc.

As normas jurídicas podem ser de diversos tipos. Assim, quanto ao conteúdo, podem ser permissivas, preceptivas, proibitivas ou remissivas. Quanto ao efeito sobre a ordem jurídica, podem ser inovadoras ou interpretativas. Quanto à força jurídica, podem ser imperativas ou supletivas.

Norma permissiva Norma jurídica cuja estatuição consiste em permitir comportamentos, seja criando ou reconhecendo um âmbito de autonomia para a adopção de comportamentos não tipificados, seja permitindo a adopção de comportamentos de determinado tipo.

Exemplo: "Todos têm direito à liberdade (...)" (artigo 27.°/1 da Constituição). Esta norma reconhece às pessoas um âmbito de autonomia para a adopção de comportamentos não tipificados. Aliás, esta é a mais abrangente de todas as normas permissivas: permite fazer tudo aquilo que não seja proibido por alguma norma jurídica nem prejudique os direitos das outras pessoas em termos contrários às normas sobre colisão de direitos.

Outro exemplo: "Qualquer co-herdeiro ou cônjuge meeiro tem o direito de exigir partilha quando lhe aprouver" (artigo 2101.°/1 do Código Civil). Esta norma permite um comportamento de determinado tipo: a exigência de partilha da herança.

Norma preceptiva Norma jurídica cuja estatuição consiste em ordenar a prática de determinado tipo de acções.

Exemplo: "Todos devem guardar reserva quanto à intimidade da vida privada de outrem" (artigo 80.°/1 do Código Civil).

Norma proibitiva Norma jurídica cuja estatuição consiste em proibir a prática de determinado tipo de acções.

Exemplo: "Ninguém pode renunciar, no todo ou em parte, à sua capacidade jurídica" (artigo 69.° do Código Civil).

Norma remissiva Norma jurídica cuja estatuição consiste em submeter o facto nela previsto a outras normas.

Isto significa que as normas remissivas, em vez de fornecerem por si próprias respostas aos problemas suscitados pelos factos nelas previstos, confiam essa tarefa a outras normas.

Exemplo: o artigo 1119.° do Código Civil, sob a epígrafe "Remissão", diz: "É aplicável aos arrendamentos para o exercício de profissões liberais o disposto nos artigos 1113.° a 1117.°". Esta norma é remissiva, porque, em vez de regular, ela própria, a cessação dos contratos de arrendamento para o exercício de profissões liberais, manda aplicar-lhe as normas referentes à cessação dos contratos de arrendamento comercial.

Dicionário da Parte Geral do Código Civil Português 146

As normas jurídicas convocadas pela norma remissiva podem ser uma única norma ou um certo conjunto de normas. Este conjunto de normas, por seu turno, pode ser um rol de normas individualizadas, pode ser todo um regime jurídico relativo a determinada matéria (contido no mesmo diploma ou em outro), pode ser todo um diploma (identificado ou não), ou pode ainda ser todo um ordenamento jurídico.

Exemplos: a disposição reproduzida no exemplo anterior remete para um rol de normas individualizadas; o artigo 164.°/1 do Código do Procedimento Administrativo, ao dizer que "são aplicáveis à falta e vícios da vontade, bem como à nulidade e anulabilidade dos contratos administrativos, as correspondentes disposições do Código Civil para os negócios jurídicos, salvo o disposto no número seguinte", remete para determinados regimes jurídicos contidos no Código Civil; o artigo 1153.°/2 do Código Civil, ao dizer que "o contrato de trabalho está sujeito a legislação especial", está a remeter para diplomas inteiros (e não identificados); o artigo 51.°/1 do Código Civil, ao afirmar que "o casamento de dois estrangeiros em Portugal pode ser celebrado segundo a forma prescrita na lei nacional de qualquer dos contraentes, perante os respectivos agentes diplomáticos ou consulares", remete para ordenamentos jurídicos.

Norma subsidiária Norma jurídica que, por determinação de outra norma, é extensiva a factos diferentes dos nela previstos, mas apenas na medida em que aqueles não estejam especialmente regulados.

Exemplo: as normas do Código do Processo Civil são subsidiárias no domínio do processo penal, porquanto o artigo 4.° do Código do Processo Penal diz o seguinte: "Nos casos omissos, quando as disposições deste Código não puderem aplicar-se por analogia, observam-se as normas do processo civil que se harmonizem com o processo penal e, na falta delas, aplicam-se os princípios gerais do processo penal".

As normas subsidiárias também se designam como "normas de aplicação subsidiária".

Norma supletiva Norma jurídica cuja aplicação pode ser preterida em favor da observância de estipulações feitas por actos jurídicos de direito privado.

Exemplo: o artigo 1449.° do Código Civil diz que "o usufruto abrange as coisas acrescidas e todos os direitos inerentes à coisa usufruída". Esta norma é supletiva, porquanto o artigo 1445.° do mesmo Código diz o seguinte: "Os direitos e obrigações do usufrutuário são regulados pelo título constitutivo do usufruto; na falta ou insuficiência deste, devem observar-se as disposições seguintes". Uma das "disposições seguintes" é, precisamente, o artigo 1449.°. Isto significa que, se o título constitutivo de um usufruto (*v.g.* um contrato) estipular que o usufruto não abrange as coisas acrescidas nem os direitos inerentes à coisa usufruída, a norma do artigo 1449.° não se aplicará a esse usufruto.

O carácter supletivo de uma norma é frequentemente expresso através das locuções "salvo estipulação em contrário", "salvo convenção em contrário", "na falta de estipulação em contrário", "na falta de convenção em contrário" ou outra semelhante.

Exemplo: o artigo 878.° do Código Civil diz: "Na falta de convenção em contrário, as despesas do contrato e outras acessórias ficam a cargo do comprador".

As normas supletivas contrapõem-se às normas imperativas.

Exemplo: se a norma reproduzida no exemplo anterior, em vez de dizer "na falta de convenção em contrário", dissesse "não obstante convenção em contrário", ela já não seria supletiva, mas imperativa.

Norma-instrumento (em direito internacional privado)
Norma material que, através da fraude à lei, o sujeito ou sujeitos da situação jurídica *sub judice* pretendem fazer aplicar-lhes.

A norma-instrumento contrapõe-se à norma fraudada.

Nulidade Modalidade típica mais grave de invalidade.
A nulidade de um acto jurídico ou de uma proposição jurídica nele contida impede, desde a realização do acto, que eles produzam quaisquer efeitos jurídicos. Distingue-se, pois, da anulabilidade, que não impede a produção de efeitos jurídicos, mas apenas os sujeita a serem destruídos por meio da anulação do acto ou proposição.

Exemplo: duas pessoas celebram um contrato de compra e venda inválido. Se o contrato for nulo, o comprador não chega a adquirir o direito de propriedade sobre a coisa vendida. Se for anulável, adquire-o e conserva-o enquanto o contrato não for anulado. Uma das consequências desta distinção é a seguinte: se o comprador revender a coisa por ele comprada, esse acto constituirá, no primeiro caso, uma venda de coisa alheia (e, portanto, um contrato nulo), ao passo que no segundo caso será uma venda de coisa própria, ou seja, um contrato de compra e venda normal (e, por isso, válido).

Apesar de ser partilhada por autores de Direito Civil e de Direito Administrativo, a noção de nulidade acima apresentada só se encontra claramente formulada no Código do Procedimento Admi-

Dicionário da Parte Geral do Código Civil Português

nistrativo, cujo artigo 134.°/1 afirma categoricamente que "o acto nulo não produz quaisquer efeitos jurídicos".

Da noção de nulidade apresentada parece decorrer que um acto nulo não obriga ninguém, mesmo que a nulidade não tenha sido declarada pelo tribunal.

Todavia, mais uma vez é apenas no Código do Procedimento Administrativo que esta ideia tem claro acolhimento. Com efeito, o supracitado artigo 134.°/1, depois de dizer que "o acto nulo não produz quaisquer efeitos jurídicos", acrescenta "independentemente da declaração de nulidade". Por outro lado, o n.° 2 do mesmo artigo, além de dizer que a nulidade pode ser declarada a todo o tempo por qualquer tribunal, também diz que ela o pode ser por qualquer órgão administrativo. Isto significa, nomeadamente, que um órgão administrativo que seja destinatário de um acto administrativo nulo pode declarar a sua nulidade e recusar-se, assim, a executá-lo. Além disso, o artigo 139.°/1, a) do mesmo diploma inclui os actos nulos entre os actos insusceptíveis de revogação, tratando-os, pois, como se fossem juridicamente inexistentes e, por isso, logicamente insusceptíveis de extinção. Tudo isto reflecte a doutrina do administrativista Diogo Freitas do Amaral, que considera que ninguém é obrigado a obedecer a um acto administrativo nulo e que, se a administração insistir em aplicá-lo, o destinatário tem o direito de resistência.[92]

Fora do Código do Procedimento Administrativo, a desnecessidade da declaração judicial não só não é expressamente afirmada, como, nalguns diplomas, chega mesmo a ser expressamente negada.

Assim, o Código Civil não esclarece a questão. O artigo 286.° diz apenas que "a nulidade é invocável a todo o tempo por qualquer interessado e pode ser declarada oficiosamente".

Os códigos dos registos, por sua vez, estipulam que a nulidade do registo só pode ser invocada depois de declarada por decisão judicial (artigos 113.° do Código do Registo Civil e 17.°/1 do Código do Registo Predial).

O Código do Notariado, embora estatua para alguns casos a nulidade dos actos notariais (artigos 70.° e 71.°), não diz se é ou não necessária declaração judicial para a sua invocação.

Quanto aos actos jurisdicionais, a sua nulidade só pode legitimar o incumprimento depois de ter sido reconhecida pelo tribunal. É o que flui do princípio constitucional segundo o qual "as decisões dos tribunais são obrigatórias para todas as entidades públicas e privadas e prevalecem sobre as de quaisquer outras autoridades" (artigo 205.°/2 da Constituição).

Não obstante estas diferenças, há elementos que tendem a ser comuns aos diversos regimes de nulidade. Esses elementos são os seguintes: inexistência de prazo para a arguição da nulidade (o que significa que os actos nulos não ficam sanados pelo decurso do tempo, ao contrário dos actos anuláveis); possibilidade de invocação da nulidade por qualquer interessado; possibilidade de declaração oficiosa da nulidade pelo tribunal (e, no caso dos actos administrativos, por qualquer órgão administrativo).

Estas regras encontram-se formuladas nos artigos 286.º do Código Civil e 134.º/2 do Código do Procedimento Administrativo. Elas revelam o regime geral da nulidade existente no direito português.

A par deste regime geral, existem na lei vários regimes especiais, alguns dos quais, por conterem regras típicas dos regimes da anulabilidade, traduzem a existência de nulidades mistas, ou seja, invalidades mistas próximas da nulidade (vide "invalidade mista").

O ramo do direito em que o regime geral é mais radicalmente preterido é o direito processual civil. O Código do Processo Civil estabelece prazos para a arguição da nulidade (artigos 204.º e 205.º), restrições quanto à legitimidade para essa arguição (artigo 203.º) e

casos em que a nulidade não pode ser conhecida oficiosamente pelo tribunal (artigo 202.º, 2.ª parte). As nulidades dos actos processuais são, pois, nulidades mistas.

No Código Civil também se encontram alguns regimes especiais de nulidade, e que configuram igualmente nulidades mistas (vide "nulidade mista").

Antes da entrada em vigor do Código Civil actual, a nulidade era designada por "nulidade absoluta" e a anulabilidade por "nulidade relativa". O termo "nulidade" era, pois, sinónimo de "invalidade", ao contrário do que sucede na terminologia jurídica actual.

O acto jurisdicional pelo qual é reconhecida a nulidade de um outro acto jurídico ou de uma proposição jurídica denomina-se "declaração de nulidade". Exceptuam-se os casos em que o próprio acto reconhecido como nulo é um acto jurisdicional: neste caso, o acto jurisdicional de reconhecimento da nulidade é designado de "anulação".[93]

[92] Diogo Freitas do Amaral, *Direito Administrativo*, volume III, Lisboa, 1989, páginas 325 e 326.

[93] Código do Processo Civil, artigos 194.º e 201.º/2.

Nulidade absoluta Designação que era atribuída à nulidade antes da vigência do Código Civil português de 1966.

Dicionário da Parte Geral do Código Civil Português 150

Nulidade mista Nulidade sujeita a um regime especial que contém alguns elementos típicos dos regimes da anulabilidade.

Exemplo: a nulidade dos testamentos ou disposições testamentárias. Segundo o artigo 2308.°/1 do Código Civil, "a acção de nulidade do testamento ou de disposição testamentária caduca ao fim de dez anos, a contar da data em que o interessado teve conhecimento do testamento e da causa da nulidade". Esta norma contraria a regra geral do artigo 286.° do Código Civil, na parte em que esta diz que "a nulidade é invocável a todo o tempo". A existência de um prazo é própria dos regimes da anulabilidade, quer do regime geral (em que o prazo é de um ano, de acordo com o artigo 287.°/1 do Código Civil), quer dos diversos regimes especiais.

Nulidade relativa Designação que era atribuída à anulabilidade antes da vigência do Código Civil actual

Obrigação Vínculo jurídico por virtude do qual uma pessoa fica adstrita para com outra à realização de uma prestação.[94]

Uma obrigação é, pois, uma situação jurídica passiva e relativa. A situação jurídica activa que com ela simetriza é o direito de crédito. Entre ambas há uma identidade quanto ao objecto (objecto mediato) e uma oposição quanto ao conteúdo (objecto imediato).

Exemplo: uma pessoa deve a outra 10 euros. A primeira (o devedor) tem perante a segunda (o credor) uma obrigação, cujo conteúdo é o pagamento de 10 euros. Correlativamente, a segunda tem perante a primeira um direito de crédito, cujo conteúdo é o recebimento de 10 euros. Como se vê, o objecto da obrigação e o objecto do direito de crédito são o mesmo: a quantia de 10 euros. O conteúdo da obrigação e o conteúdo do direito de crédito, pelo contrário, são opostos: o da obrigação é o pagamento, enquanto que o do direito de crédito é o recebimento.

[94] Código Civil, artigo 397.°.

Obrigação civil Obrigação cujo cumprimento é judicialmente exigível.

Contrapõe-se à obrigação natural.

Uma obrigação civil pode converter-se numa obrigação natural: tal acontece quando ela prescreve.

Obrigação natural Obrigação cujo cumprimento não é judicialmente exigível, mas corresponde a um dever de justiça.[95]

Exemplos: uma obrigação emergente de um contrato de jogo ou de aposta (artigo 1245.°/1 do Código Civil); uma obrigação prescrita (artigo 304.°/1 e 2 do Código Civil).

[95] Cfr. artigo 402.° do Código Civil. Simplificou-se a definição contida neste preceito.

A obrigação natural opõe-se à obrigação civil.

Ocupação (modo de adquirir) Aquisição originária do direito de propriedade sobre coisas sem dono através da sua apreensão material, acompanhada da intenção de as adquirir.

Exemplo: o modo como os caçadores e pescadores adquirem a propriedade dos animais caçados ou pescados.

Ónus (direito civil) Situação jurídica passiva que impõe ao respectivo sujeito a necessidade de adoptar certa conduta para obter uma vantagem ou evitar uma desvantagem, sem o sujeitar, no entanto, a qualquer tipo de responsabilidade pelo facto de não a adoptar.

Exemplo: quando uma pessoa compra uma coisa com defeito tem o direito de exigir do vendedor a reparação ou a substituição da coisa (artigo 914.° do Código Civil). Mas, para isso, tem de denunciar o defeito ao vendedor até 30 dias depois de ter conhecimento do defeito e sempre dentro de 6 meses após a entrega da coisa (artigo 916.°/1 e 2 do Código Civil). Esta necessidade de o comprador denunciar o defeito e de cumprir os prazos é um ónus. Se ele não fizer a denúncia ou a fizer extemporaneamente, não sofrerá qualquer sanção; simplesmente, perderá o direito à reparação ou substituição da coisa.

O ónus tem em comum com a obrigação o facto de ser uma situação jurídica passiva, ou seja, uma situação jurídica que impõe ao respectivo sujeito uma desvantagem. Mas, enquanto que a desvantagem que a obrigação impõe ao seu sujeito serve para proporcionar uma vantagem a outra pessoa (o credor), a desvantagem que o ónus impõe ao seu sujeito serve para proporcionar uma vantagem a ele próprio, ou então para evitar que ele sofra outra desvantagem. Por isso, enquanto que o incumprimento de uma obrigação implica para o respectivo sujeito a obrigação de indemnizar ou, eventualmente, a submissão a alguma sanção (pena convencional, sanção pecuniária compulsória, etc.), o incumprimento do ónus não acarreta para o seu sujeito qualquer tipo de responsabilidade.

Ao ónus também se atribui a designação de "encargo".

Ónus da prova Encargo de apresentar os elementos necessários para, consoante o objectivo da produção de prova, demonstrar a verdade ou falsidade de um facto.

Exemplo: o artigo 342.°/1 do Código Civil diz que "àquele que invocar um direito cabe fazer a prova dos factos constitutivos do direito alegado". Neste caso, diz-se que aquele que invoca o direito tem o ónus da

Dicionário da Parte Geral do Código Civil Português

prova em relação aos factos constitutivos desse direito.

Opinio juris vel necessitatis
(expressão latina)
Vide "costume" e "uso".

Ordem de trabalhos Conjunto de questões inscritas no programa de uma sessão de um órgão colegial.

Exemplos: ordem de trabalhos da assembleia geral de uma associação; ordem de trabalhos de uma sessão da Assembleia da República.

Ordem pública internacional Conjunto de princípios e de normas imperativas da lei do foro que, pela sua importância, têm de ser observados em qualquer decisão proferida no respectivo território, ainda que em detrimento da solução jurídica resultante da lei territorialmente competente para regular a situação jurídica *sub judice*.

Exemplo: duas pessoas nacionais de um país estrangeiro cuja lei proíbe o divórcio tentam obtê-lo em Portugal, onde habitualmente residem. A lei portuguesa considera competente para regular o divórcio a lei nacional comum (artigo 52.°/1 *ex vi* artigo 55.°/1, ambos do Código Civil). Suponha-se que é essa também a lei que o direito de conflitos desse país considera competente. Será essa, então, a lei aplicável (cfr. artigos 16.°/1 e 17.°/1 e 2 do Código Civil). Suponha-se ainda, no entanto, que o tribunal português reputa o direito ao divórcio (conquanto restringido por lei) um princípio fundamental do ordenamento jurídico nacional, dedutível do princípio geral da liberdade pessoal (artigo 27.°/1 da Constituição) e inferível do direito de constituir família e contrair casamento (artigo 36.°/1 da Constituição). Por isso, ele considera que uma norma que proíba de modo absoluto o divórcio ofende a ordem pública internacional do Estado português. Consequentemente, ele recusa a aplicação da lei nacional comum dos cônjuges e, em vez desta, aplica a lei portuguesa. Dir-se-á, então, que ele terá invocado a reserva de ordem pública internacional do Estado português.

A ordem pública internacional distingue-se da ordem pública interna. A ordem pública interna compreende todos os princípios e todas as normas imperativas do ordenamento jurídico, tendo, por isso, um âmbito consideravelmente mais amplo que a ordem pública internacional. Esta última é uma parte da ordem pública interna: é o reduto constituído pelos princípios e normas imperativas mais importantes, de tal modo importantes que têm de ser observados pela jurisdição do foro ainda que em detrimento da solução jurídica resultante da lei territorialmente competente para regular a situação jurídica *sub judice*.

Ordem pública intertemporal

Conjunto de princípios e de normas imperativas de uma nova ordem jurídica que, pela sua importância, têm de ser observados em qualquer decisão proferida sob a sua vigência, ainda que em detrimento da solução jurídica resultante de lei anterior temporalmente competente para regular a situação jurídica *sub judice*.[96]

[96] António Katchi, *As Fontes do Direito em Macau* (dissertação de mestrado, obra inédita), Universidade de Macau, Macau, 2004, página 177.

Ordenamento jurídico plurilegislativo

Ordenamento jurídico global de um Estado dotado de mais de um ordenamento jurídico.

Exemplo: a China possui um ordenamento jurídico plurilegislativo, compreendendo os ordenamentos jurídicos da China Continental, das regiões administrativas especiais de Macau e de Hong Kong e ainda (segundo a posição oficial do Governo da República Popular da China, da Organização das Nações Unidas e da maioria dos governos dos restantes países) de Taiwan.

O âmbito de aplicação de cada um dos ordenamentos pode ser, nomeadamente, territorial, coincidindo com áreas geográficas, ou pessoal, coincidindo com grupos populacionais delimitados segundo critérios sociais, linguísticos, religiosos, etc.

Exemplo: na Índia coexistem ordenamentos jurídicos de base territorial (ordenamento de cada um dos estados federados) e ordenamentos de base pessoal aplicáveis segundo critérios religiosos (as normas de direito da família e de direito das sucessões próprias de cada uma das comunidades religiosas e o direito da família e das sucessões aplicável às pessoas não abrangidas por aquelas normas).

Órgão

Centro institucionalizado dentro de uma entidade colectiva com o fim de exercer as competências necessárias à prossecução das atribuições desta.

Exemplos: a Assembleia da República, o Governo, o Presidente da República e os tribunais são órgãos do Estado português; a assembleia geral, a direcção, o presidente e o conselho fiscal de uma associação são órgãos dessa associação.

A entidade colectiva à qual pertence o órgão é, normalmente, uma entidade juridicamente qualificada como pessoa colectiva; mas também pode não o ser.

Exemplo: os condomínios, embora não sejam qualificados pelo Código Civil como pessoas jurídicas, são dotados, por esse mesmo diploma, de órgãos – uma assembleia dos condóminos e um administrador (artigo 1430.°/1).

Há diversos tipos de órgãos. Quanto à composição, os órgãos

dividem-se em singulares e colegiais. Quanto às competências, dividem-se em decisórios (ou deliberativos, se forem colegiais), executivos (ou administrativos), consultivos e de fiscalização.

Órgão colegial Órgão composto por mais de um titular.

Exemplos: a Assembleia da República; a assembleia geral de uma associação.

Órgão singular Órgão composto por um único titular.

Exemplos: o Presidente da República; o presidente de uma associação.

Pactum fiduciae Acordo entre as partes num negócio fiduciário destinado a reduzir os poderes por este conferidos.

Exemplo: uma pessoa, pretendendo ausentar-se de Portugal por 5 anos, vende o prédio que aqui possui a um amigo seu, combinando com ele que este destinará o prédio a arrendamentos por prazos não superiores a um ano, que transferirá o montante das rendas para a conta bancária da primeira, que não alienará o prédio a terceiro e que o revenderá à primeira, pelo preço da compra, logo que esta regresse a Portugal. Neste caso, o contrato de compra e venda é um negócio fiduciário, porquanto, embora implique a transmissão ao comprador do direito de propriedade sobre o prédio,

tem por única finalidade conferir-lhe o estatuto de mandatário do vendedor. Para lhe conferir este poder nos termos acordados teria sido suficiente um contrato de mandato sem representação. O acordo feito entre ambas as partes sobre o modo como o comprador deverá actuar é um *pactum fiduciae*. O efeito deste pacto é o de fazer com que o contrato de compra e venda celebrado entre as partes seja por elas entendido e executado como se fosse um mero contrato de mandato sem representação.

O *pactum fiduciae* distingue-se do *pactum simulationis* por não ser determinado por qualquer intenção de enganar terceiros.
Vide "fidúcia".

Pactum simulationis (expressão latina) O mesmo que "acordo simulatório".

Parte componente Parte de uma coisa sem a qual esta não existe ou é imperfeita.

Exemplo: os ponteiros de um relógio são partes componentes desse relógio.

Parte geral do Código Civil Livro do Código Civil que não tem por objecto a regulação específica de nenhum ramo do direito civil, mas a regulação de matérias comuns a todo o direito civil, a todo o direito privado ou a todo o direito.

A existência de uma parte geral é típica dos códigos civis de matriz pandectística, tendo surgido pela primeira vez no Código Civil alemão, de 1946. Há, porém, códigos civis desta matriz que a não possuem, como é o caso do Código Civil italiano de 1942.

O Código Civil português actual contém uma parte geral, que constitui o seu Livro I.

Este livro está dividido em dois títulos:

Título I – Das leis, sua interpretação e aplicação

Título II – Das relações jurídicas

O título I trata, por um lado, das fontes do direito e da vigência, interpretação e aplicação da lei no tempo (matérias que são objecto de estudo da disciplina de Introdução ao Estudo do Direito) e, por outro lado, da aplicação da lei no espaço (matéria que é objecto de estudo da disciplina de Direito Internacional Privado).

O título II, que é objecto de estudo da disciplina de Teoria Geral do Direito Civil, estabelece o regime jurídico geral das pessoas, das coisas, dos actos jurídicos (incluindo os negócios jurídicos e os actos jurídicos *stricto sensu*), de dois tipos de factos jurídicos *stricto sensu* – a prescrição e a caducidade –, da autotutela dos direitos e, ainda, das provas (esta última matéria, a das provas, é normalmente estudada na disciplina de Direito Processual Civil).

Parte integrante Coisa móvel por natureza, ligada materialmente a uma coisa com carácter de permanência, que não seja parte componente.

Exemplo: um elevador é parte integrante do prédio em que se encontra instalado.

Pendência da condição Situação de uma condição que já foi aposta mas que ainda não se verificou, embora a sua verificação não seja ainda havida como impossível.

Durante a pendência de uma condição suspensiva, o acto ou proposição jurídicos a ela sujeitos são juridicamente ineficazes, só passando a ser eficazes com a verificação da condição.

Durante a pendência de uma condição resolutiva, o acto ou proposição jurídicos a ela sujeitos são juridicamente eficazes, deixando de o ser, por caducidade, logo que a condição se verifique.

Vide "verificação da condição".

Pendência do termo Situação de um termo que já foi aposto mas que ainda não expirou.

Durante a pendência de um termo suspensivo, o acto ou proposição jurídicos a ele sujeitos são juridicamente ineficazes, só passando a ser eficazes com a expiração do termo.

Durante a pendência de um termo resolutivo, o acto ou propo-

Dicionário da Parte Geral do Código Civil Português 156

sição jurídicos a ele sujeitos são juridicamente eficazes, deixando de o ser, por caducidade, logo que o termo expire.

Personalidade jurídica Susceptibilidade de ser sujeito de situações jurídicas, reconhecida pelo direito a determinado ente.

Exemplos: os seres humanos gozam todos, sem excepção, de personalidade jurídica; as associações, as fundações e as sociedades gozam, em geral, de personalidade jurídica; o Estado português e alguns outros tipos de instituições públicas gozam igualmente de personalidade jurídica. Os animais e as plantas não gozam, à luz da lei actual, de personalidade jurídica, pois não podem ser sujeitos de quaisquer direitos, obrigações ou outras situações jurídicas.

A personalidade jurídica, ao contrário da capacidade jurídica, não é mensurável, isto é, não se tem em maior ou menor medida: ou se tem, ou não se tem.

Exemplo: o facto de uma criança não se poder casar e um adulto o poder fazer não significa que a personalidade jurídica da criança seja inferior à do adulto; o que é inferior é a sua capacidade jurídica (neste caso, a capacidade de gozo). Ou seja, ambas têm personalidade jurídica, mas a criança tem uma capacidade jurídica limitada.

A personalidade jurídica pode referir-se ao direito em geral ou a determinada esfera ou ramo do direito em particular.

Exemplo: as associações gozam de personalidade jurídica interna (ou seja, na esfera do direito interno), mas não de personalidade jurídica internacional (ou seja, na esfera do direito internacional). Isto significa que elas podem ser sujeitos de situações jurídicas regidas pelo direito interno (de Portugal ou de outro ordenamento), mas não de situações jurídicas regidas pelo direito internacional público.

Outro exemplo: as heranças não gozam, em geral, de personalidade jurídica, mas, se os seus titulares ainda não estiverem determinados, elas gozam de personalidade judiciária (artigo 6.º do Código do Processo Civil). A personalidade judiciária corresponde à personalidade jurídica nos ramos de direito processual, nomeadamente no ramo do direito processual civil. Ela é definida pelo artigo 5.º/1 do Código do Processo Civil como a "susceptibilidade de ser parte". É, portanto, a susceptibilidade de ser titular das situações jurídicas processuais inerentes à qualidade de parte no processo. Eis, portanto, um caso em que uma entidade não possui personalidade jurídica no direito em geral, mas a possui num determinado ramo do direito.

Pertença O mesmo que "coisa acessória".

Pessoa colectiva Organização de pessoas ou bens à qual o direito reconhece personalidade jurídica.

Exemplo: uma associação.

Uma pessoa colectiva pode ser pública ou privada.

Pessoa colectiva privada Pessoa colectiva não pertencente à categoria de pessoa colectiva pública.

Na ordem jurídica portuguesa actual são reconhecidos três tipos de pessoas colectivas privadas: associações, fundações e sociedades.

Pessoa colectiva pública Pessoa colectiva criada por iniciativa pública, para assegurar a prossecução necessária de interesses públicos, e por isso dotada em nome próprio de poderes e deveres públicos.

Esta é a noção elaborada por Diogo Freitas do Amaral.[97]

Têm sido propostos pela doutrina diferentes critérios para distinguir as pessoas colectivas públicas das pessoas colectivas privadas: iniciativa, fim, capacidade jurídica, regime jurídico, subordinação ao Estado e função administrativa.[98]

Segundo o critério da iniciativa, as pessoas colectivas públicas são as que são criadas pelos poderes públicos, e as privadas as que resultam de uma iniciativa particular. É este o critério seguido pelo jurista alemão Ennecerus. Contra este critério tem sido apresentada a seguinte objecção: o Estado também cria pessoas colectivas privadas, tais como sociedades anónimas de capitais públicos ou sociedades anónimas de economia mista.

Segundo o critério do fim, são públicas as pessoas colectivas que prosseguem fins de interesse público e privadas as que prosseguem fins de utilidade particular. É o critério adoptado por Zanobini e Cabral de Moncada. Contra este critério alega-se a existência de instituições particulares de interesse público.

De acordo com o critério da capacidade jurídica, a pessoa colectiva é pública se tiver poderes de autoridade e privada se não os tiver. É o critério proposto por Jellinek, Ferrara, Michoud, Esteves de Oliveira, Cunha Gonçalves, Manuel de Andrade e Mota Pinto. A este critério objecta-se com dois argumentos: por um lado, as empresas públicas, que são pessoas colectivas públicas, não têm, em geral, poderes de autoridade; por outro lado, as sociedades concessionárias de serviços públicos, de obras públicas ou de bens do domínio público, apesar de serem pessoas colectivas privadas, têm alguns poderes de autoridade.

Segundo o critério do regime jurídico, são públicas as pessoas colectivas submetidas a um regime jurídico de direito público e privadas as que se regem pelo direito privado. É o critério preconizado por Carvalho Fernandes. Contra este critério invoca-se o facto de as empresas públicas actuarem sob a égide do direito privado.

Segundo o critério da subordinação ao Estado, são públicas as pessoas que se acham subordinadas ao Estado mediante a sujeição a um controlo de mérito, e não apenas de legalidade. É a opinião de Cammeo e Dias Marques. A isto objecta-se com o argumento de que em vários países há pessoas colectivas públicas sobre as quais o Estado exerce apenas uma tutela de legalidade, e não de mérito. É o que se passa, por exemplo, em Portugal, com as regiões autónomas e as autarquias locais.

De acordo com o critério da obrigação de existir, são públicas as pessoas colectivas que têm a obrigação de existir e que, por isso, não se podem dissolver, e privadas as outras. Este critério foi propugnado por Rosin, Forti e Afonso Queiró.

De acordo com o critério da função administrativa, são públicas as pessoas colectivas que participam de forma imediata e necessária, por direito próprio, no exercício da função administrativa do Estado. Esta é a noção elaborada por Marcelo Rebelo de Sousa. Contra esta noção invocam-se os seguintes argumentos: há pessoas colectivas públicas que não participam no exercício da função administrativa do Estado, mas antes exercem auto-administração (por exemplo, em alguns países, as autarquias locais e as regiões autónomas); além disso, há pessoas colectivas públicas que, além da função administrativa, também exercem funções políticas e legislativas (por exemplo, em alguns países, as regiões autónomas).

Há autores que advogam a combinação de vários destes critérios para se obter uma noção precisa de pessoa colectiva pública. Um desses autores é Freitas do Amaral, que conjuga na sua definição os critérios da criação, do fim e da capacidade.

Há diversos tipos de pessoas colectivas públicas. Os tipos existentes no direito de matriz portuguesa são os seguintes: pessoas colectivas de população e território, institutos públicos, fundações públicas, associações públicas e empresas públicas.

[97] *Curso de Direito Administrativo*, volume I, Livraria Almedina, Coimbra, 1992, página 587.

[98] As explicações seguintes foram extraídas do manual de Diogo Freitas do Amaral, *ob. cit.*, páginas 581 a 587.

Pessoa jurídica Sentido amplo: ente dotado de personalidade jurídica. Pode ser uma pessoa singular ou colectiva.

Exemplos: um leitor deste dicionário (pessoa singular); uma associação (pessoa colectiva).

Sentido restrito: organização de pessoas ou bens à qual o direito reconhece personalidade jurídica. Opõe-se a pessoa singular.

Exemplo: uma associação.

Na terminologia jurídica portuguesa, a expressão "pessoa jurídica" tem o sentido amplo. Ao invés, na terminologia jurídica alemã, a expressão correspondente – *"juristische Person"* – tem o sentido restrito (como o tem também, por exemplo, na terminologia chinesa, a palavra *"faren"*).

Uma pessoa jurídica em sentido restrito (pessoa colectiva) pode ser uma pessoa colectiva pública ou uma pessoa colectiva privada.

Pessoa singular Ente individual do mundo físico ao qual o direito reconhece personalidade jurídica.

À luz da lei actual, só são pessoas singulares os indivíduos do género humano.

Poder Disponibilidade de meios para a obtenção de um fim.[99]

Exemplo: o credor, para ver satisfeito o seu direito de crédito, tem o poder de interpelar o devedor.

[99] Manuel Gomes da Silva *apud* António Menezes Cordeiro, *Teoria Geral do Direito Civil*, 1.º volume, 2.ª edição, Associação Académica da Faculdade de Direito de Lisboa, 1990, página 253.

O poder pode ser jurídico, se os meios disponíveis forem de actuação jurídica, ou material, se os meios disponíveis forem de actuação material.[100]

Exemplo: o proprietário de uma nêspera tem, entre outros, os poderes de a vender e de a consumir. O poder de a vender é um poder jurídico, porque se exerce através de um contrato de compra e venda; o poder de a consumir, pelo contrário, é um poder material, porque se exerce através de sucessivos actos de abocanhamento, mastigação e deglutição.

[100] António Menezes Cordeiro, *ob. cit.*, página 254.

Poder funcional Situação jurídica que confere ao respectivo sujeito um poder ou um conjunto de poderes que ele deve exercer obrigatoriamente, embora possa determinar o seu conteúdo concreto e o modo desse exercício, nos termos da lei.

O poder funcional distingue-se do simples poder e do direito subjectivo, porque estes podem ser exercidos ou não ser exercidos, consoante a vontade do respectivo

Dicionário da Parte Geral do Código Civil Português

sujeito, ao passo que o poder funcional tem obrigatoriamente que ser exercido. Mas também se distingue da obrigação, porque nesta o sujeito não pode, em regra, determinar unilateralmente o seu conteúdo concreto nem os termos em que a vai cumprir (tempo, lugar, etc.), enquanto que no poder funcional pode fazê-lo, dentro dos limites impostos pela lei.

Exemplo: o poder paternal.

Poder-dever
Vide "poder funcional".

Por maioria de razão
Vide "argumento de maioria de razão".

Pós-actividade Eficácia de um acto jurídico ou proposição jurídica de execução continuada ou sucessiva sobre uma situação jurídica constituída em momento posterior ao da cessação da vigência daquele acto ou proposição, mas em consequência de um facto jurídico ocorrido ainda na sua vigência.[101]

A pós-actividade é, pois, uma forma particular de ultra-actividade.

Exemplo: uma nova lei reguladora das relações jurídicas de trabalho estipula que as relações constituídas antes da entrada em vigor dessa lei se continuam a reger pelas normas jurídicas que anteriormente lhes eram aplicáveis. Neste caso, tais normas jurídicas poderão inclusivamente aplicar-se a situações novas, desde que estas surjam como um efeito jurídico do contrato de trabalho, o qual, por seu turno, representa um facto jurídico anterior à vigência da nova lei. Dir-se-á, assim, que a nova lei, implicando embora a cessação da vigência de todas ou algumas das normas jurídicas que anteriormente regulavam as relações de trabalho, lhes confere pós-actividade.

[101] Boris Starck, Henri Roland e Laurent Boyer, *Introduction au Droit*, 3.ª edição, LITEC – Librairie de la Cour de Cassation, Paris, 1991, páginas 239 a 241. Estes autores referem-se especificamente à pós-actividade de uma lei. Na nossa definição, estendemo-la à generalidade dos actos e proposições jurídicos de execução continuada ou sucessiva.

Prédio Coisa imóvel constituída por uma parte delimitada do solo, com ou sem construções, ou por um edifício.

Os prédios podem ser rústicos ou urbanos.

Prédio rústico Coisa imóvel constituída por uma parte delimitada do solo e pelas construções aí existentes que não tenham autonomia económica.[102]

Exemplo: uma unidade agrícola, incluindo o campo de cultivo e as casas das pessoas que nela trabalhem.

[102] Noção semelhante à da 1.ª parte do artigo 204.º/2 do Código Civil.

O prédio rústico contrapõe-se ao prédio urbano.

Tanto os prédios rústicos como os prédios urbanos podem ser constituídos por um terreno e por uma construção. A diferença entre eles reside no seguinte: nos prédios rústicos, a parte mais importante, do ponto de vista económico, é o terreno; nos prédios urbanos, pelo contrário, a parte economicamente mais importante é a construção, que, neste caso, é necessariamente um edifício. Nos prédios rústicos nem sequer é necessária a existência de uma construção e, se esta existir, não tem autonomia económica em relação ao terreno.

Prédio urbano Coisa imóvel constituída por um edifício incorporado no solo e pelos terrenos que lhe sirvam de logradouro.[103]

Exemplo: um prédio para habitação situado no meio da cidade.

[103] Noção semelhante à da 2.ª parte do artigo 204.º/2 do Código Civil.

O prédio urbano contrapõe-se ao prédio rústico.

Tanto os prédios urbanos como os prédios rústicos podem ser constituídos por um terreno e por uma construção. A diferença entre eles reside no seguinte: nos prédios urbanos, a parte mais importante, do ponto de vista económico, é a construção, e esta é necessariamente um edifício; nos prédios rústicos, pelo contrário, a parte economicamente mais importante é o terreno (a construção é, aliás, prescindível).

Prescrição Vicissitude de uma situação jurídica que consiste em ela perder a susceptibilidade de ser feita valer em juízo, em virtude do decurso de um certo prazo.

Exemplo: uma pessoa aluga um automóvel a outra por uma semana, ficando acordado que o aluguer, no valor de 300 euros, será pago no momento da devolução do automóvel. O locatário, ao fazer esta devolução, não paga o aluguer. No entanto, o locador só se decide a intentar uma acção judicial para exigir o pagamento do aluguer passados 6 anos. Nesse momento, já não o pode fazer, porquanto, de acordo com o artigo 310.º, b) do Código Civil, o direito do locador ao aluguer e a correlativa obrigação do locatário de a pagar prescrevem ao cabo de 5 anos. Isto significa que no ano anterior o locador perdeu o direito de exigir judicialmente a satisfação do seu crédito.

No direito português, os prazos de prescrição fixados pela lei são inderrogáveis (artigo 300.º do Código Civil).

A prescrição é diferente da caducidade (*vide* "caducidade", 2.). Ao caducar, uma situação jurídica extingue-se; ao prescrever, uma situação jurídica não se extingue,

Dicionário da Parte Geral do Código Civil Português 162

mas deixa de poder ser feita valer em juízo, ou seja, a sua materialização deixa de ser judicialmente exigível.

Exemplo: uma obrigação, ao prescrever, não se extingue, apenas deixa de ser uma obrigação civil, passando a constituir uma obrigação natural.

Nem todas as situações jurídicas estão sujeitas a prescrição.

O direito de acção e os direitos potestativos que só possam ser exercidos por via judicial não prescrevem, mas caducam, pois a impossibilidade do seu exercício judicial após certo prazo significa, logicamente, a sua extinção.

Os direitos indisponíveis (nomeadamente os direitos de personalidade) também não prescrevem (artigo 298.º/1 do Código Civil), nem tão-pouco caducam.

Os direitos reais de gozo também não prescrevem, embora se possam extinguir pelo não-uso nos casos especialmente previstos na lei (artigo 298.º/3 do Código Civil).

Os direitos de crédito e as correlativas obrigações, pelo contrário, estão sujeitos a prescrição. Aliás, eles estão sujeitos não apenas à prescrição ordinária (ou seja, à prescrição tal como foi acima definida), mas também a um tipo particular de prescrição: a prescrição presuntiva.

Assim, no direito civil pode-se constatar a seguinte orientação: as situações jurídicas relativas estão sujeitas a prescrição, enquanto que as situações jurídicas absolutas são imprescritíveis, embora algumas delas estejam sujeitas a caducidade.

No âmbito do direito penal, existe a prescrição do procedimento criminal e a prescrição da pena.

A prescrição também é, por vezes, designada por "prescrição extintiva", pois que antigamente se usava a expressão "prescrição aquisitiva" para designar a usucapião.

Prescrição aquisitiva Designação que se atribuía antigamente à usucapião.

Prescrição extintiva Designação que se atribuía antigamente à prescrição, para a distinguir da usucapião, que era então denominada de "prescrição aquisitiva".

Prescrição ordinária Prescrição não fundada no cumprimento de uma obrigação.

Trata-se da prescrição propriamente dita, que tem como efeito tornar uma situação jurídica insusceptível de ser feita valer em juízo. Opõe-se à prescrição presuntiva.

Prescrição presuntiva Prescrição de uma obrigação fundada na presunção de que esta já foi cumprida, por já ter decorrido certo prazo fixado na lei.

Exemplo: uma pessoa almoça num restaurante e sai sem pagar. Se, dentro dos 6 meses seguintes, essa pessoa não for judicialmente citada ou notificada de qualquer acto que exprima, directa ou indirectamente, a intenção de cobrar a dívida, esta, ao cabo desses 6 meses, presume-se paga e prescreve. Note-se que ela prescreve porque se presume paga. Trata-se, portanto, de uma prescrição presuntiva. Tudo isto resulta da conjugação dos artigos 312.º, 316.º e 323.º do Código Civil. O artigo 312.º diz: "As prescrições de que trata a presente subsecção fundam-se na presunção de cumprimento". O artigo 316.º, que pertence àquela subsecção, diz: "Prescrevem no prazo de 6 meses os créditos de estabelecimentos de alojamento, comidas ou bebidas, pelo alojamento, comidas ou bebidas que forneçam (…)". O artigo 323.º/1 reza o seguinte: "A prescrição interrompe-se pela citação ou notificação judicial de qualquer acto que exprima, directa ou indirectamente, a intenção de exercer o direito (…)".

A prescrição presuntiva visa proteger os devedores contra o risco de pagarem duas vezes uma dívida da qual não é usual exigir recibo ou guardá-lo durante muito tempo.[104]

Entre a prescrição presuntiva e a prescrição ordinária há uma diferença quanto ao efeito: a prescrição ordinária de uma obrigação converte-a numa obrigação natural, isto é, faz com que o credor deixe de poder exigir judicialmente o seu cumprimento; a prescrição presuntiva não impede que o credor exija judicialmente o cumprimento da obrigação, mas apenas dificulta a prova da dívida, e dificulta-a, porque a presunção de cumprimento só pode ser ilidida por confissão do devedor originário ou daquele a quem a dívida tiver sido transmitida por sucessão (artigo 313.º/1 do Código Civil). Note-se, no entanto, que a dívida se considera confessada se o devedor se recusar a depor ou a prestar juramento no tribunal, ou praticar em juízo actos incompatíveis com a presunção de cumprimento (artigo 314.º do Código Civil). A admissão desta confissão tácita acentua a possibilidade de o credor obter, por via judicial, o cumprimento de uma obrigação presuntivamente prescrita, o que torna mais clara a diferença entre a prescrição presuntiva e a prescrição ordinária.

[104] Pires de Lima e Antunes Varela, *Código Civil Anotado*, volume I, 4ª edição, Coimbra Editora, 1987, página 282.

Presunção Ilação que a lei ou o julgador tira de um facto conhecido para firmar um facto desconhecido.[105]

Exemplo: a presunção de paternidade, formulada no artigo 1826.º/1

Dicionário da Parte Geral do Código Civil Português 164

do Código Civil. Este preceito reza o seguinte: "Presume-se que o filho nascido ou concebido na constância do matrimónio tem como pai o marido da mãe". Nesta situação, há um facto conhecido, que é a identidade do marido da mãe, e um facto desconhecido, que é a identidade do pai. O que aquela norma faz é, partindo da identidade do marido da mãe, estabelecer a identidade do pai, dizendo que o pai é o marido da mãe. Este raciocínio é uma presunção.

[105] Artigo 349.º do Código Civil.

As presunções dividem-se em duas classes: as presunções legais (também chamadas de "presunções de direito") e as presunções judiciais (também designadas por "presunções de facto" ou "presunções naturais").

Presunção absoluta O mesmo que "presunção inilidível".

Presunção de direito O mesmo que "presunção legal".

Presunção de facto O mesmo que "presunção judicial".

Presunção ilidível Presunção legal que a própria lei permite postergar mediante prova de que o facto presumido não é verdadeiro.

Exemplo: a presunção de paternidade é ilidível, porque os artigos 1839.º a 1846.º do Código Civil permitem a certas pessoas (*v.g.* o filho) intentar uma acção de impugnação da paternidade para provarem que o presumido pai (o marido da mãe) não é, afinal, o verdadeiro pai e destruírem, assim, aquela presunção.

A presunção ilidível tem por efeito a inversão do ónus da prova.

Exemplo: o dono de um cão leva-o a passear pela rua e este morde um transeunte que estava a correr para apanhar o autocarro. O transeunte propõe uma acção judicial a fim de ser indemnizado pelo dono do cão. Este defende-se com a alegação de que não teve culpa de que o seu cão lhe tivesse mordido. Põe-se a questão de saber se é o transeunte que tem o ónus de provar a culpa do dono do cão ou se é este que tem o ónus de provar que não teve culpa. A regra geral do artigo 487.º/1 do Código Civil diz que "é ao lesado que incumbe provar a culpa do autor da lesão, salvo havendo presunção legal de culpa". Isto mostra que o efeito da presunção legal de culpa é a inversão do ónus da prova. O artigo 493.º/1 do Código Civil vem, precisamente, estabelecer uma presunção legal de culpa, ao dizer que "quem tiver em seu poder coisa móvel ou imóvel, com o dever de a vigiar, e bem assim quem tiver assumido o encargo de vigilância de quaisquer animais, responde pelos danos que a coisa ou os animais causarem, salvo se provar que nenhuma culpa houve da sua parte ou que os danos se teriam igualmente produzido ainda que não houvesse culpa sua". Assim sendo, no caso vertente presume-se a culpa do dono do cão, impendendo sobre ele o ónus de provar que não a teve.

A presunção ilidível também tem as designações de "presunção relativa" e "presunção *juris tantum*".

Presunção inilidível Presunção legal que a lei não permite postergar em caso nenhum, nem mesmo provando-se que o facto presumido não é verdadeiro.

Exemplo: a presunção de que a posse adquirida por violência é uma posse de má fé. Segundo o artigo 1260.°/1 do Código Civil, "a posse diz-se de boa fé, quando o possuidor ignorava, ao adquiri-la, que lesava o direito de outrem". Daqui se infere que a posse de má fé é aquela que foi obtida com o conhecimento dessa lesão por parte do possuidor. Ora, o n.° 3 do mesmo artigo diz que "a posse adquirida por violência é sempre considerada de má fé, mesmo quando seja titulada". Isto significa que, a partir de um facto constatado num caso concreto, que é o uso da violência na aquisição da posse, se firma um facto não constatado – o conhecimento, pelo possuidor, de que, ao adquirir a posse, estava a lesar um direito de outrem. Esta ilação é uma presunção. E é uma presunção inilidível, porque o citado n.° 3 utiliza o advérbio "sempre" ("... é sempre considerada ..."), desconsiderando, assim, qualquer prova em contrário.

A presunção inilidível também tem as designações de "presunção absoluta" e "presunção *juris et de jure*".

Presunção judicial Presunção feita pelo juiz com base no seu saber empírico.

A presunção judicial também se denomina "presunção de facto" ou "presunção natural".

A presunção judicial contrapõe-se à presunção legal.

Presunção *juris et de jure* O mesmo que "presunção inilidível".

Presunção *juris tantum* O mesmo que "presunção ilidível".

Presunção legal Presunção estabelecida por lei.

Exemplo: a presunção de paternidade, estabelecida pelo artigo 1826.°/ /1 do Código Civil.

Uma presunção legal pode ter um valor relativo, cedendo perante a prova de que o facto presumido é falso, ou pode ter um valor absoluto, sendo totalmente inarredável mesmo que se faça essa prova: no primeiro caso, chama-se "presunção ilidível", "presunção relativa" ou "presunção *juris tantum*"; no segundo, "presunção inilidível", "presunção absoluta" ou "presunção *juris et de jure*".

Dicionário da Parte Geral do Código Civil Português

A presunção legal também se denomina "presunção de direito". À presunção legal contrapõe-se a presunção judicial.

Presunção natural O mesmo que "presunção judicial".

Presunção relativa O mesmo que "presunção ilidível".

Previsão Parte da norma jurídica em que é mencionado ou descrito o facto jurídico ao qual está associado o efeito jurídico fixado na estatuição.

Exemplo: na norma que diz que "quem matar outra pessoa é punido com pena de prisão de 8 a 16 anos" (artigo 131.° do Código Penal), a previsão está contida no sintagma nominal ("quem matar outra pessoa"). O sintagma verbal ("é punido com pena de prisão de 8 a 16 anos") contém a estatuição.

Uma das formulações típicas da previsão consiste no emprego de uma oração subordinada condicional iniciada com a conjunção "se" ou "quando" ou com a locução "no caso de", "sempre que", "desde que", "contanto que" ou outra semelhante.

Exemplo: "Se a prestação consistir na entrega de coisa determinada, o credor tem a faculdade de requerer, em execução, que a entrega lhe seja feita judicialmente" (artigo 827.° do

Código Civil). Nesta norma, a previsão é "se a prestação consistir na entrega de coisa determinada".

Outra das formulações típicas consiste no uso de uma oração subordinada condicional principiada com a locução "excepto se", "excepto quando", "salvo se" ou outra semelhante. Nestes casos, o facto pressuposto para a atribuição do efeito jurídico fixado na estatuição é exactamente o contrário daquele que é expresso a seguir a essas locuções. A previsão infere-se, por isso, *a contrario sensu*.

Exemplo: "É ao lesado que incumbe provar a culpa do autor da lesão, salvo havendo presunção legal de culpa" (artigo 487.°/1 do Código Civil). Nesta norma, há duas previsões cumulativas: uma é a ocorrência de uma lesão, que está subentendida e sem a qual a norma não teria qualquer sentido; outra é a inexistência de presunção legal de culpa, que se infere *a contrario sensu* da parte da norma que diz "salvo havendo presunção legal de culpa".

Outro modo típico de expressar a previsão é a qualificação do sujeito da frase, seja por meio de um simples adjectivo, seja através de uma oração relativa.

Exemplo: "O negócio simulado é nulo" (artigo 240.°/2 do Código Civil). Aqui a previsão é expressa por meio da palavra "simulado". O facto jurídico previsto é, pois, a simulação. A mesma previsão poderia ser expressa através da oração condicional "se o negócio for simulado".

Outro exemplo: "O credor que recebe a prestação de terceiro pode subrogá-lo nos seus direitos, desde que o faça expressamente até ao momento do cumprimento da obrigação" (artigo 589.º). Esta norma contém duas previsões cumulativas: a primeira, que é a principal, está expressa através da oração relativa "que recebe a prestação de terceiro"; a segunda é "desde que o faça expressamente até ao momento do cumprimento da obrigação".

A previsão também pode estar subentendida, devendo, nesse caso, ser determinada a partir de um dos elementos da frase (sujeito, complemento directo, complemento indirecto, complemento circunstancial de tempo, complemento circunstancial de lugar, advérbio de modo, etc.).

Exemplo: "Todos têm direito à liberdade e à segurança" (artigo 27.º/1 da Constituição). Neste caso, a previsão subentendida refere-se ao sujeito da frase – "todos", isto é, todas as pessoas. Essa previsão é a existência da pessoa. Também se pode considerar que o facto jurídico subentendidamente previsto é o nascimento da pessoa, pois o direito à liberdade e à segurança é reconhecido a todas as pessoas desde o seu nascimento.

Outro exemplo: "O terceiro pode rejeitar a promessa ou aderir a ela" (artigo 447.º/1 do Código Civil). Neste caso, a previsão subentendida refere-se ao complemento directo da frase – a promessa. Ou seja, está prevista a existência de uma promessa. Esta promessa resulta de um contrato a favor de terceiro. O facto jurídico subentendidamente previsto é, portanto, a celebração de um contrato a favor de terceiro.

Uma norma jurídica pode conter mais de uma previsão. A relação entre as diversas previsões pode ser de cumulatividade ou de alternatividade. As previsões cumulativas são normalmente ligadas pela conjunção copulativa "e" ou pela conjunção adversativa "mas", enquanto que as previsões alternativas são usualmente ligadas pela conjunção alternativa "ou".

Exemplo: "Quem, pelo menos por negligência, se colocar em estado de inimputabilidade derivado da ingestão ou consumo de bebida alcoólica ou substância tóxica e, nesse estado, praticar um facto ilícito típico é punido com pena de prisão até 5 anos ou com pena de multa até 600 dias" (artigo 295.º/1 do Código Penal). Nesta norma podem ser destrinçadas cinco previsões: a ingestão de bebida alcoólica; a ingestão de substância tóxica; o consumo de substância tóxica por outra via que não a ingestão; o surgimento de um estado de inimputabilidade em virtude dessa ingestão ou consumo; a prática de um facto ilícito típico.[106] Entre as primeiras três previ-

Dicionário da Parte Geral do Código Civil Português

sões, a relação é de alternatividade. Entre cada uma delas e a quarta, a relação é de cumulatividade. Entre cada uma dessas quatro e a quinta, a relação também é de cumulatividade. Isto significa que a estatuições desta norma só operam se se verificar uma das seguintes situações: ou a ocorrência cumulativa dos primeiro, quarto e quinto factos previstos, ou a ocorrência cumulativa dos segundo, quarto e quinto factos previstos, ou a ocorrência cumulativa dos terceiro, quarto e quinto factos previstos.

[106] Nesta enumeração, ignoramos a expressão "pelo menos por negligência", porque a existência de negligência ou de dolo constitui um pressuposto geral da responsabilidade penal.

Vide "estatuição".

Princípio jurídico Proposição abstracta que exprime certa orientação do ordenamento jurídico.

Exemplo: o princípio da igualdade.

Os princípios jurídicos podem ser elaborados por indução a partir de normas jurídicas ou extraídos por dedução de princípios jurídicos mais abrangentes ou de valores.

Exemplo: o princípio da justiça comutativa pode ser deduzido de princípios mais amplos como o da justiça *tout court* ou o da igualdade, mas também pode ser induzido a partir de normas jurídicas como as referentes

ao enriquecimento sem causa (artigos 473.° a 482.° do Código Civil) e à usura (artigos 282.° a 284.° e 1146.° do Código Civil).

Como os princípios jurídicos são mais abstractos que as normas jurídicas, é normal que um certo princípio se reflicta em várias normas. Mas também pode suceder que uma certa norma reflicta simultaneamente vários princípios, conjugando-os.

Exemplo: como se viu no exemplo anterior, o princípio da justiça comutativa reflecte-se em diversas normas do Código Civil, entre elas se incluindo a disposição constante do artigo 282.°/1; mas esta disposição, que declara anuláveis os negócios usurários, também reflecte um outro princípio – o princípio da liberdade negocial.

Procuração Negócio jurídico pelo qual alguém atribui a outrem, voluntariamente, poderes representativos.[107]

A procuração é, pois, o fundamento jurídico legitimador de uma representação voluntária. Uma representação voluntária feita por quem não disponha de procuração é uma representação sem poderes.

Uma vez que a procuração confere poderes de representação, os actos jurídicos praticados ao abrigo da procuração pela pessoa que a recebeu sê-lo-ão em nome da pessoa que a passou, produzindo os seus efeitos na esfera jurídica desta.

Exemplo: um homem detido numa prisão dos Estados Unidos deseja contrair casamento com a sua noiva, que reside em Portugal. Esta, por sua vez, não se pode deslocar aos Estados Unidos, porque lhe foi recusada a entrada nesse país. Em face disto, o homem decide passar ao seu irmão uma procuração para este o representar na celebração do casamento em Portugal, nos termos do artigo 1620.° do Código Civil. No uso dessa procuração, o irmão participa na celebração do casamento e declara aceitá-lo em nome do noivo detido. Assim, é este último, e não o irmão, quem se torna marido da outra contraente.

[107] Noção semelhante à do artigo 262.°/1 do Código Civil, mas com a substituição da palavra "acto" pela expressão "negócio jurídico", por ser mais concreta.

Aquele que passa a procuração chama-se "constituinte". Aquele que a recebe chama-se "procurador".

A procuração não se confunde com o mandato. A procuração é um negócio jurídico unilateral praticado pelo constituinte, só o vinculando a ele, ao passo que o mandato é um contrato, vinculando tanto o mandante como o mandatário. Consequentemente, o efeito da procuração sobre o procurador é a atribuição de poderes, e não a imposição de obrigações;

a procuração permite-lhe praticar certos actos jurídicos, mas ele pode não os praticar. Pelo contrário, o mandato impõe ao mandatário a obrigação de praticar certos actos jurídicos e por isso, se ele não os praticar, incorrerá em responsabilidade civil por incumprimento do contrato. Além disso, o mandato não confere necessariamente poderes representativos ao mandatário: só os confere se nele estiver inserida uma procuração. Neste caso, o contrato denomina-se "mandato com representação".

Procurador (direito civil) Representante nomeado mediante procuração.

Proibição do *non liquet* Princípio jurídico segundo o qual uma pessoa incumbida de decidir um caso segundo o direito não se pode nunca abster de decidir, mesmo invocando a falta ou obscuridade da lei ou alegando dúvida insanável acerca do facto em apreço.

As dúvidas têm de ser resolvidas através da interpretação jurídica, e as lacunas têm de ser integradas com recurso à analogia *legis* ou, subsidiariamente, à analogia *juris*, ou então à equidade, se estiverem reunidos os pressupostos fixados na lei.

Proposição jurídica Enunciado linguístico que estabelece um ou mais efeitos jurídicos.[108]

As proposições jurídicas são o conteúdo dos actos jurídicos. Um acto jurídico pode ser composto por uma ou mais proposições jurídicas.

Quando atribuam aos efeitos nelas estabelecidos um alcance geral e abstracto (*vide* "generalidade" e "abstracção"), as proposições jurídicas qualificam-se de normas jurídicas.

Além das normas jurídicas, são também proposições jurídicas as diversas cláusulas e comandos que compõem os diferentes tipos de actos jurídicos.

Exemplos: cláusulas contratuais; cláusulas testamentárias; comandos contidos em actos administrativos; comandos contidos em sentenças.

[108] Atribuímos, pois, a esta expressão um sentido mais amplo do que aquele que é dado ao termo alemão correspondente (*Rechtssatz*) por Karl Larenz em *Methodenlehre der Rechtswissenschaft*, 5.ª edição, Springer-Verlag, Berlin (tradução portuguesa: *Metodologia da Ciência do Direito*, 2.ª edição, Fundação Calouste Gulbenkian, Lisboa, páginas 297 e seguintes). Este autor utiliza o termo *Rechtssatz* para designar o enunciado linguístico em que se exprime uma norma jurídica. Mas, como esclarecemos a seguir, a norma jurídica é apenas um tipo de proposição jurídica: é aquela cujos efeitos jurídicos têm alcance geral e abstracto. Há também proposições jurídicas com alcance individual e/ou concreto.

Quando consista numa norma jurídica ou numa cláusula negocial, a proposição jurídica designa-se comummente por "disposição".

Exemplos: uma norma constante de uma lei tanto se pode designar por "norma legal" como por "disposição legal"; uma cláusula constante de um contrato tanto se pode designar por "cláusula contratual" como por "disposição contratual".

Protutor Vogal do conselho de família incumbido de exercer com carácter permanente a fiscalização da acção do tutor.[109]

[109] Código Civil, artigo 1955.º/1.

Pupilo Menor ou interdito sujeito a tutela.

Qualificação (em direito internacional privado) Determinação, à luz do direito material da lei convocada pela regra de conflitos, da subsumibilidade da situação jurídica *sub judice* no conceito-quadro utilizado pela regra de conflitos.

Trata-se de uma operação necessária para se verificar se o direito material da lei convocada pela regra de conflitos poderá, efectivamente, ser aplicado à questão em apreço – sê-lo-á, se considerar esta questão como estando enquadrada no conjunto de matérias para cuja regulação a regra de conflitos o considera competente.

Exemplo: um cidadão inglês habitualmente residente em Londres morre intestado em Portugal, não deixando cônjuge nem parentes sucessíveis. As normas de conflitos do direito português consideram aplicável a esta sucessão a lei inglesa (artigos 31.º/1 e 62.º do Código Civil). As normas de conflitos do direito inglês consideram igualmente aplicável a este caso a lei inglesa. Neste ponto poder-se-ia pois concluir pela aplicabilidade da lei material inglesa ao caso *sub judice* (artigo 16.º do Código Civil português, conjugado com os artigos 17.º e 18.º do mesmo diploma). No entanto, há ainda que ver se as normas do direito material inglês que regulam a situação *sub judice* são realmente normas de direito sucessório. É que é a essas normas, e só a essas, que o artigo 62.º do Código Civil português, conjugado com o artigo 31.º/1 do mesmo diploma, atribui competência para regular a sobredita situação. Essa indagação destinada a verificar o enquadramento sistemático das normas do direito material inglês convocadas pela norma de conflitos da lei portuguesa é, precisamente, a qualificação. Esta operação levará o intérprete a verificar que as normas do direito material inglês que regulam a herança vaga (*bona vacantia*) – e que determinam a apropriação desta pela Coroa – não pertencem, nesse ordenamento jurídico, ao direito sucessório, mas ao direito administrativo.

Em Portugal, o aplicador do direito, antes de aplicar uma norma de uma lei exterior, tem de proceder à sua qualificação, só podendo realmente aplicá-la se ela, no ordenamento jurídico a que pertence, se integrar no regime jurídico do instituto visado pela norma de conflitos que a convocou. Assim o preceitua o artigo 15.º do Código Civil: "A competência atribuída a uma lei abrange somente as normas que, pelo seu conteúdo e pela função que têm nessa lei, integram o regime do instituto visado na regra de conflitos".

Exemplo: na hipótese apresentada no exemplo anterior, a norma inglesa que determina a apropriação da herança vaga pela Coroa não se aplica, uma vez que ela não integra o regime do instituto sucessório (que é o instituto visado pelo artigo 62.º do Código Civil português), mas um regime de direito administrativo.

Robertson, conhecido especialista de Direito Internacional Privado, divide o processo de qualificação em duas operações: qualificação primária e qualificação secundária. A qualificação primária consistiria, segundo este autor, na determinação, à luz do direito material da lei do foro, do conceito-quadro em que a situação jurídica *sub judice* se subsume. A qualificação secundária, por seu turno, traduzir-se-ia na determinação do ramo do direito ou do instituto jurídico aos quais, no quadro da lei convocada pela regra de conflitos,

Dicionário da Parte Geral do Código Civil Português 172

pertencem as normas materiais reguladoras da situação jurídica *sub judice*.

Qualificação primária (em direito internacional privado) Determinação, à luz do direito material da lei do foro, do conceito-quadro em que a situação jurídica *sub judice* se subsume.

Esta definição reflecte o entendimento de Robertson, que divide o processo de qualificação em duas operações sucessivas: qualificação primária e qualificação secundária.

Qualificação secundária (em direito internacional privado) Determinação do ramo do direito ou do instituto jurídico aos quais, no quadro da lei convocada pela regra de conflitos, pertencem as normas materiais reguladoras da situação jurídica *sub judice*.

Esta noção baseia-se na teoria de Robertson, que divide o processo de qualificação em duas operações sucessivas: qualificação primária e qualificação secundária.

Quase-negócio jurídico *Vide* "acto jurídico quase negocial".

Questão prévia Situação jurídica de cuja regulação depende a solução a dar à situação jurídica *sub judice*.

Exemplo: intentada uma acção de divórcio por um dos cônjuges contra o outro, este vem invocar, por via de excepção, a invalidade do casamento e requerer a sua anulação. A eventual anulação do casamento obstará ao divórcio. Por isso, a decisão sobre o pedido de divórcio ficará dependente da decisão sobre o pedido de anulação do casamento. A validade do casamento será, portanto, neste caso, uma questão prévia.

Ramo do direito
1. Parte da ordem jurídica constituída pelas normas e princípios relativos a determinado conjunto de matérias delimitado pela ciência jurídica.

Exemplos: direito constitucional, direito civil, direito penal, direito administrativo, direito processual civil, direito processual penal, direito comercial, direito fiscal, etc.

2. Parte da ciência jurídica que estuda as normas e princípios relativos a determinado conjunto de matérias por ela própria delimitado.

Exemplos: as disciplinas que estudam cada um dos ramos enumerados no exemplo anterior.

Recesso Acto pelo qual uma das partes num acto jurídico multilateral se desvincula deste último.

Este termo é normalmente utilizado em Direito Internacional Público.

Exemplo: o artigo 56.°/1 da Convenção sobre o Direito dos Tratados assinada em Viena a 23 de Maio de 1969 diz o seguinte: "Um tratado que não contenha disposições relativas à cessação da vigência e não preveja que as partes possam denunciá-lo ou praticar o recesso não é susceptível de denúncia ou de recesso, salvo (...)".

O recesso, ao contrário da revogação unilateral e da denúncia, não extingue, em princípio, o acto do qual a parte se desvincula, pois ele continua a vigorar entre as restantes partes. Só o extinguirá se essas partes passarem a ser em número insuficiente para se manter em relação a elas a eficácia do acto.

Redução (de um acto jurídico) Limitação do conteúdo de um acto jurídico parcialmente inválido à parte não viciada.

Exemplo: é estipulado num contrato de mútuo, sem garantia real, um juro anual de 20%. Este contrato é usurário, pois o artigo 1146.°/1 do Código Civil diz que "é havido como usurário o contrato de mútuo em que sejam estipulados juros anuais superiores a oito ou dez por cento, conforme exista ou não garantia real". Os negócio usurários são anuláveis, segundo o artigo 282.°/1 do Código Civil. Mas esta anulabilidade é parcial, pois só atinge a parte em que o juro convencionado excede o limite de 10%. Por isso, o artigo 1146.°/3 do Código Civil preceitua que a taxa que ultrapasse o limite legal se considera reduzida a esse preciso limite. Esta norma determina, pois, a redução do contrato de mútuo usurário, fazendo com que a parte usurária seja expurgada e a parte válida seja aproveitada.

Em regra, não há lugar à redução do acto, se se mostrar que ele não teria sido praticado sem a parte viciada.

Redução teleológica Restrição do âmbito de aplicação de uma norma jurídica para aquém do âmbito que resultaria de uma interpretação declarativa ou de uma interpretação restritiva da mesma, subtraindo-se-lhe os casos que o intérprete entenda não estarem abrangidos pela finalidade da respectiva estatuição.

A redução teleológica distingue-se da interpretação restritiva, na medida em que a interpretação restritiva ainda é uma forma de interpretação, ou seja, ainda visa determinar o sentido da norma. A redução teleológica opera *a posteriori*, já na fase da aplicação, e vem afastar a aplicação da norma a um caso concreto que ela, mesmo que interpretada restritivamente, abrangeria.

A redução teleológica é uma operação oposta à analogia *legis*. Com a analogia *legis*, o aplicador da lei estende uma norma a um caso omisso, porque entende que entre o caso omisso e o caso regulado pela norma há analogia. Com

Dicionário da Parte Geral do Código Civil Português

a redução teleológica, o aplicador da lei recusa a aplicação da norma a um caso que *prima facie* estava por ela abrangido, por entender que ele é substancialmente diferente dos outros casos abrangidos pela mesma norma. A analogia *legis* funda-se no princípio do tratamento igual de situações iguais. A redução teleológica funda-se no princípio do tratamento diferente de situações substancialmente diferentes. Ambos os princípios são, na verdade, sub-princípios constitutivos do princípio da igualdade.

Reenvio (em direito internacional privado) Remissão feita pelas normas de conflitos da lei primeiramente convocada para uma outra lei.

Exemplo: um casal de cidadania chinesa habitualmente residente em Portugal deseja adoptar uma criança em Macau. O Código Civil de Macau, através dos artigos 30.º/1 e 56.º/1, manda aplicar à filiação adoptiva a lei da residência habitual, ou seja, neste caso, a lei de Portugal. No entanto, o direito de conflitos português, através dos artigos 31.º/1 e 60.º/1 do respectivo Código Civil, considera competente para regular a filiação adoptiva, não a lei da residência habitual dos adoptantes, mas a lei da nacionalidade, que é, neste caso, a lei chinesa. Dir-se-á, pois, que as normas de conflitos da lei portuguesa fazem, neste caso, um reenvio para a lei chinesa.

O reenvio pode assumir a forma de retorno (reenvio de L2 para L1) ou de transmissão (reenvio de L2 para L3).

Reenvio por transmissão (em direito internacional privado) O mesmo que "transmissão" (em direito internacional privado).

Reenvio total (em direito internacional privado) O mesmo que "devolução integral".

Referência global (em direito internacional privado) Remissão feita por uma norma de conflitos tanto para as normas materiais da lei convocada como para algumas ou todas as suas normas de direito internacional privado.

Uma norma de conflitos que faça uma referência global aceita, pois, o reenvio feito pela lei primeiramente convocada (isto é, o reenvio feito por L2).

A referência global opõe-se à referência material e pode assumir a forma de devolução simples ou de devolução integral (também chamada "dupla devolução", "devolução dupla" ou "reenvio total").

Referência material (em direito internacional privado) Remissão feita por uma norma de conflitos exclusivamente para as normas materiais da lei por ela convocada.

Diz-se, portanto, que uma norma de conflitos faz uma referência material quando ela manda aplicar ao caso *sub judice* as normas materiais do ordenamento jurídico designado, não aceitando o reenvio que as normas de direito internacional privado desse ordenamento porventura façam para as normas materiais de um outro ordenamento.

Exemplo: o artigo 16.º do Código Civil diz que "a referência das normas de conflitos a qualquer lei estrangeira determina apenas, na falta de preceito em contrário, a aplicação do direito interno dessa lei". Esta disposição afirma, pois, que, em regra, as normas de conflitos do direito português (L1) fazem uma mera referência material, não abrangendo na sua remissão qualquer norma de direito internacional privado do ordenamento jurídico designado (L2).

A referência material opõe-se à referência global.

Regime jurídico

1. Sentido amplo: conjunto de normas e de princípios jurídicos aplicáveis a determinada matéria.

Exemplo: o regime jurídico da adopção é o conjunto de normas e de princípios jurídicos que regem a adopção.

O regime jurídico de uma certa matéria não compreende apenas as normas e os princípios que regem especificamente essa matéria, mas também as normas e os princípios de carácter mais geral que lhe sejam aplicáveis.

Exemplo: o regime jurídico do arrendamento para habitação não compreende apenas as normas e os princípios que regem especificamente o arrendamento para habitação, mas também as normas e os princípios que regem o arrendamento, a locação, os contratos e os negócios jurídicos, desde que não sejam afastados por normas ou princípios especiais ou excepcionais relativos ao arrendamento para habitação. Isto é assim, porque o arrendamento para habitação é um tipo de arrendamento, o arrendamento é um tipo de locação, a locação é um tipo de contrato e o contrato é um tipo de negócio jurídico.

2. Sentido restrito: conjunto de disposições, contidas num diploma, que regula especificamente uma determinada matéria.

Exemplo: quando se diz que um certo diploma aprovou o regime jurídico da propriedade industrial, quer-se dizer que ele aprovou um articulado no qual se formulam as normas e os princípios que regulam especificamente a propriedade industrial. Trata-se, portanto, do regime jurídico em sentido restrito. O regime jurídico em sentido amplo compreende ainda as disposições do Código Civil referentes ao direito de propriedade que se harmonizem com a natureza da

Dicionário da Parte Geral do Código Civil Português 176

propriedade industrial e não contrariem o regime especialmente estabelecido para ela – é o que preceitua o artigo 1303.º/2 do Código Civil.

Regime subsidiário Conjunto de normas jurídicas que, por determinação de outra norma, é extensivo a factos diferentes dos previstos naquelas normas, mas apenas na medida em que aqueles factos não estejam especialmente regulados.

Exemplo: o regime do mandato estabelecido pelo Código Civil funciona como um regime subsidiário para as modalidades do contrato de prestação de serviços que a lei não regule especialmente. Isto, porque o artigo 1156.º do Código Civil diz que "as disposições sobre o mandato são extensivas, com as necessárias adaptações, às modalidades do contrato de prestação de serviços que a lei não regule especialmente".

Regime supletivo Conjunto de normas supletivas que regulam especificamente uma determinada matéria.

Trata-se, portanto, de um regime jurídico (em sentido restrito) integralmente composto por normas supletivas.

Exemplo: o regime de bens supletivo. Este regime é supletivo, porque pode ser afastado, no todo ou em parte, por uma convenção matrimonial.

Relação jurídica Relação que surge como efeito que o direito, directamente ou através de um acto jurídico, atribui a certo facto.

Exemplo: uma pessoa celebra com um amigo seu um contrato de mandato. A relação emergente deste contrato é uma relação jurídica, pois a sua constituição é uma consequência que a lei associa àquele contrato. A relação de amizade existente entre estas, pelo contrário, é uma relação não jurídica.

A relação jurídica é uma situação jurídica complexa e plurissubjectiva composta por, pelo menos, duas situações jurídicas relativas simétricas.

Exemplo: uma pessoa destrói culposamente a casa do vizinho, incorrendo, por isso, em responsabilidade civil. Isto significa que o autor do dano fica com a obrigação de pagar ao dono da casa destruída uma indemnização. Correlativamente, o dono da casa destruída tem o direito de receber essa indemnização. Ou seja, a situação jurídica que assim surgiu é constituída por duas situações jurídicas: uma obrigação e um direito de crédito. Estas duas situações jurídicas são simétricas e pertencem a duas pessoas diferentes. O par constituído por essas duas situações representa, portanto, uma relação jurídica.

A estrutura de uma relação jurídica compreende os seguintes elementos: dois ou mais sujeitos, um conteúdo (objecto imediato), um objecto (objecto mediato) e uma garantia. A doutrina também costuma inserir na estrutura da relação jurídica um facto, porquanto as relações jurídicas são originadas por factos jurídicos.

Exemplo: uma pessoa entra num supermercado e compra um pacote de arroz. Celebra, assim, um contrato de compra e venda. Deste contrato emerge uma relação jurídica. Nesta relação, os sujeitos são o cliente (comprador) e a pessoa, singular ou colectiva, que explora o supermercado (vendedor); o conteúdo compreende a transferência do direito de propriedade sobre o pacote de arroz do vendedor para o comprador, a obrigação do vendedor de entregar a coisa ao comprador e a obrigação deste de pagar o preço àquele (artigo 879.º do Código Civil); o objecto é o pacote de arroz; a garantia é o conjunto de meios que a lei faculta às partes para defesa dos respectivos direitos; o facto constitutivo é o contrato de compra e venda.

Relação jurídica obrigacional
Relação jurídica composta por um direito de crédito, ou conjunto deles, e por uma obrigação correspectiva, ou conjunto delas.

Exemplo: um indivíduo está a dever 1000 euros a uma sociedade comercial. Nesta relação jurídica, o indivíduo tem uma obrigação, que é a de pagar 1000 euros à sociedade comercial, e esta é titular de um direito de crédito, que é o direito de receber 1000 euros daquele indivíduo.

Uma relação jurídica é constituída por uma situação jurídica activa e por uma situação jurídica passiva. Estas duas situações jurídicas são correspectivas, possuindo um mesmo objecto, mas conteúdos opostos (*vide* "relação jurídica"). Ora, numa relação jurídica obrigacional, a situação jurídica activa é o direito de crédito e a situação jurídica passiva é a obrigação. Ambas têm o mesmo objecto – uma prestação –, mas conteúdos opostos: o direito de crédito tem por conteúdo o seu recebimento, ao passo que a obrigação tem por conteúdo o seu cumprimento.

Exemplo: na relação jurídica descrita no exemplo anterior, ambas as situações que a constituem têm por objecto a quantia de 1000 euros, mas o conteúdo delas é oposto: a obrigação (situação jurídica passiva) consiste em pagar essa quantia, ao passo que o direito de crédito (situação jurídica activa) consiste em recebê-la.

Relação jurídica plurilocalizada Relação jurídica cujos elementos estruturais não se relacionam todos com uma mesma ordem jurídica.

Exemplo: uma pessoa habitualmente residente em Portugal, de nacionalidade chinesa, compra a um cidadão tailandês, habitualmente residente na Indonésia, um prédio sito no Vietname, mediante um contrato celebrado no Camboja. A relação jurídica emergente desse contrato tem pontos de contacto com, pelo menos, 6 ordens jurídicas diferentes: com as de Portugal e da China, através de um dos sujeitos da relação; com as da Tailândia e da Indonésia, através do outro sujeito da relação; com a do Vietname, através do objecto da relação; e com a do Camboja, através do facto constitutivo da relação.

Relação obrigacional
Vide "relação jurídica obrigacional".

Representação Prática de um ou mais actos jurídicos por uma pessoa em nome de outra.

Os actos jurídicos praticados pelo representante em nome do representado, nos limites dos poderes que lhe competem, produzem os seus efeitos na esfera jurídica do representado.[110]

Exemplo: se uma pessoa tiver poderes para representar outra na compra de um prédio e efectuar essa compra, quem adquire o direito de propriedade sobre o prédio comprado é a segunda, e não a primeira.

[110] Código Civil, artigo 258.º.

A representação pode ser legal ou voluntária.

Representação legal Representação exigida por lei e fundada, por isso, em poderes atribuídos por lei.

No direito português, há duas categorias de pessoas singulares sujeitas a representação legal: os menores e os interditos. Essa representação faz-se no quadro de um de dois institutos: o poder paternal ou a tutela. Qualquer destes institutos pode ser combinado com a administração legal de bens.

Representação orgânica Representação de uma pessoa colectiva por intermédio dos seus órgãos.[111]

[111] Código Civil, artigo 38.º.

Representação sem poderes Representação efectuada sem os necessários poderes de representação.

Exemplo: uma pessoa vende um prédio pertencente a um amigo seu sem ter recebido dele qualquer procuração para o fazer, e sem ter sobre ele quaisquer poderes de representação legal, já que não é seu tutor.

Representação voluntária Representação fundada em poderes outorgados por procuração.

Repristinação Renascimento de um acto jurídico ou de uma proposição jurídica já extintos por efeito da superveniente extinção ou declaração de invalidade do acto ou proposição que os havia extinguido.

Exemplo: uma lei revoga outra e esta segunda lei é, por sua vez, revogada por uma terceira. Se a primeira lei renascer em virtude da revogação da segunda (ou seja, em virtude da revogação da lei revogada), diz-se que ela é repristinada.

No direito português, a extinção de um acto ou proposição extintivos só produz efeitos repristinatórios se tal efeito for prescrito no acto ou proposição que operam a segunda extinção. Este princípio encontra-se formulado em algumas disposições legais relativas à revogação de certos tipos de actos jurídicos.

Exemplo: o artigo 7.°/4 do Código Civil diz que "a revogação da lei revogatória não importa o renascimento da lei que esta revogara".

Outro exemplo: o artigo 146.° do Código do Procedimento Administrativo afirma que "a revogação de um acto revogatório só produz efeitos repristinatórios se a lei ou acto de revogação assim expressamente o determinarem".

Outro exemplo: o artigo 2314.° do Código Civil, referente à revogação de testamentos revogatórios, diz, no n.° 1, que "a revogação expressa ou tácita produz o seu efeito, ainda que o testamento revogatório seja por sua vez revogado", e, no n.° 2, que "o testamento anterior recobra, todavia, a sua força, se o testador, revogando o posterior, declarar ser sua vontade que revivam as disposições do primeiro".

Quando o acto ou proposição extintivos, em vez de serem extintos, sejam declarados ilegais, o princípio é o inverso: há repristinação do acto ou proposição revogados.

Exemplo: o artigo 76.°/1 do Código de Processo nos Tribunais Administrativos, respeitante à declaração de ilegalidade de normas regulamentares, estabelece o seguinte: "A declaração com força obrigatória geral da ilegalidade de uma norma, nos termos previstos neste Código, produz efeitos desde a data da emissão da norma e determina a repristinação das normas que ela haja revogado".

Repúdio (da herança ou legado) Acto jurídico pelo qual uma pessoa chamada à sucessão de alguém declara não a aceitar.[112]

[112] Ana Prata, *Dicionário Jurídico*, 3.ª edição, Livraria Almedina, Coimbra, 1995, página 854.

Rescisão Resolução em sentido restrito.

Tal como o termo "resolução", também a palavra "rescisão" é empregue, no actual direito português, unicamente em referência aos contratos – sejam de direito público, sejam de direito privado –, e não a actos jurídicos unilaterais.

Reserva mental Situação de falta de vontade em que o declarante exprime uma vontade con-

Dicionário da Parte Geral do Código Civil Português   180

trária à sua vontade real com o intuito de enganar o declaratário.

Exemplo: uma pessoa declara a outra, de modo livre e consciente, que lhe doa certa coisa, mas efectivamente não lha quer doar.

Se o declarante não desejar praticar qualquer acto jurídico, a reserva mental diz-se absoluta. Se ele desejar praticar um acto jurídico diferente do corporizado na sua declaração, a reserva mental diz-se relativa.

Se o declarante tiver apenas o intuito de enganar o declaratário (*animus decipiendi*), e não de o prejudicar, a reserva mental diz-se inocente. Se ele tiver também o intuito de o prejudicar (*animus nocendi*), a reserva mental diz-se fraudulenta.

A reserva mental difere da simulação, porquanto esta assenta num conluio entre o declarante e o declaratário para enganarem um terceiro.

Reserva mental absoluta Reserva mental em que o declarante não deseja praticar qualquer acto jurídico.

A reserva mental absoluta contrapõe-se à reserva mental relativa.

Reserva mental fraudulenta Reserva mental em que o declarante tem o intuito, não apenas de enganar o declaratário, mas também de o prejudicar.

Por outras palavras, na reserva mental cumulam-se dois *animi*: um *animus decipiendi*, comum a qualquer tipo de reserva mental, e um *animus nocendi*.

A reserva mental fraudulenta contrapõe-se à reserva inocente.

Reserva mental inocente Reserva mental em que o declarante tem apenas o intuito de enganar o declaratário, e não de o prejudicar.

Dito isto de outra forma, na simulação inocente há um mero *animus decipiendi*, não havendo *animus nocendi*.

A reserva mental inocente contrapõe-se à reserva mental fraudulenta.

Reserva mental relativa Reserva mental em que o declarante deseja praticar um acto jurídico diferente do visado pela declaração emitida.

A reserva mental relativa contrapõe-se à reserva mental absoluta.

Residência habitual Local onde uma pessoa singular normalmente vive e do qual só se ausenta, em regra, por períodos mais ou menos curtos.[113]

[113] Ana Prata, *Dicionário Jurídico*, 3.ª edição, Livraria Almedina, Coimbra, 1995, página 859.

Residência ocasional Local em que uma pessoa vive por um período mais ou menos longo, mas de uma forma temporária, acidental ou transitória.[114]

[114] Ana Prata, *Dicionário Jurídico*, 3.ª edição, Livraria Almedina, Coimbra, 1995, página 859.

Resolução (forma de extinção de um acto jurídico)
1. Sentido amplo: cessação dos efeitos de um acto jurídico ou de uma proposição jurídica antes da execução integral do neles disposto.

Exemplo: o artigo 270.º do Código Civil reza o seguinte: "As partes podem subordinar a um acontecimento futuro e incerto a produção dos efeitos do negócio jurídico ou a sua resolução: no primeiro caso, diz-se suspensiva a condição; no segundo, resolutiva." Neste preceito, a palavra "resolução" é utilizada como sinónimo de "extinção" ou "cessação".

Neste sentido, a resolução comporta três formas de extinção: a caducidade, a revogação e a rescisão (ou resolução em sentido restrito).

Exemplo: no artigo reproduzido no exemplo anterior, a forma de extinção realmente visada pelo legislador ao usar a palavra "resolução" é a caducidade; no artigo 432.º/1 do Código Civil, que diz que "é admitida a resolução do contrato fundada na lei ou em convenção", a forma de extinção visada é a rescisão.

2. Sentido restrito: cessação dos efeitos de um acto jurídico, ou de uma proposição jurídica nele contida, mediante um novo acto jurídico, praticado por uma ou algumas das partes que haviam praticado o primeiro, e com fundamento num facto que, segundo acto jurídico anterior que vincule essa ou essas partes, legitime aquela cessação.

Exemplo: a resolução de um contrato de arrendamento pelo senhorio com fundamento na falta de pagamento da renda pelo arrendatário. A falta de pagamento da renda pelo arrendatário está prevista no artigo 1093.º/1, a) do Código Civil como um dos motivos que legitimam a resolução do arrendamento pelo senhorio.

A resolução em sentido restrito é uma figura afim da revogação unilateral, mas distingue-se dela por ter de se fundar numa causa tipificada num acto jurídico anterior àquele em que se consubstancia a resolução (normalmente a lei ou o próprio acto a resolver), e não na mera vontade da parte que a efectua. Além desta diferença conceptual, há ainda uma importante diferença de regime: a resolução produz, em regra, efeitos *ex tunc*, ao passo que a revogação unilateral só produz, normalmente, efeitos *ex nunc*.

Por ter de se fundar numa causa tipificada e por produzir efeitos retroactivos, a resolução em sentido restrito também se aproxima da anulação. Mas distingue-se dela em três aspectos. Em primeiro lugar, a causa que fundamenta a anulação é sempre um vício do acto (um vício que determina a sua anulabilidade ou, no caso dos actos jurisdicionais, a sua nulidade), ao passo que a causa que fundamenta a resolução é outro tipo de facto (o incumprimento pela contraparte, a alteração superveniente das circunstâncias, etc.). Em segundo lugar, a anulação é vinculada, ou seja, constatando o vício, a entidade competente para a anulação tem mesmo que anular o acto. A resolução, ao invés, é discricionária, porquanto, mesmo constatando uma situação que justifique a resolução, a pessoa que a poderia fazer tem o direito de a não fazer. Em terceiro lugar, a anulação é feita pelo tribunal, ao passo que a resolução é feita por um dos autores do acto.

A resolução em sentido restrito também se denomina "rescisão".

No direito português actual, o termo "resolução" é, na quase totalidade das disposições legais, utilizado no seu sentido restrito. Além disso, é empregue apenas em referência aos contratos, e não a actos jurídicos unilaterais, sejam de direito privado, sejam de direito público.

Retorno (em direito internacional privado)

Reenvio feito pela norma de conflitos da lei primeiramente convocada para a lei do foro.

Exemplo: de uma norma de conflitos do direito português (L1) resulta a atribuição da competência para regular certo caso à lei do Suriname (L2), mas do direito de conflitos deste país (L2) resulta a atribuição dessa mesma competência à lei portuguesa (L1).

O direito português aceita sempre o retorno. É o que diz o artigo 18.º/2 do Código Civil: "Se o direito internacional privado da lei designada pela norma de conflitos devolver para o direito interno português, é este o direito aplicável."

Exemplo: na hipótese apresentada no exemplo anterior, deverá ser aplicada em Portugal a lei portuguesa, e não a lei do Suriname, apesar de ser esta a lei designada pela norma de conflitos do direito português.

O retorno contrapõe-se ao reenvio por transmissão, também designado simplesmente por "transmissão".

Retractação Revogação, pelo próprio proponente, de uma proposta anteriormente apresentada para a celebração de um acto jurídico bilateral ou multilateral.

Exemplos: revogação de uma proposta contratual pela pessoa que anteriormente a apresentou; revogação de uma proposta de convenção internacional pelo estado proponente; revogação de uma proposta de convenção colectiva de trabalho pelo sindicato proponente.

Retroactividade

1. Eficácia de um acto jurídico ou proposição jurídica de execução continuada ou sucessiva em momento anterior ao da sua entrada em vigor.

Exemplo: uma lei publicada no dia 25 de Abril contém uma norma que preceitua o seguinte: "A presente lei entra em vigor no dia seguinte ao da sua publicação, mas produz efeitos a partir de 1 de Março do corrente ano". Esta norma confere à lei em que está contida uma eficácia retroactiva.

2. Eficácia de um acto jurídico ou proposição jurídica de execução instantânea em momento anterior ao da sua produção.

Exemplo: a resolução de um contrato. Segundo o artigo 434.°/1 do Código Civil, "a resolução tem efeito retroactivo, salvo se a retroactividade contrariar a vontade das partes ou a finalidade da resolução". A retroactividade da resolução tem por consequência o dever das partes de restituírem "tudo o que tiver sido prestado ou, se a restituição em espécie não for possível, o valor correspondente" (artigo 289.°/1 do Código Civil, aplicável à resolução por força do artigo 433.° do mesmo diploma).

Em qualquer dos sentidos, a retroactividade comporta, pelo menos, três graus.

A retroactividade de grau máximo é aquela que nem sequer poupa as *causae finitae*, isto é, os casos definitivamente resolvidos por sentença transitada em julgado ou por qualquer outro título equivalente (sentença arbitral homologada, transacção, etc.) e os casos que já não podem ser levados a tribunal por ter caducado o direito de acção.[115]

Exemplo: a retroactividade estabelecida pelo artigo 2.°/2 do Código Penal, o qual estatui: "O facto punível segundo a lei vigente no momento da sua prática deixa de o ser se uma nova lei o eliminar do número das infracções; neste caso, e se tiver havido condenação, ainda que transitada em julgado, cessam a execução e os seus efeitos penais".

[115] João Baptista Machado, *Introdução ao Direito e ao Discurso Legitimador*, 3.ª reimpressão, Livraria Almedina, Coimbra, 1989, página 226.

A retroactividade de grau intermédio é aquela que respeita as *causae finitae*, mas que, fora destes casos, não ressalva, em geral, os efeitos jurídicos já produzidos.

Exemplo: a retroactividade que resultaria da disposição transcrita no exemplo precedente, se esta, em vez de dizer "ainda que transitada em julgado", dissesse "salvo quando transitada em julgado". Em tal hipótese,

Dicionário da Parte Geral do Código Civil Português　184

as sentenças condenatórias transitadas em julgado ficariam subtraídas aos efeitos retroactivos daquela disposição, mas só elas.

A retroactividade de grau mínimo é aquela que respeita todos os efeitos jurídicos já produzidos.

Exemplo: a retroactividade a que alude o artigo 12.º/1 do Código Civil. Este preceito diz o seguinte: "A lei só dispõe para o futuro; ainda que lhe seja atribuída eficácia retroactiva, presume-se que ficam ressalvados os efeitos já produzidos pelos factos que a lei se destina a regular".

A retroactividade pode ser condicionada ao facto de o acto ou proposição em causa virem favorecer certa pessoa ou categoria de pessoas. Neste caso, a retroactividade designa-se por "retroactividade *in mitius*" *ou* "retroactividade *in melius*".

A retroactividade também pode ser designada pelas expressões "eficácia retroactiva" e "eficácia *ex tunc*".

A retroactividade contrapõe-se, por um lado, à eficácia *ex nunc* e, por outro, à ultra-actividade.

Retroactividade *in melius* O mesmo que "retroactividade *in mitius*".

Retroactividade *in mitius* Retroactividade condicionada ao facto de beneficiar certa pessoa ou categoria de pessoas.

A retroactividade *in mitius* é um dos princípios basilares do direito penal português na matéria relativa à aplicação da lei penal no tempo.

Este princípio está consignado em duas disposições do Código Penal. A primeira é o artigo 2.º/2, que diz: "O facto punível segundo a lei vigente no momento da sua prática deixa de o ser se uma nova lei o eliminar do número das infracções; neste caso, e se tiver havido condenação, ainda que transitada em julgado, cessam a execução e os seus efeitos penais". A segunda é o artigo 2.º/4, que reza: "Quando as disposições penais vigentes no momento da prática do facto punível forem diferentes das estabelecidas em leis posteriores, é sempre aplicado o regime que concretamente se mostrar mais favorável ao agente, salvo se este já tiver sido condenado, por sentença transitada em julgado".

A retroactividade *in mitius* também pode ser designada por "retroactividade *in melius*".

Revogação Cessação dos efeitos de um acto jurídico ou de uma proposição jurídica por decisão discricionária do seu autor ou autores, ou de um deles, ou de um órgão competente para efectuar essa cessação.

A revogação de um acto normativo ou de uma norma jurídica pode ser feita por qualquer órgão com competência normativa na matéria, seja ou não o próprio autor do acto ou norma revogados. Essa revogação é feita mediante acto normativo de valor hierárquico igual ou superior ao do acto ou norma revogados.

Exemplo: um decreto regulamentar aprovado pelo Governo tanto pode ser revogado pelo próprio Governo, mediante novo decreto regulamentar, como pela Assembleia da República, através de lei, contanto que esta possua competência normativa sobre a matéria (ou seja, desde que não se trate de matéria da exclusiva competência legislativa do Governo).

A revogação de um acto administrativo pode ser feita pelo próprio autor do acto ou por um órgão administrativo dotado por lei do poder de revogar esse acto.

Exemplo: um acto administrativo praticado pelo subdirector de um serviço público pode ser revogado, quer pelo próprio subdirector, quer pelo director, que é superior hierárquico do primeiro e goza, portanto, do poder de supervisão sobre ele.

A revogação de um acto administrativo é feita mediante um novo acto administrativo, cuja forma não pode ser menos solene do que a do acto revogado. Se este tiver revestido uma forma menos solene do que a prescrita por lei, padecendo, por isso, de vício formal, o acto de revogação deve revestir, no mínimo, a forma legal-

mente prescrita para o acto revogado (artigo 143.º/1 e 2 do Código do Procedimento Administrativo).

Exemplo: uma portaria pode ser revogada mediante nova portaria ou, por exemplo, mediante decreto-lei, mas não mediante despacho; porém, se aquela portaria for formalmente inválida, porque o acto em causa deveria ter sido praticado sob a forma de decreto-lei, a revogação deve ser feita mediante decreto-lei, não podendo ser feita mediante nova portaria. Note-se que um decreto-lei é, em princípio, um acto normativo, porque as suas proposições são, normalmente, de carácter geral e abstracto; só que elas também podem ser de carácter individual e concreto e, nesse caso, o decreto-lei em causa será um acto materialmente administrativo.

A revogação de actos jurídicos de direito privado só pode ser feita, em geral, pelos próprios autores ou, salvo disposição legal em contrário, por quem lhes tenha sucedido na titularidade das situações jurídicas deles emergentes, seja por transmissão *inter vivos*, seja por sucessão *mortis causa*.

Assim, tratando-se de um acto bilateral, a sua revogação só pode, em regra, ser feita por novo acordo entre ambas as partes ou respectivos sucessores (distrate), salvo nos casos em que a lei permita a sua revogação unilateral (que também é designada por "denúncia", quando se refira a actos de execução continuada ou sucessiva).

Tratando-se de um acto jurídico unilateral, a sua revogação é feita por acto unilateral do respectivo autor, ou do sucessor deste.

O mais notório desvio a este princípio ocorre com os actos praticados por órgãos de pessoas colectivas privadas, ou de outras entidades colectivas privadas. Esses actos podem ser revogados não apenas pelos próprios órgãos que os aprovaram, mas também por outros órgãos aos quais a lei ou os estatutos confiram o poder de os revogar.

Importa distinguir a revogação de outras três formas de extinção de actos jurídicos: a resolução em sentido restrito (rescisão), a caducidade e a anulação.

A revogação distingue-se da resolução em sentido restrito por dois aspectos. Em primeiro lugar, a revogação pode ser bilateral ou unilateral, ao passo que a resolução em sentido restrito é sempre unilateral. Em segundo lugar, a revogação pode-se fundamentar na mera vontade do revogante ou revogantes, ao passo que a resolução em sentido restrito se tem de fundamentar numa causa tipificada em algum acto jurídico anterior (normalmente a lei ou o próprio acto a resolver). Além destas diferenças conceptuais, há ainda uma importante diferença de regime: a revogação produz, em regra, efeitos *ex nunc*, ao passo que a resolução em sentido restrito produz, normalmente, efeitos *ex tunc*.

A revogação distingue-se da caducidade pelo seguinte: a revogação resulta de um acto jurídico no qual se contém uma declaração de vontade destinada, expressa ou tacitamente, a extinguir o acto ou proposição revogandos, enquanto que a caducidade é um efeito extintivo atribuído por lei, pelo próprio acto caducante ou por um outro acto jurídico a um determinado facto jurídico *stricto sensu*, ou a um acto jurídico que não se consubstancie numa declaração de vontade destinada a extinguir o acto caducante. Ou seja, a revogação é uma extinção operada directamente por um acto jurídico, enquanto que a caducidade é operada pela combinação sucessiva de dois factos jurídicos *lato sensu*. Estes dois factos jurídicos *lato sensu* são: primeiro, um acto jurídico no qual se prevê a ocorrência futura de um facto jurídico *stricto sensu* ou a prática futura de um outro acto jurídico; depois, o próprio facto jurídico *stricto sensu* ou acto jurídico previstos.

Exemplo: se um contrato de locação cessar por efeito de um novo contrato, celebrado entre o locador e o locatário, no qual ambos decidam pôr termo à locação, dir-se-á que este se extinguiu por revogação, pois o facto extintivo foi um contrato no qual se estipulou essa extinção; se, ao invés, a locação cessar em virtude do decurso do prazo estipulado no contrato, dir-se-á que ela caducou, pois o facto extintivo dessa locação foi um facto jurídico *stricto sensu* – o decurso do prazo – ao qual o artigo 1051.º/1, a) do Código Civil, em conjugação com a cláusula contratual que fixou o prazo, atribui tal efeito extintivo; e se a locação cessar pelo facto de a coisa locada ser objecto de expropriação por utilidade pública, também se dirá que ela caducou, porque, embora o facto extintivo seja agora um acto jurídico (o acto administrativo de expropriação), este não consiste numa declaração de vontade dirigida à extinção da locação, só produzindo tal efeito extintivo porque ele lhe é atribuído pelo artigo 1051.º/1, f) do Código Civil.

A revogação distingue-se da anulação por três aspectos. Em primeiro lugar, a anulação é feita pelo tribunal, ao passo que a revogação é feita, como se viu atrás, por entidades extrajudiciais, normalmente o próprio autor ou autores do acto. Em segundo lugar, a anulação só pode ter como fundamento um vício do acto (um vício que determine a sua anulabilidade ou, no caso dos actos jurisdicionais, a sua nulidade), enquanto que a revogação pode ter como fundamento a mera vontade do revogante. Em terceiro lugar, a anulação é um acto vinculado, ou seja, constatando o vício que determina a invalidade do acto

impugnado, o tribunal tem mesmo que o anular; a revogação, pelo contrário, é um acto discricionário. Além destas diferenças conceptuais, há ainda uma importante diferença de regime: a anulação produz, em regra, efeitos *ex tunc*, ao passo que a revogação produz apenas, normalmente, efeitos *ex nunc*.

Consoante a forma como é feita a revogação, esta classifica-se em revogação expressa, revogação tácita e revogação global.

Consoante a extensão, o carácter unilateral ou bilateral e o objecto da revogação, são atribuídas pela lei e pela doutrina designações diferentes à revogação.

Assim, se abranger a totalidade de um acto jurídico, a revogação chama-se "ab-rogação"; se abranger somente algumas das suas proposições, chama-se "derrogação".

A revogação de um acto jurídico bilateral ou multilateral feita por acordo entre todas as suas partes denomina-se "distrate", "distrato" ou "mútuo dissenso".

A revogação de um acto jurídico bilateral feita por apenas uma das partes designa-se por "revogação unilateral". Se esse acto for de execução continuada ou sucessiva, a sua revogação também toma a designação de "denúncia".

A revogação de uma proposta apresentada por uma parte para

Dicionário da Parte Geral do Código Civil Português 188

a realização de um acto jurídico bilateral ou multilateral (*v.g.* de uma proposta contratual) designa-se por "retractação".

Revogação expressa Revogação de um acto jurídico ou de uma proposição jurídica através de uma declaração, contida em acto jurídico posterior, de que aquele acto ou aquela proposição deixam de vigorar.

Revogação global Revogação de um acto ou vários actos jurídicos resultante da circunstância de um novo acto jurídico tratar de toda a matéria neles contida.

Exemplo: a entrada em vigor de um novo Código Civil provoca a revogação do Código Civil anterior e de toda a legislação avulsa relativa a matérias reguladas pelo novo Código. Esta revogação não atinge apenas as normas da legislação anterior incompatíveis com o novo Código; se assim fosse, tratar-se-ia de uma simples revogação tácita. As normas revogadas incluem, quer as incompatíveis com o novo Código, quer as diferentes mas não incompatíveis, quer ainda as que sejam iguais às do novo Código. Além disso, elas são revogadas independentemente de haver alguma disposição legal que as revogue expressamente. Trata-se, portanto, de uma revogação global.

Revogação tácita Revogação de um acto jurídico ou de uma proposição jurídica através da prática de um novo acto jurídico incompatível com aqueles, mas que não os revoga expressamente.

Exemplo: uma portaria fixa uma determinada tarifa em 5 euros, mas uma portaria posterior, sem declarar expressamente a revogação da portaria anterior, vem aumentá-la para 6 euros. Neste caso, a portaria posterior revoga tacitamente a portaria anterior, porque não é possível uma mesma tarifa, para um mesmo tipo de situações, ser simultaneamente de 5 e de 6 euros.

Revogação unilateral
1. Sentido amplo: revogação mediante acto jurídico unilateral.
Pode referir-se à revogação de actos jurídicos unilaterais (*v.g.* revogação de um acto jurídico unilateral pelo próprio autor do acto) ou à revogação de actos jurídicos bilaterais (*v.g.* revogação de um contrato por acto unilateral de uma das partes).
2. Sentido restrito: revogação de um acto jurídico bilateral feita mediante acto jurídico unilateral de uma das partes.
Se o acto jurídico bilateral em causa for de execução continuada ou sucessiva, a sua revogação unilateral toma a designação de "denúncia". Note-se, no entanto, que este termo também serve para designar uma outra forma de extinção de actos bilaterais de execução

continuada ou sucessiva diferente da revogação, e que é a oposição à renovação automática (*vide* "denúncia").

A revogação unilateral em sentido restrito é uma figura afim da resolução em sentido restrito (rescisão). Ambas constituem formas de extinguir actos jurídicos bilaterais mediante actos unilaterais de uma das partes. Há, no entanto, a seguinte diferença: a revogação unilateral pode-se fundamentar na mera vontade do revogante, enquanto que a resolução se tem de fundamentar numa causa tipificada em acto jurídico anterior (normalmente a lei ou o próprio acto a resolver). Além destas diferenças conceptuais, há ainda uma importante diferença de regime: a revogação unilateral produz, em regra, efeitos *ex nunc*, enquanto que a resolução produz, normalmente, efeitos *ex tunc*.

A revogação unilateral em sentido restrito contrapõe-se ao distrate.

Sanação Cessação do vício de que enferma um acto jurídico inválido.

Pode-se dizer "sanação do acto", "sanação do vício" ou "sanação da invalidade".

Há várias causas de sanação. Uma delas é o cumprimento, após a prática do acto, da condição de validade cuja falta causou a invalidade do acto.

Exemplo: uma pessoa vende a outrem uma coisa pertencente a terceiro. Trata-se de uma venda de bem alheio. A venda de bens alheios é um contrato nulo (artigo 892.º do Código Civil). A condição de validade em falta, e cuja inobservância determina a nulidade, é a legitimidade do vendedor para alienar a coisa que veio a vender, ou seja, a titularidade do direito de propriedade sobre a coisa. Ora, o vendedor pode sanar aquela nulidade, adquirindo esse direito e cumprindo, assim, a condição em falta. Com efeito, o artigo 895.º do Código Civil diz o seguinte: "Logo que o vendedor adquira por algum modo a propriedade da coisa ou o direito vendido, o contrato torna-se válido e a dita propriedade ou direito transfere-se para o comprador".

Outra causa de sanação é o decurso do prazo para a arguição da invalidade, se o houver, ou seja, a caducidade do direito de arguir a invalidade. Em princípio, só os actos anuláveis se sanam por este modo, pois a nulidade é, em regra, invocável a todo o tempo.

A sanação também pode ser obtida através da confirmação do acto inválido, tratando-se de um acto jurídico de direito privado, ou da sua ratificação, tratando-se de um acto administrativo. Também estes modos de sanação só são aplicáveis aos actos anuláveis.

Sanção jurídica Consequência negativa imposta por uma norma jurídica a um acto jurídico ou a uma proposição jurídica em virtude de um vício jurídico.

O acto ou a proposição inquinados pela sanção ficam prejudicados, em maior ou menor medida, na produção dos seus efeitos típicos.

As sanções jurídicas existentes no direito português são, por ordem decrescente de gravidade, a inexistência jurídica, a invalidade, a ineficácia jurídica e a inoponibilidade.

As sanções jurídicas podem afectar a totalidade de um acto jurídico ou somente uma ou algumas das proposições jurídicas nele contidas. Isto depende do âmbito do próprio vício motivador da sanção.

Se o vício motivador da sanção inquinar a totalidade do acto, também será a totalidade do acto que ficará afectada pela sanção.

Exemplo: se um diploma legal que verse matéria da exclusiva competência da Assembleia da República for aprovado pelo Governo, sob a forma de decreto-lei, em vez de o ser pela Assembleia da República, sob a forma de lei, será orgânica e formalmente inválido, e essa invalidade orgânica e formal atingirá a totalidade do diploma, e não apenas alguma ou algumas das suas normas, pois será todo o acto, e não apenas parte dele, que terá sido aprovado por um órgão desprovido de competência legislativa na matéria e que carecerá da forma jurídica adequada. Ou seja, uma vez que

os vícios da incompetência e da inconstitucionalidade formal inquinarão o diploma por inteiro, a sanção de invalidade por eles motivada também afectará o diploma por inteiro.

Se, pelo contrário, o vício motivador da sanção inquinar apenas uma ou algumas das proposições contidas no acto, haverá que distinguir duas situações: se as proposições não inquinadas pelo vício forem dissociáveis das por ele inquinadas, a sanção afectará apenas estas últimas, e não o acto jurídico no seu todo, ficando este reduzido à parte não inquinada pelo vício (*vide* "redução (de um acto jurídico)"; se as proposições não inquinadas pelo vício forem indissociáveis das por ele inquinadas (por exemplo, porque se conclui da interpretação do acto que o seu autor não teria aceite praticá-lo só com as primeiras e sem as segundas), então a sanção abrangerá todo o acto.

Exemplo: uma pessoa faz um testamento composto por única cláusula, a qual reza o seguinte: "Deixo o prédio de que sou proprietário à minha esposa, mas com a condição de ela não recasar." Esta condição é contrária à lei (artigo 2233.º/1 do Código Civil). A sanção que a lei comina para este vício é ter-se a condição por não escrita (artigo 2230.º/2 do Código Civil), ficando ressalvada a parte restante do testamento. Eis um caso em que a proposição inquinada pelo vício é dissociada das restantes proposições do testamento, e é dissociada, aliás, pela própria lei, não dependendo, por isso, a dissociação da interpretação do testamento. Mercê desta dissociação, a sanção cominada pela lei afecta apenas a condição, e não o testamento todo.

Outro exemplo: duas pessoas celebram um contrato constituído pelas seguintes cláusulas: "1. O primeiro outorgante obriga-se a dinamitar, no prazo de 30 dias, todos os edifícios de Lisboa que tenham mais de 20 andares. 2. O segundo outorgante obriga-se a pagar ao primeiro outorgante a quantia de um milhão de euros." O objecto deste contrato, mencionado na primeira cláusula, é evidentemente contrário à lei, o que determina a sua nulidade (artigo 280.º/1 do Código Civil). O instituto da redução dos negócios jurídicos poderia, em princípio, permitir que a nulidade só afectasse a primeira cláusula, ressalvando a segunda (1.ª parte do artigo 292.º do Código Civil). Mas, no caso deste contrato, é de presumir que o segundo outorgante não teria acordado na segunda cláusula se o contrato não contivesse a primeira. Por conseguinte, a redução deste contrato não é possível (2.ª parte do artigo 292.º), o que significa que todo ele é nulo. Em síntese, a cláusula ferida de ilegalidade material é indissociável do resto do contrato e, por isso, a sanção de nulidade motivada por essa ilegalidade afecta todo o contrato.

Sede
1. Domicílio geral de uma entidade colectiva.

Pode referir-se a pessoas colectivas ou a entidades colectivas não personalizadas.

Exemplo: pode-se falar na sede de uma sociedade comercial ou na sede da comissão organizadora de uma festividade.

Uma sede pode ser estatutária ou efectiva.

Além da sede, que é um domicílio geral, as entidades colectivas podem ter domicílios particulares.

2. Lugar onde funciona habitualmente um órgão.

Exemplo: a sede da Assembleia da República.

Sede efectiva Lugar onde os órgãos de uma entidade colectiva normalmente funcionam.

No direito português, considera-se sede efectiva o lugar em que funciona normalmente a administração principal (artigo 159.º, 2.ª parte, do Código Civil).

Sede estatutária Lugar que os estatutos de uma entidade colectiva designam como a sua sede.

Simulação Emissão de uma declaração de vontade não correspondente à vontade real do declarante, previamente acordada entre este e o declaratário e destinada a enganar um terceiro.

Dicionário da Parte Geral do Código Civil Português

Exemplo: um homem, proprietário de um prédio, está prestes a casar-se segundo o regime da comunhão geral de bens. Como ele não quer ver o seu prédio incluído na comunhão, combina com um amigo seu celebrarem um contrato de doação, pelo qual o primeiro transferirá para o segundo a propriedade do dito prédio. Do mesmo passo, porém, afirmam que esse negócio será uma doação fingida e que, na prática, o donatário continuará a reconhecer o doador com o verdadeiro proprietário do prédio. Mais ainda, o donatário compromete--se a celebrar um contrato de doação destinado a restituir o prédio ao doador, se o casamento deste se dissolver enquanto ambos ainda forem vivos. Na situação assim descrita, as declarações de vontade que hão-de convergir no contrato de doação não corresponderão à vontade real dos respectivos emissores, antes terão sido acordadas entre eles com o intuito de ludibriarem o futuro cônjuge do doador.

O acordo previamente estabelecido entre as partes no sentido de virem, ou de vir uma delas, a simular um acto jurídico designa-se por "acordo simulatório" ou pela expressão latina *pactum simulationis*.

Exemplo: na situação descrita no exemplo anterior, o acordo feito entre o nubente e o seu amigo no sentido de virem a celebrar o contrato de doação é um acordo simulatório.

Se as partes não desejarem praticar qualquer acto jurídico, a simulação diz-se absoluta. Se elas desejarem praticar um acto jurídico diferente do acto simulado, a simulação diz-se relativa, e o acto que elas pretendem praticar designa-se por "acto dissimulado".

Se as partes tiverem apenas o intuito de enganar o terceiro (*animus decipiendi*), e não de o prejudicar, a simulação diz-se inocente; se tiverem também o intuito de o prejudicar (*animus nocendi*), a simulação diz-se fraudulenta.

Simulação absoluta Simulação em que as partes não desejam praticar qualquer acto jurídico.
Contrapõe-se à simulação relativa.

Simulação fraudulenta Simulação feita com o intuito, não apenas de enganar um terceiro, mas também de o prejudicar.
Por outras palavras, na simulação fraudulenta cumulam-se dois *animi*: um *animus decipiendi*, comum a qualquer tipo de simulação, e um *animus nocendi*.
A simulação fraudulenta contrapõe-se à simulação inocente.

Simulação inocente Simulação feita com o mero intuito de enganar um terceiro, e não de o prejudicar.
Por outras palavras, na simulação inocente há um mero *animus*

decipiendi, não havendo *animus nocendi*.

A simulação inocente contrapõe-se à simulação fraudulenta.

Simulação objectiva Simulação relativa em que o acto simulado e o acto dissimulado divergem quanto à natureza ou quanto ao conteúdo.

Exemplo: o acto simulado é uma doação e o dissimulado uma compra e venda. Neste caso, divergem tanto na natureza como no conteúdo.

Outro exemplo: tanto o acto simulado como o dissimulado são contratos de compra e venda, mas no primeiro é estabelecido um preço inferior ao realmente acordado entre as partes. Neste caso, os actos são de natureza idêntica, mas de conteúdo diferente.

Simulação relativa Simulação em que as partes pretendem realizar um acto jurídico diferente daquele que resulta das suas declarações de vontade.

Exemplo: duas pessoas simulam um contrato de doação, mas na realidade desejam celebrar um contrato de compra e venda.

Quando a divergência entre o acto simulado e o acto dissimulado resida nos sujeitos, a simulação relativa diz-se subjectiva. Quando essa divergência resida na natureza ou no conteúdo do acto, diz-se objectiva.

A simulação relativa contrapõe-se à simulação absoluta.

Figura próxima da simulação relativa é a fidúcia. Esta distingue-se da primeira por não ser determinada por qualquer intuito de enganar terceiros.[116]

[116] João de Castro Mendes, *Teoria Geral do Direito Civil*, volume II, Associação Académica da Faculdade de Direito de Lisboa, Lisboa, 1985, página 166.

Simulação subjectiva Simulação relativa em que o acto simulado e o acto dissimulado divergem quanto aos sujeitos envolvidos.

Esses sujeitos podem ser uma ou algumas das partes ou o destinatário ou destinatários do acto.

Exemplo: duas pessoas simulam um contrato de compra e venda entre elas para dissimularem um contrato de compra e venda entre uma delas e uma terceira pessoa, isto com o fito de enganarem uma quarta pessoa. Neste caso, a pessoa que figura como comprador no contrato simulado não é a mesma que intervém como comprador no contrato dissimulado.

A simulação subjectiva também se designa por "interposição fictícia de pessoas".

A esta figura contrapõe-se a interposição real de pessoas.

Exemplo: uma pessoa quer doar uma coisa a outra, mas, em vez de lha doar directamente, opta por doá-la

Dicionário da Parte Geral do Código Civil Português   194

a uma terceira pessoa, acordando com esta em que ela, por sua vez, a doará à segunda. Neste caso, a terceira pessoa foi interposta pela primeira na sua relação com a segunda.

Situação jurídica Situação surgida como efeito que o direito, directamente ou através de um acto jurídico, atribui a certo facto.

Exemplo: uma das partes num contrato decide não cumpri-lo. A outra parte fica furiosa e pretende obter a indemnização a que tem direito, nos termos do artigo 798.º. Para essa parte resultam, assim, do incumprimento do contrato duas situações: o direito de ser indemnizado e a fúria. O direito de ser indemnizado é uma situação jurídica, porque é um efeito atribuído pela lei. A fúria, pelo contrário, é uma situação não jurídica, pois não é criada pelo direito.

A estrutura de uma situação jurídica compreende, pelo menos, quatro elementos: um sujeito, um conteúdo (objecto imediato), um objecto (objecto mediato) e uma garantia. A doutrina também costuma inserir na estrutura da situação jurídica um facto, porquanto as situações jurídicas são originadas por factos jurídicos.

Exemplo: uma pessoa encontra junto a um caixote do lixo um armário abandonado e leva-o para sua casa, tornando-se seu proprietário. Este direito de propriedade é uma situação jurídica, que tem por sujeito a pessoa, por objecto o armário, por conteúdo os poderes de uso, fruição e disposição que a lei atribui ao proprietário (artigo 1305.º), por garantia o conjunto dos meios que a lei faculta ao proprietário para defesa do seu direito e por facto constitutivo a ocupação.

As situações jurídicas podem ser classificadas, quanto ao conteúdo, em simples ou complexas e em activas ou passivas; quanto ao número de sujeitos, em unissubjectivas ou plurissubjectivas; e quanto à estrutura, eficácia ou responsabilidade, em absolutas ou relativas.

Situação jurídica absoluta Segundo o critério da estrutura: situação jurídica que existe independentemente de qualquer situação jurídica simétrica e que, por isso, não se integra numa relação jurídica.[117]
Segundo o critério da eficácia: situação jurídica que produz efeitos *erga omnes*.[118]
Segundo o critério da responsabilidade: situação jurídica cuja violação permite responsabilizar qualquer prevaricador.[119]

Exemplos: os direitos de personalidade e os direitos reais. A existência destes direitos não pressupõe o estabelecimento, por parte dos respectivos titulares, de quaisquer relações jurídicas com outras pessoas. Mesmo assim, todas elas têm de respeitar esses direitos, abstendo-se de actos que os possam lesar. Qualquer pessoa que pratique, culposamente, um tal acto incorre em responsabilidade civil e, eventualmente, criminal.

[117] António Menezes Cordeiro, *Teoria Geral do Direito Civil*, 1.º volume, 2.ª edição, Associação Académica da Faculdade de Direito de Lisboa, 1990, página 169.

[118] Ob. cit., página 170.

[119] Ibidem.

Situação jurídica activa Situação jurídica que atribui ao seu sujeito uma vantagem, com base em norma ou acto jurídico de conteúdo permissivo.

Exemplos: direito subjectivo, poder, etc.

Situação jurídica complexa Situação jurídica cujo conteúdo é composto por mais de um elemento, de modo que a exclusão de um dos elementos do seu conteúdo não determina o seu desaparecimento, embora possa originar a sua conversão em outra situação jurídica.

Exemplo: o direito de propriedade. Este direito integra os poderes de uso, fruição e disposição, os quais compreendem, por sua vez, várias faculdades. Se se retirar do direito de propriedade sobre um prédio a faculdade de construir, nem por isso deixará o dono do prédio de ter sobre ele um direito de propriedade. Ou seja, neste caso a situação jurídica de que a pessoa é titular continua a ser o direito de propriedade. Se se retirarem deste direito todas as faculdades que o distinguem do direito de usufruto, ele transmutar-se-á num direito de usufruto. Neste caso, a situação jurídica de que aquela pessoa é titular converte-se noutra, mas não se extingue.

Outro exemplo: uma relação jurídica. Uma relação jurídica contém necessariamente duas situações jurídicas contrapostas – uma activa e outra passiva.

Situação jurídica passiva Situação jurídica que impõe ao seu sujeito uma desvantagem, com base em norma ou acto jurídico de conteúdo impositivo ou proibitivo.

Exemplos: obrigação, sujeição, ónus, etc.

Situação jurídica plurilocalizada Situação jurídica cujos elementos estruturais não se relacionam todos com uma mesma ordem jurídica.

Exemplo: uma pessoa de nacionalidade grega residente na Itália é proprietária de um prédio sito em Portugal. O seu direito de propriedade está relacionado com três ordens jurídicas: as da Grécia e Itália, através do sujeito, e a de Portugal, através do objecto.

Situação jurídica plurissubjectiva Situação jurídica de que é ti-

Dicionário da Parte Geral do Código Civil Português

196

tular mais do que um sujeito, podendo tratar-se de duas ou mais pessoas singulares, de duas ou mais pessoas colectivas ou ainda de uma ou mais pessoas singulares e uma ou mais pessoas colectivas.

Exemplo: uma relação jurídica. Uma relação jurídica contém, pelo menos, duas situações jurídicas simétricas e estas pertencem necessariamente a sujeitos diferentes, porque senão extinguir-se-iam por confusão.

Outro exemplo: a compropriedade. Na compropriedade há um direito de propriedade pertencente, em conjunto, a várias pessoas.

Situação jurídica relativa Segundo o critério da estrutura: situação jurídica que existe dependentemente de uma situação jurídica simétrica, constituindo com esta uma relação jurídica.

Segundo o critério da eficácia: situação jurídica que produz efeitos apenas entre as partes numa relação jurídica.

Segundo o critério da responsabilidade: situação jurídica cuja violação permite responsabilizar apenas uma pessoa ou um conjunto determinado de pessoas, que são a contraparte numa relação jurídica.

Exemplo: os direitos de crédito. Um direito de crédito depende necessariamente de uma obrigação correlativa, só existindo, portanto, no quadro

de uma relação jurídica estabelecida entre o titular do direito (credor) e a pessoa obrigada à prestação (devedor). O credor não pode exigir a satisfação do seu direito (realização da prestação devida) a qualquer pessoa; só a pode exigir ao devedor com quem constituiu a relação jurídica ou a alguém que tenha, eventualmente, assumido ou garantido a obrigação daquele (herdeiro, transmissário da obrigação, fiador, etc.).

Situação jurídica simples Situação jurídica cujo conteúdo é composto por um único elemento[120], de modo que, se esse elemento for retirado do seu conteúdo, ela fica esvaziada.

Exemplo: a pretensão (poder de exigir a outrem um comportamento).[121]

[120] António Menezes Cordeiro, *Teoria Geral do Direito Civil*, 1.º volume, 2.ª edição, Associação Académica da Faculdade de Direito de Lisboa, 1990, página 165.

[121] Ibidem.

Situação jurídica unissubjectiva Situação jurídica de que é titular um único sujeito, que pode ser uma pessoa singular ou uma pessoa colectiva.

Sociedade (contrato) Contrato pelo qual duas ou mais pessoas se obrigam a contribuir com bens ou serviços para o exercício em comum de certa actividade económica, que não seja de mera fruição, a fim de repartirem os lucros resultantes dessa actividade.[122]

Deste contrato emerge uma entidade igualmente designada como "sociedade".

[122] Artigo 980.º do Código Civil.

Sociedade (entidade) Entidade colectiva de substrato pessoal constituída por meio de um contrato de sociedade para prosseguir a actividade económica neste prevista.

Esta entidade pode ser uma sociedade civil ou uma sociedade comercial e pode gozar ou não de personalidade jurídica.

Subcurador Vogal do conselho de família incumbido de exercer com carácter permanente a fiscalização da acção do curador.

Sujeição Situação jurídica passiva em que se encontra uma pessoa que não pode evitar a produção de determinados efeitos na sua esfera jurídica, decorrentes do exercício por outrem de um direito potestativo.[123]

A situação jurídica activa que se contrapõe à sujeição é, pois, o direito potestativo.

Exemplo: uma pessoa diz a outra que lhe quer dar um livro, propondo-lhe, assim, que celebrem um contrato de doação. O destinatário da proposta adquire então o direito de, através da aceitação da proposta, provocar a conclusão do contrato de doação. Este contrato de doação vinculará o proponente, transformando-o em doador, e produzirá automaticamente dois efeitos na sua esfera jurídica: a perda do direito de propriedade sobre o livro e a constituição da obrigação de o entregar ao donatário. Antes da conclusão do contrato, a situação jurídica activa de que o destinatário da proposta é titular é um direito potestativo; a situação jurídica passiva em que se encontra o proponente é uma sujeição.

[123] Ana Prata, *Dicionário Jurídico*, 3.ª edição, Livraria Almedina, Coimbra, 1995, página 924.

Sujeito activo Pessoa que, no quadro de uma relação jurídica, é titular da situação jurídica activa.

A contraparte do sujeito activo denomina-se sujeito passivo.

Numa relação jurídica obrigacional, o sujeito activo é o credor, enquanto que o sujeito passivo é o devedor.

Exemplo: na relação jurídica de imposto entre um contribuinte e o Estado português, este é o sujeito activo, porque é quem tem o direito subjectivo de receber a prestação tributária; o contribuinte, por seu turno, sendo quem tem a obrigação de a realizar, é o sujeito passivo.

Sujeito passivo Pessoa que, no quadro de uma relação jurídica, é titular da situação jurídica passiva.

Dicionário da Parte Geral do Código Civil Português

A contraparte do sujeito passivo denomina-se sujeito activo. Numa relação jurídica obrigacional, o sujeito passivo é o devedor, enquanto que o sujeito activo é o credor.

Exemplo: na relação jurídica de imposto entre um contribuinte e o Estado português, o contribuinte é o sujeito passivo, porque é quem tem a obrigação de realizar a prestação tributária; o Estado, por seu turno, sendo quem tem o direito subjectivo de a receber, é o sujeito activo.

Suspensão da prescrição

1. Suspensão do prazo prescricional (*vide* "suspensão do prazo").

Este primeiro significado da suspensão da prescrição não é mais do que o resultado da transposição do conceito geral de suspensão do prazo para o caso particular do prazo prescricional. Trata-se, portanto, da cessação temporária do curso do prazo da prescrição durante a subsistência de determinada situação, finda a qual o prazo voltará a correr pelo tempo que for necessário para, somando-se ao tempo já decorrido, fazer com que o prazo se complete.

A fórmula linguística normalmente utilizada pela lei para exprimir a suspensão da prescrição neste primeiro sentido é "a prescrição não começa nem corre ...".

Exemplo: o artigo 318.°, a) do Código Civil reza o seguinte: "A prescri-

ção não começa nem corre entre os cônjuges, ainda que separados judicialmente de pessoas e bens".

2. Diferimento do termo do prazo prescricional para certo momento após a ocorrência de determinado facto ou a cessação de determinada situação.

Quando referida neste segundo sentido, a suspensão da prescrição já não implica a cessação do curso do prazo prescricional durante todo o lapso de tempo em que subsiste a situação em causa. O que ela implica é o prolongamento do prazo pelo tempo que for necessário para que ele não expire antes do decurso de certo lapso de tempo após a cessação da sobredita situação.

Para exprimir este segundo sentido da suspensão da prescrição, a lei utiliza normalmente a fórmula "a prescrição não se completa ...".

Exemplo: o artigo 322.° do Código Civil diz: "A prescrição de direitos da herança ou contra ela não se completa antes de decorridos seis meses depois de haver pessoa por quem ou contra quem os direitos possam ser invocados". Isto significa que o prazo prescricional começa e corre mesmo enquanto não houver tal pessoa, mas terá de ser prolongado pelo tempo necessário para não expirar antes de terem decorrido 6 meses sobre o surgimento da mesma.

Suspensão do prazo Cessação temporária do curso do prazo durante a subsistência de certa situação, finda a qual o prazo voltará a correr pelo tempo que for necessário para, somando-se ao tempo já decorrido, fazer com que o prazo se complete.

Exemplo: um certo prazo, de três anos, começa a correr no dia 1 de Janeiro de 2001; no dia 1 de Janeiro de 2002 constituiu-se uma situação que, por força da lei, determina a suspensão do prazo; essa situação cessa no dia 1 de Janeiro de 2003; o prazo recomeça, então, a correr. Como antes da suspensão o prazo só tinha corrido durante um ano, ele ainda terá de correr mais dois anos. Consequentemente, ele só expirará no dia 1 de Janeiro de 2005.

Importa distinguir a suspensão do prazo da interrupção do prazo. Enquanto que a suspensão do prazo é seguida da retoma do curso do prazo no ponto em que ele foi suspenso, a interrupção implica o início de um novo curso completo do prazo, não se computando o tempo anteriormente decorrido.

Temor reverencial Receio de desagradar a certa pessoa de que se é psicológica, social ou economicamente dependente.[124]

[124] João de Castro Mendes, *Direito Civil*, volume III, página 251, *apud* Luís Carvalho Fernandes, *Teoria Geral do Direito Civil*, volume II, Associação Académica da Faculdade de Direito de Lisboa, Lisboa, 1983, página 305.

Termo (prazo)

1. Enunciado linguístico que estatui que os efeitos de um acto jurídico ou de uma proposição jurídica se produzirão ou cessarão a partir de um facto futuro, mas cuja ocorrência é certa.

Exemplo: num contrato de trabalho é inserta uma cláusula com o seguinte teor: "O presente contrato produzirá efeitos entre 1 de Janeiro de 2002 e 31 de Dezembro de 2004". Esta cláusula contém dois termos: um referente ao início da produção dos efeitos (chamado de "termo suspensivo" ou "termo inicial") e outro referente à sua cessação (denominado "termo resolutivo" ou "termo final"). No primeiro termo, o facto futuro e de ocorrência certa é a superveniência do dia 1 de Janeiro de 2002. No segundo, é a superveniência do dia 31 de Dezembro de 2004.

2. Facto futuro, mas de ocorrência certa, fixado como momento a partir do qual se produzirão ou cessarão os efeitos de um acto jurídico ou de uma proposição jurídica.

Exemplo: no caso apresentado no exemplo anterior, a superveniência dos dias 1 de Janeiro de 2002 e 31 de Dezembro de 2004 são termos.

Como se vê, a palavra "termo" tanto pode designar um enun-

Dicionário da Parte Geral do Código Civil Português

ciado linguístico (normalmente sob a forma gramatical de complemento circunstancial de tempo – *v.g.* uma data – ou de oração subordinada temporal) como o facto jurídico cuja ocorrência esse enunciado fixa como momento da produção ou cessação de efeitos.

Exemplo: quando se diz "apor um termo", a palavra "termo" designa um enunciado linguístico; quando se diz "verificação do termo", a mesma palavra designa um facto.

O termo pode ser certo ou incerto e suspensivo ou resolutivo.
Um acto jurídico que a lei não permita submeter a qualquer termo diz-se inaprazável (*vide* "acto inaprazável").

Termo certo
1. Enunciado linguístico que estatui que os efeitos de um acto jurídico ou de uma proposição jurídica se produzirão ou cessarão a partir de um certo momento, já determinado ou determinável, ou de um facto certo a ocorrer num momento que também já está determinado ou já é determinável.

Exemplo: num contrato de arrendamento figura a seguinte cláusula: "O presente contrato produz efeitos a partir de 1 de Julho do corrente ano e tem a duração de um ano". Esta cláusula contém dois termos certos: um termo certo suspensivo, que estatui

o início da produção de efeitos no dia 1 de Julho do ano em curso, e um termo certo resolutivo, que estatui a cessação dos efeitos no dia 1 de Julho do ano seguinte.

2. Momento fixado para a produção ou cessação dos efeitos de um acto jurídico ou de uma proposição jurídica.

Exemplo: no caso apresentado no exemplo anterior, os dias 1 de Julho do ano em curso e 1 de Julho do ano seguinte são termos certos.

O termo certo distingue-se do termo incerto pelo seguinte: o primeiro refere-se a um momento que já se conhece, ao passo que o segundo se refere a um acontecimento do qual se tem a certeza de que irá ter lugar, mas do qual não se tem a certeza de quando irá ter lugar.

Exemplo: a dissolução, por caducidade, de uma pessoa colectiva constituída por prazo improrrogável é um termo certo; a morte de uma pessoa singular é um termo incerto.

O termo certo também deve ser distinguido da condição de momento certo. Ambas as figuras se referem a factos cujo momento de ocorrência está previamente determinado, mas, enquanto que a primeira se refere a um facto que já se sabe vir a ocorrer, a segunda refere-se a um facto que não se sabe se virá ou não a ocorrer (só se sabe que, se vier a ocorrer, ocorrerá naquele momento predeterminado).

Exemplo: uma data é um termo certo, porque se sabe que sobrevirá, ao passo que o perfazimento de uma certa idade é uma condição de momento certo, pois a pessoa em causa poderá morrer antes de atingir essa idade.

O termo certo também pode ser chamado de condição necessária.[125]

[125] João de Castro Mendes, *Teoria Geral do Direito Civil*, volume II, Associação Académica da Faculdade de Direito de Lisboa, Lisboa, 1979, página 218.

Termo essencial Termo aposto a um acto jurídico ou a uma proposição jurídica como elemento integrante de um seu efeito jurídico, de tal modo que a sua inobservância importa a falta de materialização desse efeito.

Exemplo: a entidade organizadora de um seminário celebra com um tradutor-intérprete um contrato de prestação de serviços pelo qual o segundo se obriga a realizar a tradução simultânea no dito seminário, a realizar no dia seguinte entre as 15 e as 19 horas. A obrigação do tradutor-intérprete está, assim, sujeita a dois termos: um termo suspensivo (as 15 horas) e um termo resolutivo (as 19 horas). Ambos estes termos são essenciais, porque fazem parte integrante da obrigação do tradutor. E fazem parte integrante

dessa obrigação, porque à entidade organizadora do seminário só interessa que a tradução seja feita no decurso desse evento, e não antes ou depois. Consequentemente, se a tradução não for feita dentro desse período, a obrigação considerar-se-á incumprida.

Se uma obrigação emergente de um contrato não for cumprida dentro do prazo nele fixado, as consequências são diferentes consoante se trate de um termo essencial ou não essencial.

Se o termo for essencial, o cumprimento da obrigação passa a ser havido como definitivamente impossível, o que permite ao credor resolver o contrato, ao abrigo da chamada "condição resolutiva tácita".

Se o termo for não essencial, não há impossibilidade de cumprimento, mas apenas mora do devedor, o que obriga este a reparar os danos causados ao credor.

Termo essencial impróprio Termo essencial estabelecido pela lei ou inerente ao conteúdo do acto jurídico a que é aposto.

Exemplo: uma pessoa contrata um advogado para este interpor em nome daquela um recurso contencioso de anulação de um acto administrativo. Há aqui um contrato de mandato. Este contrato está sujeito a um termo resolutivo, que é o prazo de caducidade dos recursos contenciosos de

Dicionário da Parte Geral do Código Civil Português   202

anulação. Esse termo é essencial, pois que o cumprimento da obrigação do mandatário se torna impossível após a expiração daquele prazo. Esse termo essencial é impróprio, porque o prazo resulta directamente da lei, e não da vontade das partes.

Termo essencial próprio Termo essencial estabelecido pelo próprio autor ou autores do acto jurídico a que é aposto.

Exemplo: um termo essencial aposto a um contrato por livre opção dos próprios contraentes.

Termo final O mesmo que "termo resolutivo".

Termo incerto
1. Enunciado linguístico que estatui que os efeitos de um acto jurídico ou de uma proposição jurídica se produzirão ou cessarão a partir de um facto futuro cuja ocorrência é certa, mas cujo momento da ocorrência ainda não está determinado nem é determinável.

Exemplo: é inserida num testamento uma cláusula com o seguinte teor: "A minha casa deverá ser entregue primeiramente ao meu irmão e, após a sua morte, ao meu filho mais novo". Esta cláusula estabelece uma substituição fideicomissária (artigo 2286.º do Código Civil). A atribuição da casa ao filho mais novo do testador (o fideicomissário) só se efecti-

vará quando o irmão do testador (o fiduciário) falecer. O decesso deste é um facto que se sabe vir a ocorrer algum dia, mas não se sabe quando. Isto significa que a citada cláusula, na parte em que diz "deverá ser entregue primeiramente ao meu irmão e, após a sua morte", está a subordinar o legado do filho mais novo do testador a um termo incerto (que, neste caso, é um termo suspensivo incerto).

2. Facto futuro, cuja ocorrência é certa mas de momento ainda não determinado nem determinável, fixado como momento a partir do qual se produzirão ou cessarão os efeitos de um acto jurídico ou de uma proposição jurídica.

Exemplo: no caso apresentado no exemplo anterior, a morte do fiduciário é um termo incerto (mais especificamente, um termo suspensivo incerto).

O termo incerto distingue-se do termo certo pelo seguinte: o segundo refere-se a um momento que já se conhece, ao passo que o primeiro se refere a um acontecimento do qual se tem a certeza de que irá ter lugar, mas do qual não se tem a certeza de quando irá ter lugar.

Exemplo: a morte de uma pessoa singular é um termo incerto, ao passo que a dissolução, por caducidade, de uma pessoa colectiva constituída por prazo improrrogável é um termo certo.

Termo inicial O mesmo que "termo suspensivo".

Termo legal
1. Termo fixado em norma legal.

Exemplo: um contrato pelo qual se constitua um direito de usufruto a favor de uma pessoa colectiva está subordinado a um termo legal resolutivo de trinta anos, fixado pelo artigo 1443.° do Código Civil.

2. Facto futuro, mas de ocorrência certa, fixado em norma legal como momento a partir do qual se produzirão ou cessarão os efeitos de um acto jurídico ou de uma proposição jurídica.

Exemplo: no caso apresentado no exemplo anterior, a morte do usuário ou morador usuário é um termo legal.

Termo não essencial Termo aposto a um acto jurídico ou a uma proposição jurídica como seu elemento acessório, e não como elemento integrante de um seu efeito jurídico.

Exemplo: uma pessoa mutua a outra 100 euros, combinando com ela que essa quantia lhe deverá ser restituída no prazo de 3 meses.

Se uma obrigação emergente de um contrato não for cumprida dentro do prazo nele fixado, as consequências são diferentes consoante se trate de um termo essencial ou não essencial. Sobre essa diferença, *vide* "termo essencial".

Termo resolutivo
1. Enunciado linguístico que estatui que os efeitos de um acto jurídico ou de uma proposição jurídica cessarão a partir de certo momento.

Exemplo: uma pessoa empresta um carro a outra, ficando acordado entre elas que o carro será restituído às 15 horas do dia seguinte. Isto significa que a essa hora cessarão os efeitos deste contrato de comodato.

2. Facto futuro, mas de ocorrência certa, fixado como momento a partir do qual cessarão os efeitos de um acto jurídico ou de uma proposição jurídica.

Exemplo: no caso apresentado no exemplo anterior, as 15 horas do dia seguinte são um termo resolutivo.

O termo resolutivo pode ser certo ou incerto.
O termo resolutivo também se designa por "termo final".

Termo suspensivo
1. Enunciado linguístico que estatui que os efeitos de um acto jurídico ou de uma proposição jurídica se produzirão a partir de certo momento.

*Dicionário da Parte Geral do Código Civil Português*204

Exemplo: no contrato constitutivo de uma sociedade de advogados figura a seguinte cláusula: "O presente contrato produz efeitos a partir de 1 de Janeiro de 2003".

2. Facto futuro, mas de ocorrência certa, fixado como momento a partir do qual se produzirão os efeitos de um acto jurídico ou de uma proposição jurídica.

Exemplo: no caso apresentado no exemplo anterior, o dia 1 de Janeiro de 2003 é um termo suspensivo.

O termo suspensivo pode ser certo ou incerto.
O termo suspensivo também se designa por "termo inicial".

Termo tácito O mesmo que "termo legal".

Transmissão (em direito internacional privado)
Reenvio feito pela norma de conflitos da lei primeiramente convocada para uma terceira lei.

Exemplo: de uma norma de conflitos do direito português resulta a atribuição da competência para regular certo caso à lei do Burkina Faso, mas do direito de conflitos deste país resulta a atribuição dessa mesma competência à lei da Islândia.

O direito português só aceita a transmissão quando o direito de conflitos da terceira lei considere

competente para regular o caso o direito material dessa mesma lei. É o que resulta da conjugação dos artigos 16.º e 17.º/1 do Código Civil português. Com efeito, o artigo 16.º diz que "a referência das normas de conflitos a qualquer lei estrangeira determina apenas, na falta de preceito em contrário, a aplicação do direito interno dessa lei". O artigo 17.º/1, por seu turno, acrescenta: "Se, porém, o direito internacional privado da lei referida pela norma de conflitos portuguesa remeter para outra legislação e esta se considerar competente para regular o caso, é o direito interno desta legislação que deve ser aplicado."

Exemplo: no caso apresentado no exemplo anterior, aplicar-se-á a lei material islandesa, se for esta a lei considerada competente pelo direito de conflitos da Islândia; de contrário, aplicar-se-á a lei do Burkina Faso.

A transmissão em direito internacional privado também se denomina "reenvio por transmissão" e contrapõe-se a uma outra modalidade de reenvio, designada por "retorno".

Tutela Regime de protecção de um menor ou interdito não submetido ao poder paternal.
A tutela é exercida por um tutor e por um conselho de família.

O menor ou interdito submetido à tutela chama-se "pupilo".

O tutor tem em relação ao pupilo os mesmos direitos e obrigações que os pais têm em relação aos filhos, salvas as excepções legais.

Uma das funções do tutor é a representação do pupilo: como este não pode, em geral, praticar actos jurídicos por si próprio, por ser interdito, cabe ao tutor praticá-los em nome daquele. A tutela é, pois, um dos regimes de representação legal dos incapazes.

Tutor Pessoa incumbida de exercer com carácter permanente a tutela sobre um menor ou interdito.

Ultra-actividade Eficácia de um acto jurídico ou proposição jurídica de execução continuada ou sucessiva em momento posterior ao da cessação da sua vigência.

Exemplo: o artigo 9.º do Decreto-Lei n.º 47 334, de 25 de Novembro de 1966, que aprovou o Código Civil, preceitua que "às sociedades universais e familiares constituídas até 31 de Maio de 1967 serão aplicáveis, até à sua extinção, respectivamente, as disposições constantes dos artigos 1243.º a 1248.º e 1281.º a 1297.º do Código Civil de 1867". Estas normas estão abrangidas pela revogação global determinada pelo artigo 3.º do mesmo decreto-lei, cessando, pois, a sua vigência no dia 1 de Junho de 1967. No entanto, o preceito atrás reproduzido diz que elas se continuarão a aplicar às sociedades universais e familiares constituídas antes dessa data. Isto significa que aquele preceito lhes confere ultra-actividade.

Vide "pós-actividade".

Universalidade de direito Pluralidade de situações jurídicas que, pertencendo à mesma pessoa, ou pertencendo conjuntamente a mais de uma pessoa, constituem, para alguns efeitos jurídicos, uma única situação jurídica.

Exemplo: uma herança.

Universalidade de facto Pluralidade de coisas móveis dotadas de autonomia física que, pertencendo à mesma pessoa, ou pertencendo conjuntamente a mais de uma pessoa, têm um destino unitário.

Exemplo: uma manada de bois.

A universalidade de facto pode ser objecto de relações jurídicas como se fosse, ela própria, uma coisa; mas cada uma das coisas que a compõem também pode ser objecto de relações jurídicas próprias.

Exemplo: o proprietário de uma manada de bois tanto pode vender toda a sua manada, sem sequer especificar quantos e que bois a compõem,

Dicionário da Parte Geral do Código Civil Português

como pode vender um ou alguns bois determinados.

Uso Prática reiterada de uma conduta.

O uso distingue-se do costume por não possuir o elemento psicológico deste último: a convicção de obrigatoriedade (*opinio juris vel necessitatis*).

Em Portugal, o uso é uma fonte mediata do direito, pois só tem força jurídica nos casos em que a lei o determine (artigo 3.º do Código Civil).

Um dos ramos do direito em que a força jurídica dos usos é legalmente reconhecida é o direito do trabalho.

Usura Aproveitamento consciente que uma pessoa faz da situação de inferioridade de outrem para obter, para si ou para terceiro, a promessa ou a concessão de benefícios que, atendendo às circunstâncias do caso, sejam manifestamente excessivos ou injustificados.

A usura é, pois, um vício da vontade, e é caracterizada pelos seguintes elementos: uma situação de inferioridade do declarante (necessidade, inépcia, inexperiência, ligeireza, relação de dependência, estado mental ou fraqueza); uma actuação consciente do declaratário ou de um terceiro (autor da usura); manifesto excesso ou manifesta injustiça do proveito.[126]

Exemplo: o proprietário de uma fracção autónoma de um vetusto prédio sito em Vila Franca de Xira, vendo o seu inquilino gravemente doente e sabendo que ele não teria vigor suficiente para procurar e se mudar para uma nova habitação, declara-lhe pretender denunciar o contrato no seu termo, alegando a intenção de se reinstalar na dita fracção, salvo se o segundo aceitar a triplicação da renda, que é actualmente de 200 euros, pois neste caso aceitará a renovação do contrato por mais três anos. O inquilino, demasiado débil para discutir com o senhorio, e imaginando-se a vaguear pelas ruas ao deus-dará, sem eira nem beira, aceita a imposição daquele.

[126] Cfr. João de Castro Mendes, *Teoria Geral do Direito Civil*, volume II, Associação Académica da Faculdade de Direito de Lisboa, Lisboa, 1985, página 122.

A usura partilha com a coacção moral o facto de a declaração negocial poder ser determinada pelo receio de um mal. Mas há algumas diferenças: enquanto que na coacção moral esse receio existe necessariamente, na usura ele pode não existir, pois a situação de inferioridade do declarante pode ser de outro género; enquanto que na coacção moral esse receio resulta necessariamente de uma ameaça feita por alguém, na usura ele, se existir, pode ser gerado por outro facto, nomeadamente por um facto natural; enquanto que na coacção moral a consumação do mal se traduz necessariamente na prática de um acto ilícito, na usura ela pode traduzir-se na prática de um acto lícito.

Exemplo: no caso apresentado no exemplo anterior, a situação de inferioridade do inquilino é provocada pela conjugação da doença, que não foi provocada pelo senhorio, com o receio de ser despejado, que foi causado pela ameaça de não-renovação do contrato feita pelo senhorio. A não-renovação do contrato não é, porém, um acto ilícito (conquanto o despejo de uma pessoa doente, sobretudo quando a ponha em risco de vida, deva ser diferido, de harmonia com o disposto nos artigos 102.º e 103.º do Regime do Arrendamento Urbano, aprovado pelo Decreto-Lei n.º 32-B/90, de 15 de Outubro). Por conseguinte, o caso é de usura, e não de coacção moral. Se, ao invés, o senhorio tivesse ameaçado o inquilino de o matar, caso ele não aceitasse a triplicação da renda, já teria havido coacção moral, e não mera usura.

Vacatio
Vide "vacatio legis".

Vacatio legis Lapso de tempo que deve mediar entre a publicação de um acto normativo e a sua entrada em vigor.

A *vacatio* de um determinado acto normativo pode ser fixada nesse mesmo acto normativo ou resultar da aplicação de uma regra geral.

Se for feita no próprio acto normativo, a fixação da *vacatio* é expressa através de uma das seguintes fórmulas: "O presente diploma entra em vigor em ... (data)"; "O presente diploma entra em vigor ... (numeral cardinal) dias após a sua publicação" e "O presente diploma entra em vigor no ... (numeral ordinal) dia posterior ao da sua publicação". Se se pretender reduzir a *vacatio* do diploma ao mais curto período possível, a fórmula apropriada será "O presente diploma entra em vigor no dia seguinte ao da sua publicação" ou "O presente diploma entra em vigor no dia imediato ao da sua publicação". Como é óbvio, em qualquer destas fórmulas se pode substituir a palavra "diploma" pela designação da própria categoria do acto normativo (lei, decreto-lei, etc.).

Se a *vacatio* não for fixada no próprio acto normativo, será determinada pela regra geral constante do artigo 2.º/2 da Lei n.º 74/98, de 11 de Novembro, segundo a qual, na falta de fixação, a lei entra em vigor no quinto dia posterior ao da sua publicação. Neste caso, como se depreende da norma, a *vacatio legis* é de quatro dias completos. O primeiro destes quatro dias será o dia seguinte ao da publicação, já que o próprio dia da publicação não é incluído na contagem de prazos fixados em dias,

Dicionário da Parte Geral do Código Civil Português　　208

meses ou anos. A entrada em vigor ocorrerá às zero horas do dia seguinte ao último desses quatro dias, ou seja, às zero horas do quinto dia.

Exemplo: se uma lei for publicada no dia 1 de Abril e não fixar a sua própria *vacatio*, entrará em vigor às zero horas do dia 6 de Abril. Tal momento determina-se pela contagem de um período de quatro dias a partir do dia 2 de Abril (primeiro dia posterior ao da publicação). Esse período abrange os dias 2, 3, 4 e 5. A lei entra em vigor no momento imediatamente a seguir ao fim do dia 5, ou seja, às zero horas do dia 6.

Validade Aptidão intrínseca de um acto jurídico ou de uma proposição jurídica para produzir os efeitos devidos.

Um acto jurídico e as proposições jurídicas nele contidas são válidos se, ao ser realizado o acto, se encontram reunidos todos os pressupostos e elementos cuja presença nesse momento seja juridicamente exigida. A falta ou deficiência de um elemento em momento posterior à realização do acto não afecta a validade deste ou de qualquer das proposições nele contidas, mas apenas a sua eficácia jurídica.
Vide "invalidade".

Validade formal Inexistência num acto jurídico ou numa proposição jurídica de vícios formais que afectem a sua validade.

Validade material Inexistência num acto jurídico ou numa proposição jurídica de vícios materiais que afectem a sua validade.

Validade orgânica Inexistência num acto jurídico ou numa proposição jurídica de vícios orgânicos que afectem a sua validade.

Verificação da condição Ocorrência do facto condicionante.

A verificação de uma condição suspensiva faz com que o acto ou proposição jurídicos a ela sujeitos ganhem eficácia jurídica. Antes dessa verificação, ou seja, durante a pendência da condição, eles são juridicamente ineficazes.

A verificação de uma condição resolutiva provoca a caducidade do acto ou proposição jurídicos a ela sujeitos.
Vide "pendência da condição".

Vício (de um acto jurídico)
Vide "vício jurídico".

Vício da vontade Facto que impede a formação no declarante de uma vontade livre e esclarecida.

Exemplo: uma pessoa redige um contrato de doação de um prédio alheio em seu próprio benefício e depois vai ter com o respectivo proprietário, apontando-lhe uma pistola e ameaçando disparar no caso de ele não assinar o contrato. Trata-se de um caso de coacção moral. Surge no proprietário do prédio uma vontade de o doar ao autor da ameaça, só que esta vontade não se terá formado de um modo livre, mas a partir do receio que ele sentiu de ser alvejado. Diz-se, portanto, que a sua vontade está viciada.

O vício da vontade é uma figura distinta da falta de vontade. A falta de vontade consiste na divergência entre a vontade declarada por certa pessoa e a vontade que ela realmente tem no momento em que emite a declaração. Diferentemente, o vício da vontade, que surge no processo de formação da vontade real, dá origem a uma divergência entre a vontade real do declarante no momento da declaração e a vontade que ele teria tido no mesmo momento se essa vontade se tivesse formado de modo livre e esclarecido. Como se vê, tanto a falta de vontade como o vício da vontade dizem respeito a uma divergência existente entre a vontade real do declarante no momento da declaração e uma outra vontade, só que na primeira essa outra vontade é a vontade declarada, ao passo que no segundo é uma vontade hipotética.

Exemplo: se, no caso apresentado no exemplo anterior, a pessoa interessada no prédio, em vez de ameaçar o proprietário do prédio de disparar sobre ele, tivesse manipulado a sua mão e o tivesse compelido, desse modo, a apor a sua assinatura no contrato, já não estaríamos perante uma situação de coacção moral, mas de coacção física. A vontade real que o proprietário teria tido no momento da assinatura não coincidiria com aquela que ele declarou através dessa assinatura. A coacção física determina a falta de vontade.

Os vícios da vontade podem dividir-se em dois grupos, consoante impeçam a vontade do declarante de se formar de modo livre ou a impeçam de se formar de modo esclarecido. O primeiro grupo é constituído pela coacção moral, enquanto que o segundo compreende o erro-vício, o dolo (no sentido de acto ou meio de enganar) e a incapacidade acidental. Há ainda um vício da vontade que pode pertencer a qualquer dos dois grupos: a usura.

O vício da vontade determina, em regra, a invalidade do acto jurídico corporizado na declaração, nos termos da lei.

Vício formal Vício de um acto jurídico ou de uma proposição jurídica relativo à sua forma, ao procedimento necessário à sua produção ou a alguma formalidade suplementar juridicamente exigida para a sua eficácia.

Exemplo: duas pessoas celebram um contrato de compra e venda de uma fracção autónoma mediante documento particular, quando a lei

Dicionário da Parte Geral do Código Civil Português

exige que ele seja celebrado por escritura pública (artigo 875.º do Código Civil). Isto significa que o contrato celebrado pelas partes possui uma forma jurídica menos solene que a exigida pela lei. Esta discrepância é um vício formal. A sanção jurídica cominada para este caso é a nulidade do contrato (artigo 220.º do Código Civil).

Outro exemplo: duas pessoas contraem um casamento urgente sem a presença de qualquer testemunha. Só que uma das formalidades que a lei exige para a celebração do casamento urgente é a "declaração expressa de cada um dos nubentes da sua vontade de casar, perante quatro testemunhas" (artigo 190.º, b) do Código do Registo Civil). A inobservância desta formalidade é também um vício formal. A sanção jurídica cominada para este caso é a anulabilidade do casamento (artigo 1631.º, c) do Código Civil).

Outro exemplo: uma lei foi aprovada pela Assembleia da República, depois foi promulgada pelo Presidente da República, mas nunca chegou a ser publicada no *Diário da República*. Uma lei nestas condições é juridicamente ineficaz, por determinação do artigo 119.º/2 da Constituição. O incumprimento da formalidade da publicação também é um vício formal. Trata-se, no entanto, de um vício extrínseco ao próprio acto, pois a formalidade preterida não se reporta à fase da elaboração ou aprovação da lei, mas ao momento da sua publicação, em que a lei já está elaborada e aprovada, só faltando dar-se dela conhecimento aos respectivos destinatários. A formalidade em falta é, pois, uma formalidade suplementar constitucionalmente exigida para a eficácia jurídica da lei. Por isso, a sanção jurídica cominada para este vício não é a invalidade (como nos dois exemplos anteriores), mas apenas a ineficácia jurídica.

Vício jurídico Facto ilícito que sujeita um acto jurídico, ou uma proposição nele contida, a uma sanção jurídica, por força de uma norma jurídica.

Exemplo: um agente de uma empresa de seguros aponta uma arma a uma pessoa e ameaça matá-la no caso de ela não assinar o contrato de seguro que ele lhe apresenta. Essa pessoa, amedrontada, assina o contrato. Há aqui um facto ilícito, denominado "coacção moral". E há também uma norma jurídica – o artigo 256.º do Código Civil – que comina para as declarações extorquidas sob coacção moral a sanção de anulabilidade. Isto significa que há aqui um facto ilícito (a coacção moral) que sujeita um acto jurídico (a declaração de aceitação da proposta do contrato de seguro) a uma sanção jurídica (a anulabilidade) por força de uma norma jurídica (o artigo 256.º do Código Civil). A coacção moral é, portanto, um vício jurídico.

O facto constitutivo do vício pode ter a ver com o conteúdo, objecto ou finalidade do acto jurídico ou de proposição jurídica nele contida (vício material), com a sua forma, com o procedimento necessário à sua produção ou com alguma formalidade suplementar juridicamente exigida para a sua eficácia (vício formal) ou ainda com o autor do acto (neste caso, se o acto tiver sido praticado por um órgão e este for incompetente, o vício diz-se orgânico).

A ilicitude do facto acima referido pode consistir na sua desconformidade com uma lei ou convenção internacional, com os bons costumes, com os princípios da ordem pública ou com os termos de um contrato. Pode ainda consistir na violação de um direito subjectivo, em usura ou em falta ou vício da vontade do autor do acto.

Quando consista na desconformidade com uma lei, a ilicitude designa-se por ilegalidade. Se a lei violada possuir valor constitucional, a ilegalidade toma a designação especial de inconstitucionalidade.

Um vício jurídico pode atingir a totalidade de um acto jurídico ou somente alguma ou algumas das proposições jurídicas nele contidas. Normalmente, os vícios formais e orgânicos inquinam os actos jurídicos por inteiro, ao passo que os vícios materiais só ferem certas e determinadas proposições.

Se o vício jurídico inquinar todo o acto, também a sanção jurídica cominada por sua causa afectará todo o acto. Se o vício jurídico inquinar apenas alguma ou algumas das proposições contidas no acto, a sanção jurídica por ele motivada poderá afectar apenas essa ou essas proposições ou abranger todo o acto, consoante as proposições inquinadas sejam ou não dissociáveis das restantes (*vide* "sanção jurídica" e "redução (de um acto jurídico)").

Vício material Vício de um acto jurídico ou de uma proposição jurídica relativo ao seu conteúdo, objecto ou finalidade.

Exemplo: uma pessoa faz um testamento e insere nele a seguinte cláusula: "Deixo ao meu irmão a quantia de mil euros, mas com a condição de ele não mais falar com a minha irmã". Esta cláusula contém uma condição contrária à lei (artigo 2232.° do Código Civil). Esta desconformidade é um vício material, pois tange ao conteúdo da cláusula. A sanção que a lei comina para esta ilegalidade material é ter-se a cláusula por não escrita (artigo 2230.°/2 do Código Civil).

Outro exemplo: duas pessoas celebram um contrato pelo qual uma delas se obriga a imobilizar a Terra, travando os seus movimentos de rotação e translação. O objecto deste contrato é impossível, pelo que ele é nulo (artigo 280.°/1). A impossibilidade do objecto também é um vício material, pois diz respeito ao objecto do contrato.

Outro exemplo: um agiota toma de arrendamento uma fracção autónoma para nela encarcerar os seus devedores e pedir resgate aos respectivos familiares. Fica estipulado no contrato de arrendamento que uma percentagem dos montantes pagos a título de

Dicionário da Parte Geral do Código Civil Português 212

resgate será oferecida ao senhorio, em acréscimo à renda. O fim deste contrato é contrário à lei, o que o torna nulo (artigo 281.° do Código Civil). A contrariedade entre este fim e a lei também é um vício material, já que diz respeito à finalidade do contrato.

Vício orgânico Vício de um acto jurídico ou de uma proposição jurídica relativo à identidade do órgão que praticou o acto.

Este tipo de vício atinge apenas actos jurídicos praticados por órgãos, ou proposições jurídicas contidas em tais actos.

Os únicos vícios orgânicos tipificados no direito português são a incompetência e a usurpação de poder.

Vigência Qualidade de um acto jurídico ou de uma proposição jurídica de execução continuada ou sucessiva cuja observância é obrigatória.

A vigência difere da eficácia jurídica em dois aspectos: conteúdo e objecto.

O conteúdo da vigência é a obrigação de cumprimento, a qual pressupõe a eficácia jurídica, mas não se reduz a ela. Em regra, quando um acto jurídico é juridicamente eficaz, a sua observância é obrigatória. Mas há duas excepções: a produção de efeitos jurídicos em momento anterior ao do início da vigência (retroactividade) e a produção de efeitos jurídicos em momento posterior ao da cessação da vigência (ultra-actividade).

O objecto ao qual a vigência se refere são apenas os actos e proposições jurídicos de execução continuada ou sucessiva, excluindo-se, portanto, os de execução instantânea (*vide* "acto jurídico de execução instantânea", "acto jurídico de execução continuada" e "acto jurídico de execução sucessiva"). O objecto de referência da eficácia jurídica, pelo contrário, abarca todos os tipos de actos jurídicos e de proposições jurídicas.

Exemplo: pode-se dizer "esta lei está em vigor", ou "este tratado está em vigor", ou "este arrendamento está em vigor"; mas não faz sentido dizer-se "esta doação está em vigor", nem "esta ordem está em vigor". Em contraste, é tão correcto dizer-se "esta lei é juridicamente eficaz" como "esta ordem é juridicamente eficaz".

Vide "entrada em vigor".

Vis ablativa (expressão latina) O mesmo que "coacção física".

Vis absoluta corpori illata (expressão latina)
O mesmo que "coacção física".

Vis compulsiva (expressão latina)
O mesmo que "coacção moral".

Vis relativa (expressão latina)
O mesmo que "coacção moral".